The 4A's of Marketing

4A・オブ・マーケティング

▪ 顧客・企業・社会のための新価値創造 ▪

著 | ジャグディッシュ N. シェス
　　　ラジェンドラ S. シソディア

訳 | 小宮路雅博

Acceptability
Affordability
Accessibility
Awareness

同文舘出版

THE 4A'S OF MARKETING: Creating Value for Customers, Companies and Society
by Jagdish Sheth and Rajendra Sisodia
©2012 Jagdish N. Sheth and Rajendra S. Sisodia
All Rights Reserved
Authorized translation from English language edition published by Routledge Inc., part of Taylor & Francis Group LLC.
Japanese translation rights arranged with Taylor & Francis Group LLC.
through Japan UNI Agency, Inc., Tokyo.

目　次

はじめに：従来型マーケティングはなぜ失敗するのか？ ——— 1

　1．顧客志向のための新ツール ……………………………………… 3
　2．本書の執筆目的 …………………………………………………… 5
　3．本書の構成 ………………………………………………………… 7

第1章　マーケティング・リミックス：新しい枠組み，4Aとは何か？ — 9

　1．なぜ，マーケティングに新しい枠組みが必要なのか ………… 9
　2．マーケティングの生産性の危機 ………………………………… 12
　3．マーケティングの地位低下 ……………………………………… 15
　4．ドラッカーの教え―目標によるマーケティング― ………… 16
　5．成功と失敗（パート1）：ルンバとセグウェイ ……………… 18
　6．成功と失敗（パート2）：エアフォンとディレクTV ……… 23
　7．成功と失敗（パート3）：イリジウムと携帯電話 …………… 27
　8．4Aの枠組みの利点 ……………………………………………… 32

第2章　顧客視点からの発想 ——————————————— 37

　1．コカコーラ社のもう1つのレシピ ……………………………… 37
　2．顧客の4つの役割 ………………………………………………… 39
　3．マーケティングの4A：定義 …………………………………… 47
　4．4Aの動態 ………………………………………………………… 49
　5．4A要素の2つの次元 …………………………………………… 54
　6．資源の効果的利用 ………………………………………………… 60

i

7．幾つかの重要な論点 ………………………………………… 69
8．結　論 ………………………………………………………… 72

第3章　アクセプタビリティのマネジメント ── 75

1．はじめに ……………………………………………………… 75
　＜ボーイング・ドリームライナー：より良い空の旅＞ …… 77
2．アクセプタビリティとは …………………………………… 79
3．アクセプタビリティの主要原則 …………………………… 82
4．賢明なはずの企業が愚行に走る時 ………………………… 91
5．成熟製品カテゴリーにおける成功 ………………………… 95
6．成長製品カテゴリーにおける失敗 ………………………… 98
7．アクセプタビリティに関わる教訓のまとめ ……………… 100
8．心理的アクセプタビリティの向上 ………………………… 101
9．機能的アクセプタビリティの向上 ………………………… 103
10．製品設計の際立った重要性 ………………………………… 106
11．全資源の活用によるアクセプタビリティの実現 ………… 110
12．インターネットとアクセプタビリティ …………………… 122
13．結　論 ………………………………………………………… 123

第4章　アフォーダビリティのマネジメント ── 125

1．はじめに─10万ドルのフォルクスワーゲン，フェートンの失敗─ …… 125
2．アフォーダビリティとは …………………………………… 128
　＜ピーチツリー・ソフトウェア：アフォーダビリティへの革新的アプローチ＞ ……… 132
3．アフォーダビリティの創造 ………………………………… 133
　＜あらゆる障害を乗り越えて：タタ・ナノ＞ ……………… 135
4．支払いの能力の向上 ………………………………………… 137
　＜消費者信用の始まりと歴史＞ ……………………………… 142

5．アフォーダビリティとアクセプタビリティ ················ 144
　　6．支払いの意思の向上 ························· 146
　　7．アフォーダビリティの究極点：フリー（無料） ··········· 156
　　8．アフォーダビリティと収益性 ··················· 161
　　9．全資源の活用によるアフォーダビリティの実現 ·········· 164
　10．途上国市場におけるアフォーダビリティ ············· 172
　　　＜途上国経済におけるラディカルな革新＞ ············· 173
　11．結　論 ································ 175

第5章　アクセシビリティのマネジメント ———————— 177

　　1．はじめに ····························· 177
　　2．アクセシビリティとは何か ···················· 181
　　3．アベイラビリティの向上 ····················· 188
　　　＜インド農村市場への浸透＞ ····················· 190
　　4．コンビニエンスの向上 ······················ 192
　　　＜日本の自動販売機＞ ························ 196
　　5．全資源の活用によるアクセシビリティの実現 ··········· 197
　　6．インターネットのアクセシビリティへの影響 ··········· 203
　　7．結　論 ······························ 204

第6章　アウェアネスのマネジメント ———————— 205

　　1．はじめに ····························· 205
　　2．モーテル6：「あなたのために灯りはつけたままにしておきます」 ········ 205
　　3．アウェアネスとは何か ······················ 209
　　　＜アフラック・ダック＞ ······················· 212
　　4．広告とアウェアネス ······················· 213
　　　コラム　広告と共有地の悲劇 ···················· 216

iii

5．ブランド認知の向上 ………………………………………………… *218*
    コラム　WOMマーケティング ……………………………………… *221*
  6．製品知識の向上 ……………………………………………………… *223*
  7．全資源の活用によるアウェアネスの実現 ………………………… *226*
  8．インターネットとアウェアネス …………………………………… *233*
  9．結　論 ………………………………………………………………… *235*

第7章　4A枠組みの適用 ———————————————— *237*

  1．はじめに ……………………………………………………………… *237*
  2．4A：資源配分と配分最適化の強力なツール ……………………… *237*
  3．市場セグメントの画定と選択 ……………………………………… *241*
  4．既存マーケティング計画の診断と問題解決 ……………………… *243*
    ＜リーバイ・ストラウス：「リーバイス・テイラード・クラシックス」＞ ……… *244*
  5．需要のマネジメント ………………………………………………… *248*
  6．製品ライフサイクルと4A …………………………………………… *251*
  7．4Aによる全体市場の成長 …………………………………………… *252*
  8．4Aと収益性 …………………………………………………………… *256*
  9．幾つかの警告 ………………………………………………………… *258*
  10．4Aの各要素は，互いにどのように影響を与え合うか ……………… *260*
  11．実施とコントロール ………………………………………………… *262*
  12．組織上の諸問題 ……………………………………………………… *266*
  13．結　論 ………………………………………………………………… *267*

付録　4A及びMVCの測定 ———————————————— *269*
【注釈（原注）】———————————————————————— *274*

【凡　例】

1. 原文には付されていない節・項番号を読み手の便宜のために付している。
2. 1），2），3）は原注である。巻末にまとめて掲載している。割愛部分があるため，必ずしも原著とは一致しない。
3. 訳注は*1，*2で示し，原則として該当する頁の下に置いた。
4. 原文中に誤植など疑問の余地なく誤りがある場合は，訳者の責任で訂正して訳出してある。

なお，原著第5章のコラム「ジョン A. カスタマー氏の近未来生活」（夢落ち話）及び原著末のミニ・ケース集を紙幅の関係から割愛したことをお断りしておく（原著者側の了解を得ている）。この他，日本の読者に全く馴染みのない企業やブランドの散発的な例示・逸話或いは先人の警句・箴言，また，彼我の生活習慣ないしビジネス慣行における差異が濃厚で，バックグラウンドの詳細説明抜きでそのまま訳出しても理解を混乱させるような記述部分も割愛し，或いは訳注を施して訳出してある（同じく原著者側の了解を得ている）。

本書（本訳書）の出版に際しては，平成26年度成城大学経済学部学術図書出版助成を受けている。この場を借りて，御礼申し上げたい。

【推　薦　文】

「4Aの登場によって，マーケティングの4Pが退場する時がとうとうやってきた。4Aは，顧客に製品・サービスを提供し，マーケティング計画を遂行する上で4Pを遥かに超える優れた工程表(ロードマップ)をもたらしてくれる。マーケティングにおける戦略と戦術，双方における失敗を回避するための有用な枠組みとしても機能するだろう」。

カリフォルニア大学バークレー校　マーケティング及び公共政策名誉教授
デービッド A.アーカー

「本書は，熟練マネジャー，新任マネジャー双方にとって優れた書である。シェス，シソディア両教授は鋭い理論的分析と実践面での有用性とを上手く結合させている。読者は本書によって，マーケティング機会をより的確に把握する方法や4Aの枠組みを適用して機能させる方法を学ぶことができる……。詳細な議論と記述によって，読者は知識経済の時代（とその後にやってくる新時代）をより上手く生き抜くことができるようになるだろう。本書を強く推薦したい」。

ミシガン大学ビジネス・スクール　組織行動科学教授
リチャード P.バゴッチ

「4Aの枠組みは，マーケティング・ミックスがこれまで占めてきた地位に取って代わるものとなる。4Aの枠組みは，重要な次元の全てにおいて優れている。この枠組みは，ダイナミックでアクティブなものであり，意思決定者に対して，マーケティング活動やマーケティング投資を顧客視点(アウトサイド・イン)から見ることを求めるものである。」

ペンシルベニア大学ウォートン・スクール　マーケティング教授
ジョージ・ディ

「顧客志向であろうと欲するならば，どんなビジネスに従事していても必読の書である。本書は，ビジネスを自己満足に陥らせないためのシンプルだが強力な方法を提示している」。

ジョージア工科大学　マーケティング教授
*Journal of Marketing*誌エディター　アジャイ・コヒリ

「長年，4Pという売り手視点からのマーケティング・ツールを用いてきた私であるが，本書で示された4Aという顧客視点の新しい枠組みの登場を心から歓迎したい。この素晴らしい枠組みを創り出したシェス，シソディア両教授は大いに称賛されるべきである。私は，この4Aがマーケティングの理論と実践に対する重要な貢献として位置づけられるようになるものと確信している」。

ノースウエスタン大学ケロッグ・マネジメント・スクール
国際マーケティング特別教授　フィリップ・コトラー

「本書は，マーケティングの意思決定について考えるための—これまで長く求められてきた—真に新しい枠組みを提供するものである。企業はより顧客中心のスタンスに立つべきとの勧めが，過去何十年間にもわたってなされてきたが，実際には明らかに企業中心的と言える4Pパラダイムが長らくその力を保持し続けてきた。本書において，シェス，シソディア両教授は，4Pを顧客視点に基づく4Aへと—例えば，PriceをAffordability，PlaceをAccessibilityへといった具合に—創造的に組み替えている。この組み替えは，見掛け上は単純に見えるかもしれない。しかし，その意味合いは深遠なものである。」

フロリダ大学　マーケティング教授
リチャード　J.ルッツ

「シェス，シソディア両教授は，顧客中心的(カスタマー・セントリック)マーケティングのための強力な方法を共同して生み出した。本書は，マーケターが成功を収めるために対処せねばならない顧客の4つの役割を明らかにしている。分かり易く魅力的な記述と共に，数多くの実例を盛り込み，提示する概念や発想が鮮やかに描き出されている。本書は，全てのマーケターにとって必読の書である。とりわけ，マーケティング機能が企業の戦略プランニングにおける中心的役割を再び果たすようになることを望むマーケターにとっては，特に有益な内容を含むものとなっている。」

カリフォルニア大学　マーケティング教授／元学部長
Journal of Marketing誌及びJournal of the Academy of Marketing Science誌元エディター
デービッド　W.スチュワート

【献　　辞】

　我々は本書をノースウエスタン大学ケロッグ・マネジメント・スクール，フィリップ・コトラー特別教授に捧げたい。教授は既に半世紀以上にわたって，マーケティング界の中心的存在となっておられる知的巨人である。マーケティング概念についての教授の先駆的業績は，マーケティングという研究領域の礎石となっており，世界的にマーケティングを広め，その学問的地位を高めるのに貢献したものである。教授の著書 *Marketing Management* は1967年の初版以来，現在も版を重ねつつある。これまでどれほど多くの実務家と研究者達が，教授のこの権威ある網羅的著作をマーケティング世界の道標としてきたことであろうか。教授は，今日もなお，マーケティングの理論思潮の新しいフロンティアを探究し切り拓きつつある。我々は，数十年にわたる教授の変わらぬ導きと友誼に対し深い感謝の意を表するものである。

【著者について】

　ジャグディッシュ N. シェスは，エモリー大学ゴイズエタ・ビジネス・スクール[*1]のマーケティング担当教授である。40年以上にわたる研究者・教育者としての側面の他に政府機関や企業に対する思想的指導者，顧問としての役割も果たしてきた。30冊を超える著書があり，著名なマーケティング専門誌に200以上の学術論文を発表してきた。ジョン A. ハワード教授との共著 *The Theory of Buyer Behavior*（1969年）は，「ハワード＝シェス・モデル」の名と共にマーケティングにおける古典的名著の1つとなっている。

　ラジェンドラ S. シソディアは，ベントレー大学のマーケティング担当教授である。CCI（コンシャス・キャピタリズム・インスティテュート[*2]）の共同設立者であり，チェアマンでもある。7冊の著書，100以上の学術論文を発表しており，「ウォール・ストリート・ジャーナル」誌に頻繁に論稿を寄せている。シソディア教授の業績は，「ニューヨークタイムズ」「フォーチュン」「フィナンシャルタイムズ」「ワシントンポスト」「ボストングローブ」の各誌，CNBCや他の多数のメディアによって採り上げられている。

[*1] エモリー大学のビジネス・スクールは1919年に設立され，94年にロベルト・ゴイズエタ（Roberto Críspulo Goizueta：1931-1997）の寄付を受け，現在の Goizueta Business School となった。ゴイズエタは，1981年から97年まで17年間にわたり，コカコーラ社のCEOを務めた人物。在任中は，フォーチュン誌の「最も尊敬されるCEO」リストに毎年名を連ねる著名な経営者であった。

[*2] 意識の高い資本主義（conscious capitalism）。

【謝　　辞】

　エモリー大学（ジョージア州），ジョージメーソン大学（バージニア州），ベントレー大学（マサチューセッツ州）の過去15年以上にわたる教え子達に先ず心からの感謝の意を表したい。我々は，教え子達とのやりとりを通じて，本書で提示された4Aの枠組みについてより深く考え，発展させることができた。本書で紹介されているマーケティングの成功例・失敗例のケースについても同様である。この場を借りて，本書を上梓できたことを改めて教え子の皆さんに報告したいと思う。また，コカコーラ社にも深い謝意を表したい。同社はかつて「マーケティングの3A」を掲げたが，これは我々の4Aの先駆けとなる取り組みであった。我々は，コカコーラ社の3Aから着想を得て，考察を進め，より包括的な4Aの枠組みを開発したものである。

4A・オブ・マーケティング

―顧客，企業，社会のための新価値創造―

はじめに

従来型マーケティングはなぜ失敗するのか？

　経営に関わる全ての分野の中で，マーケティングは常に高確率で失敗する分野である。コンサルティング・調査会社の「コペルニクス・マーケティング・コンサルティング（Copernicus Marketing Consulting）」の行った調査の結果は，以下のようにマーケティングのパフォーマンスがどれほどひどい状態にあるのかを示している[1]。

- ▶500のマーケティング計画について調べた結果，その84％がブランド・エクイティとマーケット・シェアの双方を悪化させる結果に終わっている。
- ▶顧客獲得のための諸方策の殆どは，かけたコストを回収できない。
- ▶新製品が成功する割合は，10％未満である。
- ▶セールス・プロモーション方策の殆どは，利益を生まない。
- ▶広告のROI（投資収益率）は4％未満である。

　規制もない高度に自由な競争市場の中で，毎年，市場調査に莫大な資金をかけているのにもかかわらず，なぜ，これほど高確率で新製品が失敗するのだろうか。才能に恵まれ，経験豊富で熱心に働いているマネジャー達が取り組んでいるはずなのに，なぜかくも多くの広告キャンペーンが失敗に終わるのであろうか。失敗は，不確実な環境や予測不可能な顧客達，それとも厳しい競争のせいであろうか。環境や競争状況を測定し把握する仕組みがお粗末なせいかもしれない。或いは，マネジャーが製品投入戦略を計画し，実施する方法に何か問題があるためであろうか。
　我々の見出したところでは，マーケティングの失敗の原因は殆どの場合，顧客を現実に動かしているものが何であるのかを十分に理解しないままに意思決

定がなされている点に求めることができる。マーケティング上の失敗に対してはしばしば次のような言い訳がなされる。運が悪かった（新製品なんてものは大抵，失敗するものさ），タイミングが悪かった（市場がまだこの製品を受け入れるには未成熟であった。我々は早すぎた）……。他に伝統的になされてきた失敗の言い訳には，製造部門がダメだから，広告会社にたぶらかされたから，小売業者の不手際のため，といったものがある。言い訳の幾分かは妥当であるのかもしれないだろうが，大抵の場合はまともな根拠は見出せないものである。

マーケティングは，全ての経営機能の中で高度な不確実性に晒されている領域である。顧客に望ましい行動をとるように企業が強制することはできない。可能なのは望ましい行動を期待することだけである。マーケティング上の諸方策と市場成果との関係性は，しばしば明確ではなく，たとえ関係性を主張してもその根拠は薄い。マーケター（マーケティング・マネジャー）にとっては，手探りで取り組む局面が余りにも多すぎる。大して当てにもならないマーケティング方策を工夫して，なんとか成功する確率を高めようと新しい仕掛けを絞り出している。こうした「仕掛け」には，例えば「（実際には誰でも買える）従業員特別限定価格」「特別ご優待0％金利」といったものが含まれる。

CEOや取締役会が「マーケティング部門には投入した資源に見合った成果を上げる能力がそもそもないのでは？」とますます疑問視するようになるのも特に驚くことではない。研究者達も，多くの企業で戦略的意思決定がなされるようになると，マーケティングにはそのパフォーマンスの低さ故に居場所がなくなるだろうと主張してきた[2]。

これまでのマーケティングには，販売志向の強さと顧客に購買させるための戦術的な方策への過度の傾斜があり，それ故に成果を上げることに失敗してきている。マーケティング目標とは，本来，企業の利益と両立する形で顧客を獲得し，その満足を維持するということであろう。しかしながら，余りにも多くのマーケターが，こうしたマーケティング目標を実現するための諸要因が何であるのかを的確に理解していないままである。通常，マーケティングの統制（コントロール）下ないし影響下にある基本的な手段は，4P，すなわちProduct（製品），Price（価格），Place（流通チャネル），Promotion（プロモーション）の諸方策であるが，

これらを顧客満足，顧客ロイヤルティ，マーケット・シェア，利益への貢献度合い，企業成長といった各種の成果指標と対応づけることは容易ではない。

マーケティングが本当に正しく行われれば，顧客はより幸せになるだろうし，事業も成長し，利益もより多く得られるはずである。このことを実現するには，単にマーケティング部門だけでなく，企業の全ての部門が顧客の立場に立つべきである。マーケターは，顧客の要望が企業の全ての活動に反映されるようにせねばならない。R&Dやロジスティクス，財務，他のさまざまな経営機能が企業活動を決定づけているという主張もあるだろうが，マーケティングこそが顧客の観点から見た企業活動の最終的な成果についての全責任を負わねばならない。マネジャー達は，マーケティングの諸ツール—顧客を理解し，顧客に情報を提供し，影響を与え，説得するためのさまざまなツール—を用いて，企業組織の全てを共通の顧客志向目標に向けて緊密に連携させるようにすることが求められている。

1. 顧客志向のための新ツール

企業組織を顧客中心に機能させる上で問題となるのは，マーケターにそうする意志が欠如していることではない。問題は，彼らがこれを効果的に行うためのツールを持ち合わせていないことである。マーケティングの成功と失敗—。その本当の原因を解明するためには，企業が顧客に対して行う無数とも言えるアクションの効果を見極めるためのツールを得る必要がある。そのためには，マーケティング上のさまざまな努力を「行う側」からではなく，「受ける側」，すなわち顧客の側から見るようにせねばならない。この視点を獲得すれば，事態は全く異なって見えるようになる。顧客視点から見れば，製品の販売不振や失敗の原因が明確になってくるかもしれない。原因はさまざまな箇所に—とりわけ伝統的なマーケティング部門の守備範囲外にも—幅広く存在しているものである。例えば，既存顧客にとっては，日々の配送を行うロジスティクス部門や問い合わせや苦情に応じる顧客サービス部門の方が，販売や広告部門よりも

遥かに大きな存在感で認識されているかもしれない。

　本書において，我々は，マネジャーが顧客の視点からビジネスの全ての活動を見ることを助ける，強力で確かなアプローチを提示したいと思う。このアプローチは，殆どの顧客にとって重要な4つの価値，すなわち，アクセプタビリティ，アフォーダビリティ，アクセシビリティ，アウェアネスに基づくものである。これらの4つは全てAの文字で始まるので，これらを総称して4Aと呼ぶことにしよう[*1]。4Aの枠組みは，顧客が市場で果たす4つの別々の役割——シーカー（探索者），バイヤー（購入者），ペイヤー（支払者），ユーザー（使用者）[3]——に基づく顧客価値視点から導かれたものである。

　4Aの枠組みは，顧客のウォンツとニーズを明らかにするので，企業が顧客のための諸価値を創造するのに役立つものである。同様に4Aは，顧客の新しいウォンツとニーズを顕在化させることもできる（例えば，顧客は，アップルがiPadを開発し購入できるようにするまでは，それが自分達のニーズを満たすものだと知っていたわけではなかった）。このことは，顧客が製品について単に知っているようにするだけでなく，当該製品が顧客にとって，アクセプタブルであり，アフォーダブルで，アクセシブルである——つまり，顧客が使いたいと思い，支払うことができ，容易に入手できる——ようにせねばならないことを意味している。

　本書は，さまざまな製品やサービスについての十数年に及ぶ調査研究に基づくものである。我々は，4Aの枠組みを約400のマーケティングの成功例・失敗例に適用して研究してきた。主な成功例には，アップルのiPod，ディレクTV，ゲータレード，Swatch，クイッケン，AOL（アメリカ・オンライン），スターバックス，ブロックバスター，クライスラー・ネオン，フォード・マスタング，ジレット・ヴィーナス，（セル方式の）携帯電話などが含まれる。我々は

---

*1 訳注：それぞれの概念規定は後述されるが，差し当たり以下のように理解されたい。①アクセプタビリティ（Acceptability）：提供される製品が全体として顧客のニーズや期待に合致し，また，これらを超えている程度，②アフォーダビリティ（Affordability）：顧客が提供される製品に対し，支払うことができ，かつ支払っても良いと思える程度，③アクセシビリティ（Accessibility）：提供される製品がすぐに見つかり，容易に購入できる程度，④アウェアネス（Awareness）：顧客が提供される製品について知っており，理解している程度。

また，APS（Advanced Photo System）対応カメラ及びフィルム，クリスタル・ペプシ，クロスパッド，ソニー・ベータマックス，XFLフットボール・リーグ，Webvan，エアフォンといったマーケティング上の大きな失敗についても4Aの枠組みを適用して分析してきた。本書の中で，我々は，上記の例の幾つかや他の多数の実例について紹介することを通じ，4Aの枠組みを説明しよう。それと共に4Aの個々の要素についても詳述する。上記のような現実の成功例・失敗例の詳細な分析に裏打ちされて，本書は生み出されている。

2. 本書の執筆目的

　本書の中で我々は，4Aの枠組みでビジネス世界を見ることが，企業がマーケティング・マイオピア（製品への過度の傾斜）と共にマネジリアル・マイオピア（成果ではなく過程・手順への過度の傾斜）を回避するのに，どれほど有用であるのかを示そう。実際のところ，4Aはマーケティング・コンセプトを機能させる強力な手段となる。これは4Aによってマネジャー達がビジネス世界を顧客視点から見ることを可能にするためである。この視点を保持することは，今日の高度に競争的な市場環境においては，成功の必須条件となっている。
　重要なのは，4Aが単にマーケティング上の成功だけでなく，事業全体の成功を左右する諸要件を規定していることである。何より，事業の成功とマーケティングの成功はそれぞれ別々に達成できるわけではない。また，マネジャーは，企業内外のあらゆるツールや資源を活用して，可能な限り効率良く4Aの構成要素それぞれを向上させるようにせねばならない。
　4Aは，事業全体の成功の推進力となるが，マーケティング部門は4Aの構成要素それぞれについて高い水準を達成するように主導的な役割を担う必要がある。今日では殆どの企業が，持続的な成功には強力な顧客志向こそが不可欠の要件であることを理解している。顧客志向の際立った重要性は，取締役会や上級マネジメント層において幅広い支持を集めているが，財務や生産といった他の経営機能部門においても十分に認識されている。問題は，―我々が多くの企

業で直接に観察したことであるが——，企業が真に顧客志向になる上で当のマーケティングが上手く役割を果たしていないことにある。マーケティング上の失敗についての我々の分析によれば，余りにも多くのマーケターが，割引クーポンや広告の露出回数，広告表現の詳細といった相対的に瑣末なことがらに意識を奪われてしまっている。結果として，マーケターは多くの企業の中で，徐々にその信頼と影響力を失ってきている。この事態の主たる原因は，マーケターが，顧客志向というマーケティングの優れた考えを企業のすみずみまで伝達し，広める有効なツールを欠いてきたことにある。我々は，4Aの枠組みが長らく求められてきた有効なツールであると考えている。

　本書で我々は，4Aの枠組みがマーケティングの諸方策の成果を検討し測定するための，直観的に分かり易く，なおかつ理論上の深みを備えた方法をもたらすことを示そう。4つの明確に定義された基準に沿って諸方策の成果を捉えることで，マーケティング資源をそれが望ましい成果を生み出すまで，多様な取り組みに機動的に配分・再配分することができるようになる。幾つかの場合には，内外の資源の利用可能性が非常にタイトであるので，従来とは全く異なるマーケティング戦略を考案したり，ターゲット市場を変更したり，或いは進行中の事業計画を中止したりせねばならないことが判明するかもしれない。いずれにせよ，4Aの枠組みは，企業が資源を浪費するような投資をしてしまうことを回避するのに有用である。

　現代のマーケティングにはより一層の洗練が求められるようになっているので，これに伴い，単純ではあるが概念的にエレガントな枠組みの価値が高まっている。連邦最高裁判所の伝説的な名判事オリバー・ウェンデル・ホームズ・ジュニアは，「複雑性のこちら側の単純さには，僅かな価値もないが，複雑性の向こう側の単純さには自分の生涯を捧げたいと思う」[*2]と述べている。4Aの

---

*2訳注：Oliver Wendell Holmes, Jr.（1841-1935）による箴言。物事（事象）は良く知らない時には，単純に思えるが（複雑性のこちら側の単純さ），この種の単純さには僅かな価値もない。しかし，理解し，把握してくると実際は，非常に複雑であることが見えてくる。この複雑さを受け止め，更に分析し，研ぎ澄まされた洞察をすることで，複雑さの中に潜む本質が理解されてきて，単純でエレガントな形で物事を捉えることができるようになる（複雑性の向こう側の単純さ）。この意味での単純さには人生を捧げても良いと言うこと。すなわち，現実の複雑さに向き合い，複雑さに対する徹底的な探究と深い洞察によって初めて得られる単純さというものには何物にも代え難い価値がある。或いは「良く理解するとは，複雑性を乗り越えた先にある単純さに到達することである」とも言えよう。

枠組みにはこの種の価値ある単純さがある。

　どんな枠組みであっても，その価値は部分的には，産業横断的な適用性，つまり，顧客タイプが異なり，市場に作用する諸力も異なる産業にもスムースに当てはめられることにある。我々は，本書の中で4Aの枠組みがいかなるマーケティング状況においても容易に適用できる高い汎用性を持っていることを示そう。4Aは，簡潔なものだが基本構造がしっかりしている。マーケティングで一般的な4Pの枠組みに馴染みの深いマネジャーでも容易に4Aへと頭を切り替えることができるだろう。

　加えて，4Aは，物財のマーケティング，サービスのマーケティング，ビジネス・マーケティング，消費者(コンシューマー)マーケティングなど，殆どどんなマーケティングにも適用可能である。4Aは新規顧客の獲得にも既存顧客の維持(リテンション)にも適用できる。また，我々は，4Aの枠組みが社会的な目的に役立つことも期待している。生活を向上させる技術やサービスを世界のより幅広い多様な社会階層の人々に届ける上で，4Aの枠組みは有用なものとなるだろう。4Aによって問題点が明確になり，問題点を解決するための創造的な方策が生み出される。このように4Aを役立てることで企業や政府，開発に関わる機関が世界の多くの人々の生活の質を高めるために協働することができるようになるだろう。

3. 本書の構成

　本書の第1章では，マーケティングの伝統的なアプローチがもはや良好には機能していないことを説明しよう。マーケティングの生産性と信頼性が長期的に低下してきたことを跡づけ，マーケティングが直面している諸問題の原因となっているさまざまな諸力についても明らかにする。次いで，マーケティングの地位低下に対する1つの解決策(ソリューション)として4Aの枠組みを提示する。

　第2章では，4Aの枠組みについてより詳細に説明する。先ず，顧客の4つの役割について説明し，それらが4Aの枠組みにそれぞれ適合することを示そう。続いて，マネジャーが企業と顧客，双方にとっての価値を生み出すためにこの

枠組みを利用する多様な方法について議論する。加えて，MVC（Market Value Coverage：市場価値充足率）について紹介し，MVCと企業が獲得を期待できる市場成果との関係性について議論する。マネジャーが，最も低いコストで望ましい成果を得るために多様な外部資源をどのようにして利用するかについても説明する。

第3章からは，4Aのそれぞれについて順に詳しく見ていく。第3章はアクセプタビリティ，第4章はアフォーダビリティ，第5章はアクセシビリティ，そして第6章はアウェアネスをそれぞれ扱う。各章とも，4Aのそれぞれの定義，構成する次元，取るべき方策といった諸課題について議論する。

第7章は，4Aの枠組みが日々のマーケティング活動においてどのように役立てられるかについて焦点をあてる。4Aが新製品の開発ツール，既存のマーケティング・プログラムの診断・問題解決ツール，或いは新ビジネス・パートナーの評価ツールとしてどのように利用できるかについてもより詳細に議論する。企業が，市場成果を高めつつ，同時にマーケティング・コストを低減させる方法についても検討する。最後に，企業が4Aによる取り組みをどのようにして実践するかについて示すこととする。

本書の最後には付録として，4A及びMVCの測定についての基本的な考え方と測定項目とが示されている。これは一般化されているため，実際の測定に際しては，それぞれの状況に合わせてカスタマイズすることが推奨される。

本書が企業の活動と顧客のニーズとを密接に整合させるものとなることが，我々の希望と期待である。この整合によって，企業は貴重な資源を節約し，他の有益な投資に回すことができるようになる。従来の誤ったマーケティングの諸活動によって生み出されてきた途方もない量の浪費を削減することもできるだろう。4Aによる取り組みが幅広く採用されていくことで，顧客にとってより良い生活の質が実現され，また，従業員のより高い満足感と達成感，企業のより高い健全性と利益率，世界中のさまざまな社会のより一層の繁栄が実現されていくものと我々は考えている。

第1章
マーケティング・リミックス：新しい枠組み，4Aとは何か？

1. なぜ，マーケティングに新しい枠組みが必要なのか

（1）ケロッグ・ブレックファストメイツ

　簡便さへのニーズがますます強まっているとして，ケロッグ（Kellogg Company）は1998年8月に新製品「ブレックファストメイツ（Breakfast Mates）」を発売した。これは，シリアルと真空パック牛乳，小さなボウル，プラスチックのスプーン1本を1つのセットにしたものだった。ブレックファストメイツは，元々，小さな子供を持つ働く親をターゲットに開発されたものであり，小さな子供が親の助けなしに冷蔵庫から取り出して，自分で食べることができることが想定されていた（親も仕事先などに持っていき簡易食として食べることも想定されていた）。しかし，実際にはブレックファストメイツのパッケージは，小さな子供が独りで開けるには仕組みが複雑すぎた。中に入っているいろいろなものを適切に組み合わせて食べるのも難しかった（パッケージを開け，シリアルの袋を開け，パック牛乳をこぼさないように開け，ボウルに入れたシリアルに牛乳を注ぎ，中に入っているスプーンを使ってようやく食べることができる）。この製品は結局，簡便さを大きく謳ってはいたが，顧客にとって簡便とは程遠い代物であった。とりわけ，どこででもさっと開けて片手で簡単に食べることのできる朝食シリアルバーといったものと比べれば，その不便さは顕著であった。また，心理的な側面では，パッケージやプラスチックのスプーンなど，ゴ

ミが多く出ることも環境問題に関心の高い消費者には受け入れ難いものであった。

　アメリカ人の多くは，真空パック入りの牛乳は人工的で栄養面でも劣っていると感じていた。また，殆どの人にとっては常温のパック牛乳など飲みたくないというのが感想であった。この点を考慮して，ケロッグは，ブレックファストメイツをスーパーの冷蔵コーナーで売り出すようにした。ブレックファストメイツには，4種のシリアルの種類があったが，パック牛乳は乳脂肪分2％の1種類のみであった。[*1] 顧客はブレックファストメイツをスーパーの冷蔵コーナーで見つけることができたが，この売り場は殆どの顧客にとって朝食のための食品を探す売り場ではなかった。この点でブレックファストメイツのアクセシビリティはごく低いレベルに留まるものであった。アフォーダビリティの点では，ブレックファストメイツの小売価格は，一般的なシリアル製品の約6.6倍の高価格であった。ブレックファストメイツが完全に失敗に終わったのも不思議ではない。結局，1年間と3,000万ドルを費やした後，ケロッグはこの製品の販売を取りやめてしまった[1]。

（2）フォード・サンダーバード

　フォード（Ford Motor Company）の「サンダーバード（Thunderbird）」は，1955年に発売されて以来，アメリカの古き良き時代の自動車を象徴する存在となっていた。フォードは，1990年代にはその生産を取り止めていたが，2001年になって1950年代，60年代のかつての栄光を彷彿とさせるレトロな魅力を持った車として復活させることを決定した。サンダーバードの復活は，顧客から期待を持って受け止められ，カー雑誌も特集を組んだりして，発売前には期待感は大きく高まった。しかしながら，新サンダーバードの初年度販売台数は目標を大きく下回る19,000台に留まり，翌年からは販売台数は急速に落ち込む結果

[*1] 訳注：一般にアメリカの牛乳には，whole milk（乳脂肪分3.5〜4.0％，いわゆる牛乳），Reduced Fat Milk（同2％），Low Fat Milk（同1％，低脂肪乳），Skim Milk（0％，無脂肪乳）があり，乳脂肪分について消費者の強いこだわりがある。ブレックファストメイツには，乳脂肪分2％の「半脂肪乳」だけしか提供されていなかったので，この点でも失敗の要素があった。

となってしまった。

　新サンダーバードの失敗は，4Aの観点から見れば明白であった。フォードは，前評判を高め，盛り上げることには確かに大成功を収めた。しかし，肝心の車のデザインと性能，流通，価格の点で失敗であった。新サンダーバードはその発売に先立ち，2年間にわたってさまざまなモーターショーで披露され，カー雑誌の表紙を幾度となく飾り，テレビ番組でも何度も取り上げられた。これは「歴史上，最も周到に盛り上げられた前評判の1つ」と評することができるだろう。当初の需要は非常に高く，期待感は最高潮に達していた。ところが，フォードはいざ生産に移るとさまざまな問題に直面し，自動車ディーラーへの出荷はしばらく延期せざるを得なくなった。これは，早速の購入を検討していた顧客を大いに苛立たせることとなった。また，新サンダーバードのメーカー標準小売価格は35,495ドルであったが，この品不足に乗じて，ディーラーは8,000ドルから10,000ドルのプレミア価格を上乗せして販売しようとした。この結果，価格は50,000ドルに近づき，メルセデス・ベンツやBMW，アウディの高級車（ラグジュアリー）クラスと競合する価格帯になってしまった。

　元々，サンダーバードという車は高いレベルの「心理的アクセプタビリティ」を保持していたので，フォードは，新サンダーバードについて，かつての栄光のスピリットを受け継ぐことに強くこだわっていた。1957年モデルの古い記録を研究して，新サンダーバードの排気音が昔のサンダーバードと同じ音（轟音）を立てるように工夫したりした。しかし，「ウォール・ストリート・ジャーナル」誌は，新サンダーバードが走行テストで不具合があったことを報じ，「機能的アクセプタビリティ」の面での失敗が明らかになってきた。これに伴い，心理的アクセプタビリティも低下した。実際のところ，新サンダーバードには，成型プラスチックが多用されており，フロントグリル，ホイール，インストルメンタル・パネル，内装，スイッチ類はどれもこれも見栄えが悪く，安物感（チープ）があった。また，車体フレームからトランスミッション，インストルメンタル・パネル，座席シート，果ては車のキーまで，約65％の部品が「トーラス（Taurus）」のような車格の低い他のフォード車からの流用であった。

　下位車種からの流用部品で構成された「高級」車であり，メルセデス・ベン

ツやBMWと同等の価格帯だがあくまでも「フォード車」であり,「スポーツカー」ではあるが値段に見合うほどにはスポーティでもなく馬力も足りず,と言って他の用途に使えるほどの実用性はない—。結局のところ,新サンダーバードには明確な不整合があり,機能面でも心理面でも受け入れ難いものであった。新サンダーバードの生産はようやく軌道に乗ったが(相変わらず品質は安定しないままであった),その頃には10,000ドルのプレミア価格どころか,店頭表示価格から10,000ドルの値引きでの販売が常態となっていた。フォードは,2005年には新サンダーバードの生産を取り止めてしまった[2]。

さて—。ブレックファストメイツとサンダーバードの例を見てきた。ケロッグとフォードの両社は,この2つの製品について,いつもの通りにマーケティングに取り組んだ。しかし,結果は全くの期待外れであった。単純に言って,「いつも通りの従来型マーケティング」のままでは成果がなかなか得られないということかもしれない。マーケティングという重要なビジネス機能の再生と活性化のためには,抜本的な新思考が求められているだろう。これは,企業の内外のステークホルダーの間に蔓延するマーケティングに対する疑念と不信を払拭するためにも必要である。マーケター(マーケティング・マネジャー)は,マーケティングの生産性の低さと企業におけるマーケティング機能の地位低下という相互に関連し合う2つの悪しき事態に直面している。マーケターにとって,ビジネス世界を見通すための新しい枠組みが求められているわけである。

2. マーケティングの生産性の危機

マーケティングに投入される予算額は,過去数十年間にわたって着実に上昇してきた。これは,競争の激化に伴い,多くの産業で企業がマーケティングに資金をより多く投入するようになっていったためである。ごく大雑把に言って,企業のコストの内,マーケティングの諸活動に充てられる割合は,1950年の約25%から2006年には約50%に上昇した。一方,製造コストは約50%から約25%

に低下し，管理コストは60年代，70年代は上昇を続けたが，その後，低下し約25％に落ち着いた[3]。しかしながら，マーケティング・コストの上昇は，マーケティングのパフォーマンスの向上を伴うものでは決してなかった。実際のところ，「フォーチュン」誌によるアメリカの大企業上位1,000社に対する調査では，過去20年間（1985年～2004年）について，マーケティングに最も多くの資金を投入している企業群は，そうではない企業群よりも成長率が低いことが明らかになっている[4]。この調査結果の１つの説明は，「マーケティングへの多額の資金投入は，企業の保有する製品群の根本的な弱さや企業戦略上の劣位をなんとかして挽回しようとする意図を持ってしばしば行われている」と言うものであろう。

　マーケターは，マーケティングの生産性の低さには最も多くの責任を負っている。顧客の心を捉え，期待感を高めることのできるようなマーケティング・キャンペーンが一体どれほどあるだろうか。顧客の満足とロイヤルティは低く，多くの企業は顧客の信頼をきちんと得ていない[5]。新製品の大多数は失敗している。広告，SP（セールス・プロモーション），ダイレクト・マーケティング，テレマーケティングといったマーケティングの諸方策は，企業の財源から多額の資金を吸い上げる。しかしながら，これらの諸方策は，企業或いは顧客に対して，かけた資金に見合った価値を上手く生み出せないままである。顧客もまた，マーケティングの諸方策を単にイラつくものか，或いは得られて当然の権利のように受け止めている。例えば，今日の顧客にはさまざまな企業によって余りにも多くの「ロイヤルティ・プログラム」が提示されているので，顧客は一種の贈り物競争の受け手に常になっている状態にある。これでは，企業や製品に対するロイヤルティの醸成と言うよりも，顧客の貪欲さや強欲さを育てているようなものである。結局は，企業は顧客に製品なりブランドなりを買わせるためにますます手厚い「贈り物」を進呈しなければならなくなる。

　マーケティングの生産性の低さについて，例えば，以下の調査研究の結果を見てみよう。

- ▶ある調査研究によると多数の大企業が，安直に計画された不必要な広告に数10億ドルを費やしている[6]。また，ある研究では既存ブランドについて

広告費を2倍にすると売上高が僅か1％だけ増えることが示されている[7]。数多くの企業が，既に十分に確立され，世界的にも認知されているブランドについて，毎年数100万ドルの広告費を支出している。これらの広告の大部分は，内容的には何も新しいことはなく，代わり映えのしないものである。

▶複数の調査研究によると，パッケージド・グッズ（事前個別包装品）のSPについては，その84〜90％が利益低下しかもたらさないことが明らかになっている[8]。これは，SPには確かに製品の売上数量を動かす効果はあるが，この効果は差し引きで見ると非常に低い利益かマイナスの利益（損失）という犠牲と引き換えに実現されているためである。SPはまた，多用されればされるほど，顧客の誘引と保持の効果が薄れてくることになる。

殆どのSPがきちんとターゲットを定め計画されているわけではないので，顧客の反応率は1％かそれ以下である。反応してくる顧客の殆ども実は企業がターゲットとすべき顧客ではない。彼らは，単に値引きだの景品だのが好きな人々なのであって，本質的にブランド・ロイヤルな顧客達ではない。アメリカでは，クレジットカード入会申込書送付に対する顧客の反応率は，1992年には2.8％あったが2005年には0.3％に低下している。つまり，反応率は僅か1,000分の3という低さである。殆どの企業が99.7％の無反応が持つ意味をろくに考えないままである。望まれぬ売り込みをその気もない顧客に執拗に繰り返している―。これはもう，社会的資源の壮大な浪費と言う他はないであろう。

マーケティングが直面している低生産性問題には，3つの主要な原因がある。

▶資源配分の失敗：費用対効果の観点でマーケティング資源の配分を適切に行っている企業は少ない。より典型的には，売上が思わしくないので，反射的に広告やSPを増やしたり，価格引き下げを行ったりしているだけである。

▶誤った測定・評価基準(メトリックス)：重要な要因や変数についての信頼できる測定・評価基準を欠いているために，企業は他の不確かな代用基準を追いかけざるを得ない。

▶顧客への集中の欠如：過去何十年間にもわたって，多くの企業が顧客志向を掲げてきたが，本当にそれを実現している企業は殆どない。殆どの企業は相変わらず製品志向・利益志向のままで，マネジメント努力を財務報告と財務上の数字に集中させており，評価もこれらで行われている。こうした短期的な収益性重視の姿勢は，通常，企業にとって有害であり，顧客の福利にも反するものである。

3. マーケティングの地位低下

「企業はより顧客志向であるべき」というコンセンサスが広範に受け入れられていたので，以前は，マーケティングは企業に対し強大な影響力と統制力を持ち，最も有力な経営機能となるものと考えられていた。1992年にフレデリック・ウェブスター・ジュニア（Frederick Webster, Jr.）は「マーケティングはもはや少数の専門家だけが責任を負えば良いというものではなくなっている。企業の構成員の全てが，顧客を理解し，顧客のために価値を創造し，提供することに責任を負うようになっている。マーケティングは全ての構成員の職務明細書に明確に書き込まれねばならない。また，企業の組織文化にも不可欠の要素とならねばならない」[9]と述べている。しかし，残念ながら上記の言は今日の多くの企業にとっては事実とは言えなくなっている。

かつては，マーケティング部門は，上級マネジメントの会議や或いは取締役会であっても，きちんとその席を得ていたものであった。確かに創業間もないような若い企業では，マーケティングには今でも高い価値が置かれている。しかし，成熟産業では，マーケティングの伝統的なアプローチは，効力を失いつつあり，その地位低下は著しい。マーケティング部門は，積極的で戦略的と言うよりも事後反応的で戦術的になっている。顧客に大きなインパクトを与えるような新戦略を立案したり，実行したりする上で，主導的な役割を果たすことができないままである。例えば，顧客満足（CS）向上運動は元々，マーケティングと言うよりも日常の業務管理の中で生み出されたものであり，全社的品質

改善運動（TQM）やシックスシグマ（Six Sigma）もマーケティングの分野で推進されたものではない。また。近年，重要視されてきたブランド・エクイティ概念もマーケティング発祥の考え方ではない。それは，無形資産を巡る議論からの一種の派生物であって，財務理論から発達したものである。

　企業組織内の序列におけるマーケティングの地位低下にもかかわらず，表だってマーケティングの価値に疑問を呈する向きは殆どないようである。「市場志向」であると客観的に分類される企業は，優れた財務パフォーマンスを実現しているという主張がこれまで大いになされてきた[10]。しかしながら，実際には多くの企業でマーケティング部門は言わば排斥され，企業の他の部門に価格設定や新製品についての意思決定など重要な機能を任せるようになっている。広告予算をマーケティング部門ではなく，財務部門が完全に決定しているということもしばしばである。

4. ドラッカーの教え
―目標によるマーケティング―

　効果のほどが定かではないマーケティング・キャンペーンに取り組む企業は「とにかくもっと資金と労力をつぎ込んで努力せねば」との考えに囚われるものである。4Aの枠組みは，目標の的確な設定によって，この種のマーケティングに関わる無駄と徒労の多くを排除しようとするものである。

　ピーター・ドラッカー（Peter Drucker）について良く知る人なら，この「目標によるマーケティング」の考えが，1954年の彼の著書 The Practice of Management[*2]で提示された「目標による管理（MBO：Management by Objectives）」に基づくものであることに気が付くであろう。MBOの仕組みを活用している企業経営者は，目標を定め，組織に浸透させ，資源を効果的に配分して目標を実現するように努力する。このような経営者の下では，マネジャ

[*2] 訳注：ピーター・ドラッカー著，上田淳生訳〔2006〕『ドラッカー名著集2　現代の経営（上）』ダイヤモンド社，同『ドラッカー名著集3　現代の経営（下）』ダイヤモンド社。

ーや従業員達は、目標を達成する上での自身の役割や責任を明確に理解するようになる。MBOによって企業は、重要目標を達成するのにはまるで役立たない無駄な活動に組織のエネルギーと資源を投入してしまう事態を回避して、事業の成功の本質的部分に的確に焦点を合わせることができるようになる。

ドラッカーは、目標とは活動ではなく、結果に関わるものであるべきと主張している。それは、一貫性があり、詳細で、測定可能であり、いつまでにという時間の概念が組み込まれており、かつ達成可能なものでなければならない。企業の目標（諸目標）は、典型的には取締役会レベルでの決定となる。目標は、個々の事業、機能部門、マネジャーや従業員のレベルの個別詳細目標に徐々に細分されていく。インテルのCEOであったアンディ・グローブ（Andy Grove）は、MBOの熱心な推進者としても知られているが、少数の絞り込まれた正確かつ明快に表現された目標を持つことの必要性、また、マネジャー達に目標達成のための方法の選択について十分な裁量を与えることの必要性を強調している。

現実にはマーケティング部門は、「正確かつ明快に表現された目標」に基づき機能しているわけではないことも多い。それよりも「顧客満足の向上」「マーケット・シェアの拡大」といったより曖昧な目標に基づいている。この種の目標の達成に関わる変数は数多く、それらには企業組織のさまざまな部門が関わりを持っている。そのため、マーケティングは、これまで目標未達成の説明責任を果たせないことや、目標達成を阻害する問題を見つけたり、効果的な問題解決を図ったりする能力にも乏しいことに苦しんできた。

「目標によるマーケティング」のアプローチを強力に推し進める上で4Aの枠組みが必要になる。4Aによって、明確で説得的な目標が得られる。目標は、企業内で伝達・共有され、目標達成のためのより効果的・効率的な方法の選択についてマネジャー達により大きな裁量が与えられるようになる。

同じく重要なのは、4Aの枠組みによって、製品やサービスについてその成否を市場導入前に予測できるようになることである。本書の最も重要な目的は、「4Aの枠組みをマーケティング計画の改善に役立て、成功の確率を最大化する方法」を示すことにある。

主たる問題の1つは，マーケターの殆どが財務面には精通しておらず，そのため，マーケティング活動への投資がどのような収益をもたらすかを上手く説明できないことである。逆に他部門のマネジャー達は，マーケティングについての知識や経験に欠けるのが一般的であり，言わば「マーケティング・リテラシー」が欠如している。彼らは，ロイヤルな顧客の存在やブランド力（パワー）が企業のバランス・シートにどれだけ貢献するのかについても理解できないままであることが多い。多くの企業で，マーケティングへの支出は，既決費ではなく自由裁量費*3とされているので，マーケティング予算は相対的に重要とは言えず，削減可能なものと考えられている。特に一般消費者向けパッケージド・グッズ以外の産業においては，マーケターは，必要なマーケティング予算の妥当性を説明することを常に強く求められている。これはこの種の産業における多くの企業でマーケティングが信頼を得ておらず，さして当てにもされていないという理由によるものである。

　マーケティングは実際のところ，有望な製品に対してどのような役割を果たしているだろうか。ここで2つの革新的な製品，ルンバとセグウェイがそれぞれどれほど異なった運命をたどったかについて見てみよう。

5. 成功と失敗（パート1）：ルンバとセグウェイ

　近年に現れた2つの興味深く風変わりな新製品と言えば，ルンバ（Roomba）とセグウェイ（Segway Human Transporter）であろう。どちらも技術面では十分に革新的であり，新市場を創出するものと目されていた。しかし，両者の実績は非常に異なったものとなった。

　セグウェイは，1人乗りの電動立ち乗りスクーターで2001年12月にその姿を現した。それは，2つの車輪を備え，バッテリーで駆動し，旧式の手押し芝刈

---

*3 訳注：既決費（committed cost）は，不可避的に発生する費用。既決原価，拘束原価とも言う。自由裁量費（discretionary cost）は，文字通り裁量できる費用。代表的には広告費，交際費，R&D費など。管理可能費とも言う。

り機のような印象を受ける乗り物であった。セグウェイは，家庭用電源で充電可能であり1回の充電で丸一日動くことができ，搭載されているジャイロセンサーによって乗り手の微かな体重移動を感知して，車体を適切な方向へと転換することができた。セグウェイに試乗した人は，その安定性，ちょっと尋常ではないほどの反応性の良さ，操作の簡単さに驚いたものである。

　一方，ルンバは，アイロボット（iRobot）が開発したロボット掃除機で（アイロボットは軍事用ロボットの開発で良く知られる企業であった），ちょうど家庭用の体重計のような大きさであった。ルンバは最小の労力で部屋の床をきれいにすることができ，忙しい人や室内でペットを飼っている人，或いは身体の不自由な人にとってありがたいものであった。ルンバは，知的アルゴリズムと優秀な清掃・吸引機構を備え，ボタン1つで部屋を掃除することができた。高さが低いのでソファや他の家具の下に入ることもできた。

　ルンバを購入した人は，家族や友人にその機能や動きを見せたがった。ルンバが部屋の中を掃除して回る様子──ランダムに動き回っているようでいて，設定された仮想壁の範囲から外に出ることはなく，段差からの転がり落ちを自動回避でき，ひと通り仕事を終えると自分できちんとホームベース（充電コネクター）まで戻って行く──はなかなか面白いものであった。とれるゴミやほこりの量も驚くほどであった。ルンバは，顧客からの意見や感想に基づき，常に改良が重ねられていった。とれるゴミの量を増やしたり，クリーニングブラシや汚れセンサー，急速充電などの機能追加がなされた。ルンバは，その後，機能や仕様，価格の異なる多様な機種が市場に投入されている。

　2002年10月の発売以来，2年後にはルンバの累計販売台数は100万台に達し，大成功を収めた新製品との評価が固まった。一方，セグウェイは，事前の予想（3万〜5万台）には遥かに及ばず，発売2年間で6,000台が売れただけであった[11]。双方とも最先端の技術を用いていながら，使用方法は簡単，頑丈な造りで信頼に足りるものであった。それでも一方は上々の売れ行きで，他方の売れ行きは低迷した。この違いの原因は，それぞれの製品がどのようにマーケティングされたかにある。

　どちらの製品もメディアが華々しく取り上げてくれたので広告には殆どコス

トをかけなかった。ルンバは「タイム」誌を初めとする多くの雑誌で取り上げられ,「オプラ・ウインフリー・ショー」[*4]のような人気トーク番組で紹介され,「フレンズ」といった人気テレビドラマの中にも登場した。セグウェイは,前評判が非常に高く,著名な投資家や支援者達が大きな関心を寄せていた。セグウェイは,人の移動というものを根底から変革する画期的な乗り物であり,ちょうど自動車が馬車を時代遅れにしたのと同じようなことが今後起きるだろうと力説する人も多かった。セグウェイにとって大きな不幸だったのは,これほどの高い期待に応えることのできる新製品は歴史的にも本当にひと握りでしかないということであった。これに対して,ルンバの方は,適度な期待の中で発売された(それまでの「ロボット家電」のお粗末な性能からすれば過剰な期待が寄せられようもなかった)。ルンバが期待以上との評価を得るのは容易なことであった。

　セグウェイは,幾つかの大きな問題に直面した。セグウェイは,そもそも健康のためになるべく歩こうという近年のトレンドに逆行するものであった。長時間乗っていると腰とか背中が痛くなるという人もいた。インフラストラクチャーの観点では,多くの都市や街でセグウェイのような電動の乗り物が歩道を通行することを禁じていた——つまり,セグウェイはその名前の通り「道から排除されていた」[*5]。マーケティングにもっと習熟している人々が関わっていれば,こうした問題は予想ができ,もっと別のより良いマーケティング戦略を工夫したかもしれなかった。

　長期間にわたって,セグウェイを購入できる場所はアマゾン.comのインターネット販売だけであった。そのため,顧客は購入前にセグウェイに試乗することはできなかった。後になって,ブルックストーン[*6]の店舗でも購入できるようになった。しかしながら,2004年の7月時点でも,セグウェイの販売店は全米

[*4] 訳注:オプラ・ウインフリー(Oprah Winfrey:1954年〜)は,トーク番組の司会者。女優,テレビプロデューサーでもある。オプラ・ウインフリー・ショー(The Oprah Winfrey Show)は,そのトーク番組。全米で高い人気を誇る。

[*5] 訳注:Segwayのsegにはsegregation(分離,隔離)のニュアンスがある。

[*6] 訳注:ブルックストーン(Brookstone)は,アメリカ西部を中心に店舗を展開する総合雑貨店。アップルの各製品(iPod, iPad, iPhone),寝具,マッサージ機器の他,各種家庭用品,玩具,トラベル用品,アウトドアグッズなどを扱う。品揃えは「アイデア商品」的なものが多い。

で35か所に留まった。一方，ルンバは発売後すぐに，ホーム・デポやシアーズ，ターゲット，ブルックストーンなど全米のさまざまな店舗で購入でき，インターネットにおいてもアマゾン.comをはじめとする多くの業者が取り扱いを開始した。

セグウェイの小売価格は最も安い機種で3,995ドルであり，他の電動スクーターと比べれば非常に割高であった。ルンバは，199ドルで発売され，一般的なローテク掃除機の価格と似たようなものであった。他社のロボット掃除機の価格はルンバよりも1,500～1,800ドル高かったので，これらと比較すれば飛び抜けて割安であった。

ルンバの際立った成功は，市場における成功を左右する要因―マーケティングの4A―を十分に活用できたことによるものであった。4Aとは，アクセプタビリティ，アフォーダビリティ，アクセシビリティ，アウェアネスの4つである。4Aのそれぞれは，顧客の観点から得られた複数次元からなる構成概念であり，企業にとってそのマーケティングの成功を左右するものである。つまり，4Aのうち，どれか1つでも問題があれば，当該のマーケティング計画はほぼ確実に頓挫することになる。

4Aの枠組みは，マーケティングの諸活動を顧客が求める4つの重要な価値に結び付け，集中する上で有用である。これらの価値は，以下のようにまとめることができる。

▶アクセプタビリティ（Acceptability）：企業の提供する製品が全体として，どのくらいターゲット市場の顧客のニーズや期待と合致し，また，ニーズや期待を上回っているかをいう。アクセプタビリティには，機能的アクセプタビリティと心理的アクセプタビリティの2つの次元がある。

▶アフォーダビリティ（Affordability）：ターゲット市場の顧客がどのくらい当該製品の価格に対して支払うことができ，かつ支払う意思があるかをいう。アフォーダビリティには，経済的アフォーダビリティ（支払の能力）と心理的アフォーダビリティ（支払の意志）の2つの次元がある。

▶アクセシビリティ（Accessibility）：顧客が当該製品をどのくらい容易に入手できるかをいう。アクセシビリティには，アベイラビリティ（入手でき

ること）とコンビニエンス（入手の便利さ）の２つの次元がある。
- ▶アウェアネス（Awareness）：顧客が当該製品の特性についてどのくらい知っており，（再購入・再利用も含め）購入・利用をしようと思っているかをいう。アウェアネスには，製品知識とブランド認知の２つの次元がある。

4Aの枠組みから見ることで，何故，ある製品が成功し，或いは失敗するのかを比較的容易に理解できるようになる。ルンバとセグウェイについて4Aの枠組みでもう一度考えてみよう。
- ▶アクセプタビリティ：ルンバは，革新的な方法で床をきれいにしたいという顧客のニーズに明確に合致していた。一方，セグウェイは，人の移動に対するニーズに全く説得力がない方法で応えようとしていた。そもそもセグウェイを必要としている人は誰であったのか。セグウェイは，電動スクーター，徒歩，或いは自転車に取って代わるものであっただろうか。また，多くの街でセグウェイのような電動の乗り物が歩道を通行することは禁じられていた。上記は，見込み顧客にとってセグウェイのアクセプタビリティを大きく引き下げるものであった。
- ▶アフォーダビリティ：ルンバの199ドルという価格は殆どの顧客にとって受け入れ易い価格であった。顧客が革新的だが風変わりな新家電に対して支払ってくれる価格という点でも申し分なかった。一方，セグウェイには，最低機種でも3,995ドルという価格設定がなされていた。3,995ドルは，電動スクーターというより中古自動車の価格帯であった。
- ▶アクセシビリティ：ルンバは，数多くの店舗で簡単に購入できた。一方，セグウェイには，非常に限られた販売店しかなかった。また，セグウェイの購入者は，使用前に数日間の訓練を受けることが求められた。訓練の場所は，不便なところにある場合が多かった。
- ▶アウェアネス：メディアが盛んに取り上げたので，共にブランドに対する認知は非常に高かった。しかしながら，自分で実際に乗ってみる経験なしには，セグウェイについての必要な製品知識を得ることは困難であった。

上記からすれば，ルンバの成功，セグウェイの失敗の理由が明確になってくるだろう。また，企業は4Aによる分析を通じて問題のある製品についての具体的な措置を素早く講じることができるようになることも重要である。実際にセグウェイも具体的な措置が講じられた。すなわち，大型ショッピング・センターや空港の警備といったニッチなニーズを満たす乗り物へと再定義され，現在では，4Aの枠組みに大きく合致するものとなっている。セグウェイは，よりアクセプタビリティ，アフォーダビリティ，アクセシビリティを備えた製品へと変わり，アウェアネスについても前評判の高かったころと比べて，より多くの人がこの乗り物についてより正確に知るようになっている。

6. 成功と失敗（パート2）：エアフォンとディレクTV

　1984年，多くの航空会社が，エアフォン（Airfone）という航空機内から電話をかけることのできる革新的なサービスを導入し始めた。エアフォンは，GTE（GTE Corporation）が手掛けていたものであるが，後にこの事業はベライゾン（Verizon Communications Inc.）に引き継がれた。エアフォンは，技術面では秀れており，大きな期待が寄せられたが，結局は，みじめな失敗に終わった。ベライゾンはエアフォン事業を継承後，10年間はなんとか保持していたが，最後には売却することとなった。エアフォンの通話回数は累計5,000万回であった。エアフォンが乗客によって利用されるのは，到着が大幅に遅れるような悪天候時だけであり，それ以外の利用率は極端に低かった。結果として，この高価なシステムは，機内と地上を結ぶ多数の電波塔など固定費の負担ばかり大きく，総時間のうち限りなく100％に近い時間が非稼働のままであった。
　一方，過去30年間で，ヒューズ・ネットワーク・システムズ（Hughes Network Systems）のディレクTV（DirecTV）ほどの成功を収めた新製品は殆どないであろう。ディレクTVは，放送衛星によるサービスで，加入世帯は，数100に及ぶチャンネルを楽しむことができる。ディレクTVは，サービス開始の最初の13か月間で100万以上の加入数を獲得し，他の一般消費者向けの電

気製品・電子機器—カラーテレビ，VCR（ビデオカセットレコーダー），CDプレーヤーを含む—よりも早く普及した。実際，ディレクTVは，余りにも成功を収めたので，ヒューズは急速に拡大する需要についていくのに苦労するほどであった。

エアフォンが惨めな結果になったのに対して，ディレクTVはどのようにして劇的とも言える大成功を収めたのであろうか。先ずエアフォンについて，4Aの枠組みから考えてみよう。

▶アクセプタビリティ：エアフォンの通話は雑音が多く，聴き取りにくいものだった（時代的にデジタル化される前であった）。また，通話している声が他の乗客に聞こえてしまうことを問題視する乗客もいた。後に航空会社が通話用ブースではなく，座席に電話機を備え付けるようになったので，この問題はますます解決が難しいものとなった。エアフォンにはこうした難点があり，これらが殆どの顧客にとってこのサービスを受け入れ難いものにした。

▶アフォーダビリティ：エアフォンの通話料金は非常に高く，かけるだけで先ず4ドル，最初の1分で5ドル，以降は毎分2.5ドル加算という料金設定であった。このような料金設定であったため，たとえ裕福な乗客であっても，よほどの緊急の用事でない限りはエアフォンでの通話は非現実的として敬遠した。つまり，乗客の多くは，もちろん10ドルでも数10ドルでも支払うことは可能であったろうが，支払おうと思う者はいなかった。乗客達は，エアフォンでの通話には支払う価格に見合った価値はないと判断したわけである。

不幸なことに，企業側はエアフォンの抱えるアフォーダビリティ上の問題を見誤っていた。例えば，1994年にエアフォン事業のマーケティング担当部長は，価格は不当なものではないとして「普通の携帯電話の料金と比べてもことさらに高いわけではない。とりわけ航空機内電話という技術的なハードルの高さを考えて欲しい」と述べている。もちろん，顧客にとっては，技術的なハードルの高さは全く関心事ではなく—それは企業側が解決する問題である—，言わば唯一の関心事は，このサービスから受け取る

ことのできる価値が自分の支払う金額に見合っているか否かにある。

　ベライゾンは，ベル・アトランティック（Bell Atlantic）とGTEの合併に伴い，エアフォン事業を継承したが，最上級のビジネス客にのみ事業の焦点を当てていたようである。「もし，100万ドルの契約がかかっているのなら」とかつて同社の広報担当者は主張したものである。——「通話に僅か10ドルを惜しみますか？」。実際には，100万ドルの契約案件はそうそうないので，殆どの乗客は目的地の空港に着いてから電話する方を選択した。また，支払いが月当たり最高4,000ドルに達する乗客もいるのであるという主張もなされた。もちろん，そうした乗客が多少いるだけではエアフォン事業の莫大な固定費を維持し続けるには全く及ぶものではなかった。

▶アクセシビリティとアウェアネス：メディアによって最大限に取り上げてもらっていたので——また，エアフォンを使っていると目立ったので——，エアフォンに対する顧客のアウェアネスは高かった。サービスのアクセシビリティも良好であった。しかし，この2つだけでは不十分であった。顧客にとっては，エアフォンはアクセプタブルでもなく，アフォーダブルでもなかった。エアフォンは，当時としては技術的に確かに優れていたのだろうが，結局は企業にとって投資に見合うだけの最低限の収益も生み出すことができなかった。

　航空会社は，ベライゾンとの取り決めに基づき，エアフォンのサービスから幾ばくかの収益を得ることができた。しかし，エアフォン設備の重量による燃料コスト上昇分の方が大きかった。そのため，多くの航空会社が，導入後数年でエアフォンの設備を機内から撤去し始める結果となった。2006年6月，ベライゾンは（確実な成功となるはずであった）エアフォンのサービスを打ち切ることを発表した。4Aの枠組みからエアフォンに取り組んでいれば，この事業が計画されたやり方では浮上できないことを予測できたかもしれない。また，GTEやベライゾンは費やした資金を無駄にせずに済んだかもしれない。或いは，早い段階で4Aの枠組みによる診断が行われれば，ベライゾンは軌道修正ができ，エアフォンのサービスを継続することもできただろう。

エアフォンとは対象的に，ディレクTVは，殆ど全ての局面で適切であった。
　第1に，ヒューズの優れた技術力とコンテンツ・プロバイダーとの良好な関係性があった。これらにより，鮮明なデジタル画像とCDと同等のクオリティのサウンドによる175チャンネル（後に250以上となった）のサービスの提供が可能となり，結果，ターゲット市場にとって高度にアクセプタブルなものとなった。
　第2に，ヒューズはフランスのトムソン（Thompson Consumer Electronics）を受信ユニットの単独メーカーとして選定した。これにより，ディレクTVは，広範な顧客のアウェアネスを得ることができた。トムソンは北米で非常に良く知られたRCAのブランドを受信ユニットに付けたからである（RCAの家電部門はこの数年前にGEからトムソンに売却されていた）。
　第3に，RCAのブランドは，ヒューズに広範なアクセシビリティをもたらした。RCAは全米11,000の販売店ネットワークを既に構築済みであった。そのため，すぐにでも受信ユニットを大量販売することが可能であった。
　最後に，ヒューズはディレクTVをアフォーダブルなものにすることを確保した。ヒューズはトムソンに対して受信ユニットの製造独占権（この権利は最初の100万台分についてであった）を与えることを条件に，699ドルという低価格を実現した。実際のところ，ヒューズは当初，受信ユニットを内製（自社生産）する計画を持っていたが，賢明にもこの計画は破棄していた。もしも，ヒューズ自身が内製していたら，受信ユニットの価格はおそらく数千ドルになり，ディレクTVは立ち上がらなかったか，ごく小さなニッチ市場だけを相手にするような事業になっていたことであろう。
　ヒューズの高い衛星関連技術—僅か2つの衛星で，全米の93%をカバー可能であった—もディレクTVをアフォーダブルかつアクセシブルなものとするのに役立った。需要の急速な拡大に対処した後，ヒューズは，受信ユニットの製造についてメーカー数社を追加選定した。この過程で，価格は引き下げられ，ディレクTVは更に多くの顧客にとって支払い易いサービスとなった。2008年までには，ディレクTVの加入世帯は全米で1,700万，中南米で160万に達していた。

エアフォンとディレクTVについて4Aの枠組みから見てきた。4Aの枠組みによって、マーケティング計画が成功するか否かを判断することが容易になる。成功が危ぶまれる場合は、計画の手直しに何が必要かも判断できるようになるだろう。エアフォンとディレクTV —。いずれも4Aの枠組みを意識的に用いていたわけではなかった。ヒューズはディレクTVについて何を行うべきかを直感的に理解していたが、GTEやベライゾンはそうではなかった。もしも、4Aの枠組みを用いることができたのであれば、エアフォンにはもっと別の結果がもたらされたであろう。

7. 成功と失敗（パート3）：イリジウムと携帯電話

計画と予測のツールとしての4Aの価値をより明確にするために、更に2つの例について見てみよう。人のコミュニケーションを促進することを意図した2つの新技術—イリジウムとセル方式の携帯電話（cell phone）—についてである。

モトローラ（Motorola, Inc.）のイリジウム（Iridium）は、衛星電話サービスである。イリジウムは、地球を周回する66個の衛星を用いるもので、エアフォンと同様に技術面、事業計画面、運用面での際立った困難さを克服して実現に至ったものであった。しかし、事業としては、エアフォン以上の途方もない失敗に終わることとなってしまった。

僅か1か年（1998年）の間に、66個の衛星が打ち上げられ、所定の軌道に配置された。これにより、無線によるコミュニケーション・ネットワークが地球上に張り巡らされ、音声通話とポケットベル機能が大森林の奥地からヒマラヤの山々や太平洋・大西洋の真ん中に至るまで地球上のどこからも利用可能になった。衛星の打ち上げに先立ち、140か国の了解を取り付け、数十に上る事業パートナー—各国政府と企業—がイリジウムのサービスの管理とマーケティングに従事していた。

イリジウムの市場ターゲットは、頻繁に海外出張するような上級管理職（ビジネス・エグゼクティブ）

あった。こうしたターゲット顧客は，世界中どんな場所からでもコミュニケーション可能になるのであれば，高額のサービス料金でも容易に支払うことができるはずとの期待があった。しかしながら，イリジウムの事業構想と実現に費やされた9か年の間に通信コミュニケーションの世界は劇的に変化していた。セル方式の携帯電話が世界的に普及し，1990年代末にはより高品質のデジタル方式へと急速に移行していった。2000年までには，イリジウムはその体制を完全に整えたが，既にGSM規格[*7]による地上の携帯電話は62か国での国際ローミングサービスが可能になっており，更に多くの国々で急速に携帯電話からインターネットにアクセスできるようになりつつあった。携帯電話が頻繁に使用されるようになると，通話時間に応じて課金するという旧来の通話料の料金体系は崩壊し，利用者は国内通話なら定額で，かけ放題ということも可能になった。

さて，イリジウムは4Aとどのように適合していたのであろうか。

▶ アクセプタビリティ：イリジウムはアクセプタビリティの全ての側面で不適格であった。イリジウムの電話機の大きさはちょうど大人の靴ほどもあり，重さは1ポンド（約454g）で，当時の標準からしても巨大すぎた。通話サービスの安定性は低く，通話も明瞭な音声とは言い難かった。通信衛星とのLoS[*8]を要するために建造物や車の中からは電話をかけることはできなかった。イリジウムのカバー範囲は全地球的（グローバル）と宣伝されていたが，実際には，ヨーロッパ，アジア，アフリカの多くの国々がサービスから除外されていた。結局のところ，イリジウムのアクセプタビリティに対する評価は，鉱山関係者や石油・天然ガス探査，或いは他の特殊な市場セグメントにおいては，相当に高かったものの（これらの市場セグメントは後にイリジウムの主要ターゲットとされることになる），これら以外の一般のビジネス旅行客では極めて低いものであった。従って，完全なアクセプタビリティを100％とした場合，イリジウムのそれは5％未満と評価できるものであった。

[*7] 訳注：GSM（Global System for Mobile Communications）規格。ヨーロッパ各国を初め，世界中で幅広い普及をみた第二世代（2G）の携帯電話規格（但し，日本では使用されておらず，殆ど馴染みがない方式である）。

[*8] 訳注：LoS（line of sight）は，無線通信の見通し線。送信・受信アンテナ間が遮蔽物なしに直線で結ばれていること。また，それによる良好な通信状態。

▶アフォーダビリティ：小型の携帯電話機が100ドルで買えるようになった時代に，イリジウムの電話機の価格は3,000ドルであった。通話料金も1分当たり4〜9ドルであった（後になって値下げはされた）。エアフォンと同様に，殆どの人が，これらの価格をたとえ支払うことができても，支払おうとは思わなかった。イリジウムのアフォーダビリティは，100％中，最大でも10％程度と評価できるものであった。

▶アクセシビリティ：実際には多くの国でイリジウムのサービスは受けることはできなかった。また，同時に利用できるユーザー数は容量の制約から25,000でしかなかった。営業体制は不十分であり，電話による顧客サービス部門も貧弱であった。イリジウムのアクセシビリティは，100％中，最大でも50％と評価できるものであった。

▶アウェアネス：イリジウムはアウェアネスの点では実に優れていた。メディアによる膨大な量のパブリシティに加えて，1億8,000万ドルをかけた強力な集中的キャンペーンが行われた──「ウォール・ストリート・ジャーナル」誌や「フォーチュン」誌の他，37の航空会社の機内誌に大量の広告が出稿された──。更に，20の国や地域において見込み顧客にダイレクト・メールを発送する大規模なキャンペーンも実施された。これらにより，イリジウムがターゲットとする見込み顧客のほぼ全員が，ごく短期間の内にこのサービスについて知ることになったと言っても過言ではないだろう。イリジウムのアウェアネスは，100％中，90％に達していたものと評価できる。

イリジウムの見込み顧客から実際の顧客への転換率（コンバージョン・レート）は，上記の4A上の問題点を良く示すものだろう。大量の広告とダイレクト・メールのキャンペーンが行われた最初の四半期に，イリジウムには見込み顧客から150万件の問い合わせがあった。しかし，この内，実際に契約に至ったのは僅か数千件であった──つまり，転換率は1％未満に過ぎなかった。上記に示した問題点からすれば，こうした転換率の極端な低さの理由を推測することは難しくはない。4Aの枠組みから市場を捉えていたならば，イリジウムがはまり込んだ陥穽は，容

易に予測ができたのかもしれない。

　イリジウムがそのサービス開始から短期間の内に破産申請に至ったのは，特段，驚くべきことではないだろう。イリジウムの事業（衛星群と関連施設に60億ドルもの資金が投じられたものと推定される）は，2001年にイリジウム・サテライト社に僅か2,500万ドルで売却され，同社がそのサービスを部分的に継続することとなった。結局，セグウェイと同様に，イリジウムも当初の壮大な構想と比較すれば，遥かに小さな存在として生き延びる結果となった。その後のイリジウムのサービス対象は，現実的なニッチ市場—海事，航空，防衛，治安維持活動，公共施設管理，石油・天然ガス，鉱山，森林管理，重機管理，輸送といった分野—となっている。4Aの枠組みからすれば，こうしたニッチ市場が，イリジウム事業に適合していることは明確であろう。これらの市場では通常の携帯電話の通信範囲から遠く外れた地域で業務が行われていることが多く，価格についても一般の民生用と比してさほど敏感ではないからである。

　イリジウムとは対照的に，セル方式の電話ビジネスは，この四半世紀における最も巨大な成功事業の1つとなった。しかしながら，その成功は決して簡単に得られたものではなかった。当初は，この事業に対する大方の評価は殆どが懐疑的であった。例えば，1970年代の末には，AT＆T傘下の有力コンサルティング会社が，セル方式の電話ビジネスの将来予測を行い，ユーザー数は総計100万にはまず届かないだろうと結論づけている—その理由は単に，自動車で出かけている時にわざわざ電話を使いたいと思う人は多くはないはず[*9]，というものであった。

　セル方式の電話ビジネスについては，初期の頃は悲観的な予測が正しいように思えたものである。実際のところ，4Aの観点から見ても，この事業は以下のような不適格さが顕著であった。

　▶アクセプタビリティ：通話サービスの信頼性は低く，自動車搭載用の電話しかなかった。装置は重くかさばり，電話機の種類もごく限られていた。

[*9]訳注：初期の「移動体通信（携帯電話）」は，船舶電話，そして自動車電話（自動車に搭載される電話）であった。

▶アフォーダビリティ：携帯電話会社は上級管理職という限られた市場をターゲットとしていた。そのため，通話料金は高額であり，電話機の価格も数千ドルであった。
▶アクセシビリティ：事業者の数は少なく，電話機も少数の限られた認定販売会社が扱うのみであった。販売ネットワークも貧弱であった。
▶アウェアネス：ほんの少しの広告とその他のプロモーション活動が行われただけであった。結果としてユーザーは増えず，通信インフラに対する巨大な先行投資は殆ど賄えなかった。携帯電話会社は，莫大な資金を費やしながら，少数のユーザーに僅かな価値を提供するばかりであった。

　この事業には，さまざまな根本的な間違いが付きまとっていた。しかしながら，事態は幾つかのマーケティング上の転換がなされたことにより，大きく変化することになる。先ず，ターゲット市場が拡張され，―上級管理職だけでなく，弁護士・会計士といったプロフェッショナル・サービス職や外回りの営業担当者など―より多くのセグメント群を含むものとなった。次に電話機の販売をサービス提供契約と一体化して，販売会社に電話機の販売奨励金を出すようになった。これにより，電話機自体の販売価格が下がり，ユーザーは購入し易くなった。通話料金も引き下げられ，異なるセグメント向けに複数の料金パッケージが提供されるようになった。上記は，セル方式の携帯電話のアフォーダビリティを大きく向上させることになった。
　また，サービスがより幅広く得られるように流通の大幅な改善が行われた。家電販売店，大型量販店，更には街角の小販売店へと扱いが拡張され，販売ネットワークは地理的にも拡大した。
　最後に，プロモーション活動についても急速に活発化した。これにより，アウェアネスが大きく向上し，見込み顧客のサービスに対する否定的な認知も変化した。電話機のサイズがより小さくなり，機能も充実し，通話品質の向上と通話エリアの拡大が図られていくにつれて，アクセプタビリティも改善していった。その後，デジタル技術への転換により，更に充実した機能が得られるようになった。

4Aの各要素に対して全力で取り組むことで，セル方式の電話ビジネスは初期の低迷から上昇へと転じ，年40～50％という驚異的な爆発的成長を実現するに至った。2001年にはアメリカ単独でユーザー数は推定1億を突破した―これは当初の予測の100倍以上であった。2005年のアメリカでは，1億1,900万台の電話機が売れ，170億ドルを超える売上が販売店にもたらされた。2010年の末時点で，全世界の契約ユーザー数は53億という驚くべき数に達し，その後も順調に伸長しつつある[12]。とりわけ，近年の成長の大きな部分は，インドや中国といった新興市場―電話機は30ドルから購入でき，通話料金は1分当たり最低1セントという低価格である―からもたらされつつある。2008年末時点で，この2つの新興市場で契約ユーザー数は既に10億に達していた。

　人のコミュニケーションに対するニーズは普遍的なものであるだろう―。このニーズに応えるイリジウムとセル方式の携帯電話。この2つの事業のたどった途は劇的なほどに異なるものであった。2つの事業の違いは，顧客を新製品の採用と購入へと導く諸要因を明確に（或いは暗黙の内に）理解した上で事業が行われる時に，どれほど巨大な可能性が拓かれるかを示している。4Aの枠組みは，これまで依拠してきた枠組みよりも，遥かに安定的にこの理解を可能にするものである。

8. 4Aの枠組みの利点

　本章での各例で見てきたように，4Aのそれぞれを的確に行うことで，どんな製品・サービスでも市場の可能性を最大限に引き出すことができるようになる。本章を締め括る前に，4Aの枠組みの有用性を以下の5つの点でまとめておこう。

▶真の顧客中心主義を可能にする。
▶マーケティングの生産性と説明責任を改善するのに役立つ。
▶より効果的な資源配分が可能になる。
▶事業の成功について，全体的（ホリスティック）な視点で捉えることが可能になる。

▶マネジメント上の明快な解決策を提供できる。

(1) 真の顧客中心主義を可能にする

　4Aの枠組みによって，マーケティングの諸活動を伝統的な製品マーケティングの手法に基づく測定不能な「押し込み努力」から，顧客視点によって駆動される測定可能かつ最適化された努力へと転換することができる。4Aの枠組みは，製品が「いつ，どこでどのようにして販売できるのか」に答えるのではなく，製品が「なぜ」求められるのかの理由と，製品のマーケティング上の成功を阻害する要因に焦点を当てるものである。モトローラが4Aの枠組みを用いて，イリジウムの本当の市場——防衛産業や石油・天然ガスや他の先端的産業——を見つけ出し，いち早く注力していたら，同社は今でもイリジウム衛星を保有し，事業を継続していたことだろう。明確で直接的な方法で顧客に焦点を当てることで，4Aの枠組みは，収益性の高い長期的な関係性の創出を促進する。また，強引な売り込み(ハード・セル)に頼る必要性を除去し，顧客の離反を削減するのにも有用である。

　4Aの枠組みについて考える時に重要な点は，4Aのそれぞれが企業にとっての直接的な価値をも生み出していることである。例えば，アフォーダブルな製品やサービスを創り出し，提供することは，企業にとって売上高を確保することに他ならない。製品をアクセシブルにすることは，より多くの顧客にとって当該の製品をより入手し易くすることであるが，企業にとってはマーケット・シェアの拡大につながることである。

(2) マーケティングの生産性と説明責任を改善するのに役立つ

　4Aの枠組みは，マーケティングの生産性と説明責任を改善するのに役立つ。このことは，もちろん，今日のコストに敏感なビジネス環境において特に重要である。なぜ改善に役立つかの理由は明白である——4Aの持つ測定可能性によって改善がもたらされる。どんなマーケティング上の取り組みも，少なくとも4Aのいずれかの要素を測定可能な形で高めることができないのであれば，甚だ疑問であるし，採用されるべきではない（4Aの特定の要素について同水準だが，

より低コストで維持できるというのなら，まだ採用される余地はある）。もし特定の製品なりサービスなりが，4Aのいずれかの要素で低評価に留まるのであれば，（たとえ他の要素で高評価であったとしても）これもまた採用されるべきではない。先に見たエアフォンの例では，アクセシビリティとアウェアネスについては良好であったが，アクセプタビリティとアフォーダビリティは不適格であった。4Aの内，2つのAのみ高評価。その結果は，大きな—非常に大きな—損失をもたらすものであった。

（3）より効果的な資源配分が可能になる

　マーケティング資源の効果的配分は，全ての企業にとって大きな課題である。4Aの枠組みによって，マーケティング計画の強みと弱みに集中することができ，安易な直感ではなく明確な目標に基づいて資源配分の決定を行うことが可能になる。

　更に4Aの枠組みは，マーケティング計画の最も弱い部分に資源を配分する上で有用である。例えば，アウェアネスが，製品の成功を最も阻害するのであれば，アウェアネスの向上に寄与する要因により多くの（人員と資金の双方の）資源を割り当てることができる。セル方式の携帯電話の場合は，プロモーション活動を活発に行い，顧客に携帯電話の利用を積極的に説得するようになってから，驚異的な売上の成長が始まった。もちろん，重要なのは単にアウェアネス向上のために投入された資源の量ではなく，これらの資源がどのように用いられるかである。例えば，資源投入をより効果的なメディアへと切り替えていくことで，より少ない資源量でもアウェアネスを向上させることが可能である。

（4）事業の成功について，全体的な視点(ホリスティック)で捉えることが可能になる

　4Aの枠組みの主要な利点は，それがマーケティング目標の達成に関わる企業の全活動を統合化できる点にある。企業の諸活動を一連の明確かつ測定可能な顧客志向の目標達成へと集中させることで，マネジャー達はそれぞれの機能固有の狭い関心事に終始することから解放される。企業のさまざまな部門のマネジャー達は，企業のターゲットとする顧客の4Aのそれぞれを向上させるた

めに，自身が個々に或いは集合的に何ができるのかを良く考えるべきである。事業全体は1つのホリスティックなシステムとして捉えられる。マーケティング部門だけが独り，顧客の満足を確保する責任を負うのではない。

（5）マネジメント上の明快な解決策を提供できる

　4Aの枠組みは，マーケティングの失敗—とりわけ，失敗を運命づけられた絶望的な製品（4Aの幾つか或いは全ての要素において劣弱な製品）をわざわざ市場導入してしまう事態—を回避するのに有用である。また，製品が市場導入される前に4A上の問題領域を明確化することで，潜在的な失敗を成功へと転換するのにも有用である。4Aの枠組みは，マネジメント上の明快な解決策をもたらす。それは以下の5つの観点で理解できるだろう。

- ▶継続的な改善を支援する：4Aの枠組みは，企業が顧客への価値提案を継続的に洗練し改善できるようにする。4Aの各要素について全て「100%（完璧な状態）」を実際に達成している企業は存在しないであろう。企業は，4Aの枠組みに依拠することで現在よりも確実に状態を良くすることができる。
- ▶「創造的模倣」を可能にする：素早い追随者（フォロワー）は，先駆者（パイオニア）の経験を上手く利用して，ボトルネックに対処し，自身の成功確率を上げるようにするものである。4Aの枠組みは，過ちを分析して回避し，成功をつかみ取ることをより容易にする。例えば，マイクロソフト（Microsoft Corporation）のオフィスを構成するソフトウェアは，競合者から学ぶことで，競合者を—ワードはワードパーフェクトを，エクセルはロータス1-2-3を，パワーポイントはハーバード・グラフィックスを，アクセスはdBaseを—上回る市場成果を得てきた。
- ▶途中の軌道修正を促進する：技術，市場，顧客，いずれも急速に変化し得る。4Aの枠組みは，中間軌道修正を行うのにも有用である。例えば，アップルのiPodは，新製品（新世代）になる度に新機構や新機能を追加し，常に競合他社の一歩先を歩み続けるようにしている。
- ▶競争上の脅威の評価に有用である：他企業の4Aの各要素の水準を分析す

ることで，企業は直接の競合者がどの企業なのかをより的確に把握できるようになる。当該の競合企業の4A上の優位点，劣位点が何であるかも見つけ出すことができる。
▶企業や産業の市場成長を可能にする：殆どの産業において，その製品の世界的な普及率は依然として低いままである―特に1日2ドル未満で暮らす「ベイス・オブ・ザ・ピラミッド（base of the pyramid：BOP）」と呼ばれる世界の40億人の低所得層についてはそうである。なぜ普及率が低いままであるのか。その理由の大半は，企業や産業が製品の採用を妨げている諸要因について（とりわけアフォーダビリティとアクセシビリティに関して），顧客の視点から考えていないことにある。4Aの枠組みは，より高い普及率を迅速に達成するための諸方策を明確化するのに役立つ。これは，セル方式の携帯電話ビジネスで起きた―どんな予想をも遥かに超える爆発的な市場成長と普及を実現した―ことからも明白である。

　本章では，4Aの枠組みについて―4Aの個々の要素の詳細には踏み込まず―簡単な紹介を行った。次章では，4Aの枠組みをより詳しく見ていきたい。4Aの各要素についての評価を上げ，製品の成功確率を最大化するための創造的で効率的な方法を探ろう。

第2章

顧客視点からの発想

1. コカコーラ社のもう1つのレシピ

　我々は，4Aの着想をコカコーラ社（The Coca-Cola Company）から得ている。同社が長きにわたり，コカコーラという基幹製品のレシピ（フォーミュラ）の秘密を熱心に防衛してきたことは有名である。しかしながら，同社がそのマーケティング活動において，3Aと呼ばれる「もう1つのレシピ」を用いてきたことは，それほどは知られていない。この3Aとは，アクセプタビリティ，アフォーダビリティ，アベイラビリティの3つである。3Aには，後になって4つ目のAとして「アクチベーション（Activation：活性化）」が加えられた。

　過去60年以上にわたって，コカコーラ社は，自社製品が世界中どこでも購入可能なものとなるよう，絶え間ない投資を行ってきた。同社の伝説的な経営者，ロバート・ウッドラフ[*1]は，1923年にコカコーラは常に「欲しい時にいつでもどこでも手に入る」ものであるべきと述べている。今日においても，この明確で強力な目標は，同社の諸活動の駆動力となっていて，同社の製品をユビキタスなものとするべく機能している。例えば，2つの例を挙げれば―。南アフリカでは，タクシーにはソフトドリンクのクーラーボックスが備えられているが，

　[*1] 訳注：ロバート・ウッドラフ（Robert W. Woodruff：1889-1985）は，ジョージア州コロンバス生まれ。1923年から1954年までコカコーラ社の社長を務めた。慈善家としても知られる。1979年，弟ジョージ（George W. Woodruff）と共同で地元，エモリー大学に巨額の寄付を行っている。

中はコカコーラ社の製品で満たされており，オランダでは列車内のソフトドリンクの自販機にはコカコーラのお馴染みのロゴが燦然と輝いている。

　コカコーラというブランドの普及力を物語るエピソードとして，著述家であり，ブランド・コンサルタントでもあるブラッド・ヴァン・アウケン（Brad Van Auken）のペルー奥地への旅の一文を見てみよう。

　「……我々は，アマゾン流域のジャングルの最深部，マヌーの生物圏保護区を目指し，何日もかけて，マドレデディオス川をボートで下って行った。川下りの旅の果て，川岸に立ち並ぶ藁葺き屋根の小屋が見えてきた。とうとうマヌーの原住民の村に到着したのであった。そこで我々を待ち構えていたものは……。そう，コカコーラの看板と冷えたコークであった。[1]」

　アフォーダビリティについては，コカコーラ社は，自社の製品を世界中どこでも人々の手の届く価格にすることを目標としてきた。例えば，インドでは，2002年に200ml入りのコカコーラをおおよそ10セントで売り出し，現地の人々の心を捉えた。以降，売上高は，年40％の伸びを見せるが，この伸張分の80％が農村部の新しい顧客達によるものであった。

　コカコーラ社のマーケティングの卓越性は，主として同社が自身の掲げる3A（後に4A）の枠組みに熟達していることによるものである。しかし，我々の提示する4Aの枠組みは，元々，コカコーラ社の枠組みから着想を得てはいるが，更なる機能強化が図られている。我々は，コカコーラ社のアベイラビリティを第2の次元である「コンビニエンス」を含むものとして概念拡張を行い，アクセシビリティとして再定義した。我々のアクセシビリティは，コンビニエンス（ウッドラフの「欲しい時にいつでもどこでも手に入る」という観念と同じもの）と再定義されたアベイラビリティの2つの次元からなる。再定義されたアベイラビリティはコカコーラ社のそれとは異なり，市場の需要を充足するに足りる十分な数量の供給能力があることを指している（コカコーラ社の場合は，原材料面における供給の制約に直面することは殆どなかったので，歴史的にもこの点について悩まされることはなかった）。4つ目のAとしては，アウェアネス[*2]を採用した。

---

　*2 訳注：例えば，第二次世界大戦中，コカコーラは兵士の士気高揚に資する一種の「軍需品」として認可されており，重要原料である砂糖の配給制の免除特典を得ていた。

我々は，アウェアネスがアクセプタビリティやアフォーダビリティと同様に，市場における成功に対して決定的に重要な意味を持つと考えている。コカコーラのように既に世界的に周知のものとなっているブランドにおいては，ブランド認知は，長らくの間，重大な課題としては認識されてこなかった。しかしながら，殆どのブランドにとっては，アウェアネスの獲得は，市場における成功を妨げる重大な障壁となっている。更に，コカコーラのようなソフトドリンクよりも複雑な製品の場合は，製品カテゴリーそのものに対する理解が，「自分は購入の是非を決定するのに十分な情報を得ている」という顧客の主観的な評価の重要部分を構成している。

上記に示すように，我々の提示した4Aの枠組みの重要な点は，4Aの個々の要素についてそれぞれ明確に区別できる2つの次元を設定しているところにある。次章からは，4Aの個々の要素について更に掘り下げて説明するが，その前に本章で市場において顧客が果たす4つの異なる役割について理解を深めておく必要がある。

2. 顧客の4つの役割

どんな市場取引においても顧客は基本的に4つの役割を果たしている。つまり—。顧客は，製品についての情報を探索し，製品を選び取り，お金（購入代金）や時間・労力を費やし，製品を使用・利用ないし消費する（図2-1参照）。もちろん，個々の顧客（個人としての顧客でも企業などの組織購買者であっても良い）は，4つの役割の全てではなく幾つかを遂行することもある。或いは，他の誰かと共同する形で4つの役割を遂行することもあるだろう—例えば，ある人が製品についての情報を得た友人の勧めによって当該の製品を購入し，使用するといった場合である。いずれにせよ，顧客の需要が満たされるためには，4つの役割は，当該顧客にとって満足いく形で必ず遂行されねばならない。

ここで，顧客の4つの役割は，それぞれ明確に異なることを理解するのが重要である。個々の役割は，市場取引の別々の側面を示している。顧客は，4つ

図2-1　顧客の4つの役割

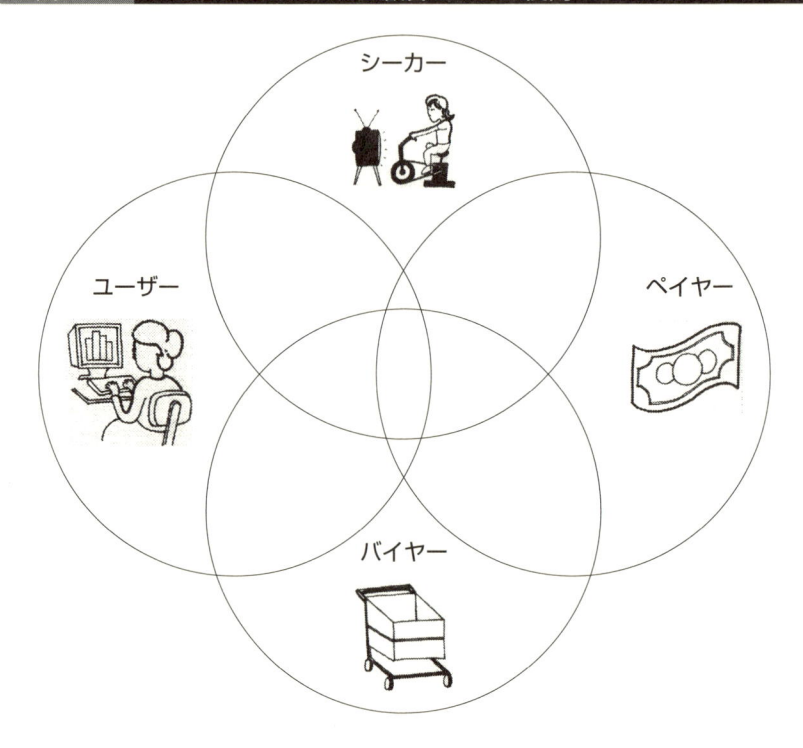

- シーカー
- ユーザー
- ペイヤー
- バイヤー

の役割に応じて，4つの異なる市場価値を求めている。これらの諸価値と個々の役割の持つ諸特性を十分に理解しなければ，企業は，顧客が抵抗なく購入に至るようにすることはできないであろう。

　4つの役割は，それぞれが何を求め，必要としているかで規定できる。シーカー（探索者）は，提供される製品について正確かつ十分な量の情報を望んでいる。ユーザー（使用者）にとっては，（機能や効率性，信頼性といった）製品そのものの特性が関心の中心となり，同時に使用に伴う各種の経験要素にも関心が寄せられる。ペイヤー（支払者）にとっては，提供される製品の価格が最も重要な関心事となる。バイヤー（購入者）は，製品を面倒なくスムースに購入できることを望んでいる。顧客の4つの役割と我々の4Aは以下のように対応している。

▶シーカーとしての役割は，主として提供される製品のアウェアネスと結び付いている。
▶ユーザーとしての役割は，主として提供される製品のアクセプタビリティと結び付いている。
▶ペイヤーとしての役割は，主として提供される製品のアフォーダビリティと結び付いている。
▶バイヤーとしての役割は，主として提供される製品のアクセシビリティと結び付いている。

　殆どのマーケターは，伝統的に顧客の役割を上記のように分割してはこなかった。例外は，ビジネス市場におけるマーケティング（ビジネス・マーケティング）であり，この場合は買い手である顧客企業（組織購買者）の役割は明確に区分されていた——例えば，顧客企業の購買意志決定単位ないし購買センターは，当該の製品を使用する部門の人々，その購買資金に関わる財務部門の人々，実際の調達を行う購買部門の人々から構成される。現実には，ビジネス市場と同様に消費者市場においても，多くの一般家庭における購買には明らかな役割の分離が観察される。例えば，小さな子供でもユーザーとしてさまざまな製品を使うだろうが，彼らは普通はペイヤーでもないしバイヤーでもない。
　顧客が4つの役割においてどのような価値を求めているかを理解することが，立案するマーケティング計画の成功率を高める上で極めて重要となる。以下，順に説明しよう。

(1) ユーザーの求める市場価値

　数百に上る製品についての我々の調査研究から，顧客はユーザーとしての役割において2つのタイプの価値——パフォーマンス価値と社会的／情動的価値——を求めていることが明らかになっている。

　パフォーマンス価値（performance value）：この価値は，製品がその主たる機能をどのくらい良好に，かつ一貫して果たすかに関わるものである。パフォ

ーマンス価値は，製品の物理的構成（サービスの場合はその基本デザイン）に組み込まれており，使用・利用の際にそこから引き出されることになる。それ故，製品のパフォーマンス価値は，設計品質と製造品質の双方に大きく依存している。

　例えば，洗濯洗剤を購入する顧客は，衣類から汚れやシミが落ち，かつ色落ちしないというパフォーマンス価値を求めるだろうし，業務用の製品ならば，期待された性能を正確かつ確実に発揮することがパフォーマンス価値となる。一般消費者向けの製品であれ，業務用の製品であれ，機能が向上してくると顧客の期待も上がり，やがて機能不良を殆ど許容しない期待レベルとなる。

　社会的／情動的価値（social/emotional value）：製品は，物理的なパフォーマンスだけでなく，製品がもたらす社会的・情動的な価値を求めて購入され，消費される。この種の価値には，社会的目標を達成できること（例えば，高い社会的ステータスが得られる，準拠集団に認められるなど），感覚上の悦びや望ましい気分状態を得られること等があり，他に「自分らしさの回復手段（アイデンティティ・リフレッシュメント）」と呼び得る価値がある。

　特定の製品が顧客にとって望ましい社会的集団と強く結び付いている場合も社会的価値がある。最近のある研究は社会的な承認が人にとってどれほど重要であるかを強調している。例えば，社会的疎外感に苦しむ人は，特定の集団の一員になるためにどんな努力でも惜しまないものである――例えば，無理をして分を超える高い買い物をしたりする[2]。社会的な価値を求めるユーザーは，自身が望ましいと思う社会集団に上手く溶け込んだり，或いは望ましい社会関係を築いたりするのに役立つと自分が主観的にイメージする製品を選ぶものである。

　加えて，市場における選択は，製品やサービスがユーザーとしての顧客の情動を喚起し，満足できるか否かにも基づいてなされる。経験消費と呼ばれるものの殆どは，情動的価値を約束するものである。例えば，映画を観たり，お気に入りのデザートを食べたり，上質なワインを味わったり，ジャグジーで寛いだり，といった消費行動は情動的価値を求めてなされる。

(2) ペイヤーの求める市場価値

　ペイヤーとしての顧客は，2つのタイプの市場価値—経済的価値と心理的価値—を求めている。

　経済的価値（economic value）：顧客は，そもそも製品の価格を経済的に支払い可能でなければならない[3]。顧客は支払いを可能にする収入なり資産を持っていなければならない。昔は，顧客は前もって購入のための資金を貯める必要があり，これが企業にとって販売上の大きな制約となっていた。今日では，とりわけ先進諸国では消費者信用やローンが普及しているので，顧客が製品やサービスを購入することは容易になっている。もちろん，これらは，支払いの不可能なものまで購入してしまう顧客をそれなりに生み出すことになるが，責任ある企業なら，こうした顧客の賢明ではない行為を助長すべきではないだろう。

　心理的価値（psychological value）：経済的に支払い可能であることに加えて，顧客は支払いの意志を持たねばならない。製品に心理的価値が伴うためには，顧客が当該製品の価格を—入手に要する時間や労力なども考慮した上で—妥当なものと知覚する必要がある。価格及び入手に要する時間・労力が妥当か否かの判断は，当該製品のもたらす価値との比較考量において行われる。

(3) バイヤーの求める市場価値

　バイヤーとしての役割では，顧客はアベイラビリティ価値とコンビニエンス価値に関心を寄せている。

　アベイラビリティ価値（availability value）：バイヤーとしての顧客にとって重要な市場価値は製品のアベイラビリティである。アベイラビリティとは，製品及び当該製品の有用性を保持する上で必要となる購買前・購買後のさまざまな付帯サービスについて，十分な数量の供給能力があることを指している。市場の需要の喚起には成功するが，十分な製品供給ができず，結局は需要を満た

せないという事態がしばしば発生する。この事態は，お粗末な販売予測，不十分な生産能力，主要部品の不足，物流上の障害，或いは予測せざる諸要因によるものである。

コンビニエンス価値（convenience value）：製品を入手するには時間や労力も必要である。例えば，顧客は製品を入手するために遠くまで出かけねばならないこともある。企業は，顧客の製品入手に対して，余り大きな時間的制約を設けるべきではない。理想的には，顧客が製品を望む時には，いつでも入手可能であるのが良い。また，顧客が店舗内で製品を容易に見つけ出し，購入できるようにすることも必要である。顧客が製品の入手に費やす時間や労力の量をより削減できれば，コンビニエンス価値もより高まることになる。

（4）シーカーの求める市場価値

殆どの人間は，生まれついてのシーカーであり，自身の生活の質を向上させる方法を常に探しているものである。このことは，顧客としての役割にも当てはまる。とりわけ進んだ消費経済――技術革新が絶え間なく進み，顧客の生活をより良いものにできる可能性を持った新しい事物が次々と世に現れ出る――においてはそうである。

人は何を探し求めるのか。もちろん，何を探し求めるかは人により異なるし，置かれた状況により変わる。しかしながら，「人は幸福や達成感，満足，新しいわくわくする経験，そして問題の解決(ソリューション)を望んでいる」と一般化することは可能であろう。消費者として成熟した人々は多くの国々でその割合を増加させつつあるが，彼らは概して「自己啓発」やアブラハム・マズロー（Abraham H. Maslow）の言うところの「自己実現」といったより高いレベルの欲求を満たすことを求めている。こうした人々は，自身の可能性を最大限に引き出してくれるような製品やサービスを探し求めているものである。

生活の質を向上させるために，顧客は製品やサービスに関する情報を求めている。シーカーは，情報の探索について受動的な時もあるし，能動的な時もある。受動的な時は，シーカーの動機づけは高くはない。差し迫ったニーズはな

いが，将来に役立つかもしれない情報には耳目を開いている状態である。一方，能動的な時は，情報を積極的に探し求める。能動的なシーカーは，得られた情報に基づき更に行動する用意ができていて，受動的な時とは対照的に情報の探索と処理を自ら進んで行う。

　我々の研究からは，シーカーの役割には，エデュケーションとインスピレーションという2つの重要な次元があることが示されている。

　エデュケーション（education）：人は，学習する生き物として自身の活動する（生活したり働いたりする）世界について，常により深く知ろうとする。人は，自身のしていること，行っていることについて，より習熟し自信が持てるようなエデュケーションを求める。

　インスピレーション（inspiration）：エデュケーションに加えて，人はインスピレーション―人の想像力（イマジネーション）を発動させる心の閃き―をも求めている。インスピレーションは，生活に目新しさや感動をもたらすことができる。インスピレーションは，集めた情報に基づいて行動しようという顧客の動機づけを創出するのに欠かせないものである。

　この20年間における情報の革新は，顧客のシーカーとしての役割を劇的に変えることとなった。最も大きな変化は，シーカーのニーズを満たす上で，マスメディアによる広告といったマーケティング手段の機能が縮小していったことである。多くの顧客が，テレビCMのようにターゲットがごく大まかにしか定められていない情報の受動的な受け手であることにはもはや満足しなくなっている。例えば，今日では，テレビCMが十分な注意をもって観てもらえることは殆どないだろう。一方，顧客は，興味を持ちさえすれば，情報伝達の能動的な参加者となる。このことはますます多くなるだろう。また，顧客の下にかつてはランダムに送り込まれていた広告も今では，意図した相手に提示できるようになっている。例えば，グーグル（Google Inc.）[*3]はコンテンツ連動型広告の

[*3] 訳注：グーグル（Google Inc.）は，インターネット関連サービス会社。同名の検索サービス運営で名高い。文中のコンテンツ連動型広告のサービスはGoogle AdSenseと呼ばれるサービスである。

優れたサービスを提供しており，閲覧しているwebページの内容に合わせた広告を配信することで，見込み顧客に適時に関連性の高い情報を提供できるようになっている。

　先にも示したように，我々は，顧客がその4つの役割において求めている市場価値と密接に対応する形で4Aの枠組みを設計している。図2-2は，市場価値と4Aの各要素・各次元との対応関係を示している。企業は，顧客の4つの役割それぞれで求められる市場価値を満たすのに不可欠な全ての要件に注意を払うようにせねばならない。4Aの枠組みは，そのための方法を直接に指し示すものとなっている。

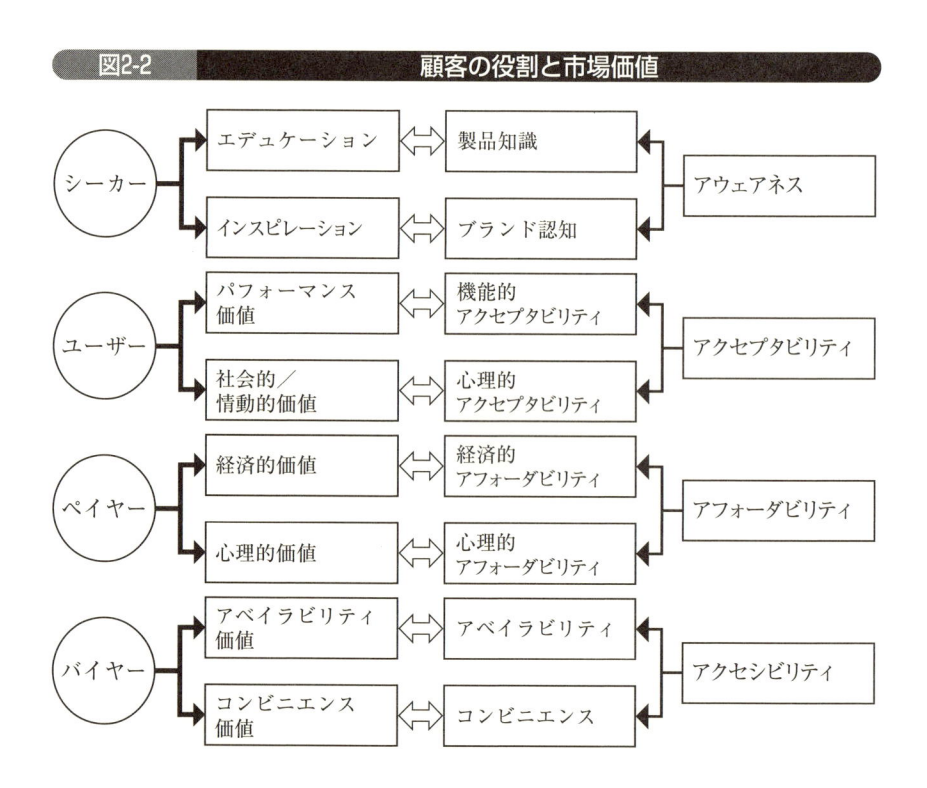

図2-2　顧客の役割と市場価値

役割	価値要素		対応次元		4A
シーカー	エデュケーション	⇔	製品知識		アウェアネス
	インスピレーション	⇔	ブランド認知		
ユーザー	パフォーマンス価値	⇔	機能的アクセプタビリティ		アクセプタビリティ
	社会的／情動的価値	⇔	心理的アクセプタビリティ		
ペイヤー	経済的価値	⇔	経済的アフォーダビリティ		アフォーダビリティ
	心理的価値	⇔	心理的アフォーダビリティ		
バイヤー	アベイラビリティ価値	⇔	アベイラビリティ		アクセシビリティ
	コンビニエンス価値	⇔	コンビニエンス		

3. マーケティングの4A：定義

顧客の果たす4つの役割について明らかにしてきた。次に4Aのそれぞれについて，更に掘り下げて説明しよう。

アクセプタビリティ：企業の提供する製品が全体として，どのくらいターゲット市場の顧客のニーズや期待と合致し，また，ニーズや期待を上回っているかをいう。アクセプタビリティには，以下の2つの次元がある。
- ▶機能的アクセプタビリティ：製品の主要な特徴，性能，機能性，使用の容易さ，品質，信頼性といった要素で示される。
- ▶心理的アクセプタビリティ：製品のブランド・イメージ，外観デザイン，社会的価値，情動的価値，知覚リスクといった要素で示される。

アフォーダビリティ：ターゲット市場の顧客がどのくらい当該製品の価格（金銭的な価格のみならず時間や労力も含む）に対して支払うことができ，かつ支払う意思があるかをいう。アフォーダビリティには，以下の2つの次元がある。
- ▶経済的アフォーダビリティ：支払いの能力。収入や資産，更に時間や労力を支払いに費やす余裕があるか否か，融資を受けられるか否か，想定している予算の枠内に収まるか否か，といった要素で示される。
- ▶心理的アフォーダビリティ：支払いの意志。価格に対する知覚価値，価格の妥当性の判断，他の選択肢との相対的な価格比較，といった要素で示される。

アクセシビリティ：顧客が当該製品をどのくらい容易に入手できるかをいう。アクセシビリティには，以下の2つの次元がある。
- ▶アベイラビリティ：製品がそもそも入手できることである。需要に対する供給量，関連・付帯する製品・サービスも含めた店頭在庫の量，といった

要素で示される。
- ▶コンビニエンス：製品を入手する際の便利さである。製品の入手に要する時間や労力，入手できる場所や地理的制約の程度，適切なサイズの包装パッケージ，といった要素で示される。

アウェアネス：顧客が当該製品の特性についてどのくらい知っており，（再購入・再利用も含め）購入・利用をしようと思っているかをいう。アウェアネスには，次の2つの次元がある。
- ▶製品知識：顧客の興味，理解，関与，関心・関わり(レリバンス)の度合いといった要素によって示される。
- ▶ブランド認知：ブランド想起，ブランド連想，知覚ブランド特性，ブランドの魅力度といった要素によって示される。

4Aの枠組みから最大限の効果を得るためには，企業は，上記の4Aの各要素について高い水準を達成せねばならない。4Aの個々の要素は，「0％～100％」のスコアで評価される。例えば，ターゲット市場の顧客にとって，アクセプタビリティは何％，アフォーダビリティは何％というように評価される。個々の要素の評価は，MVC（Market Value Coverage：市場価値充足率）として集約される。MVCは，購買に至る可能性が極めて高い見込み顧客をどの程度，獲得できるかを示す評価尺度であり，次のように計算されるものである。

$$MVC = アクセプタビリティ \times アフォーダビリティ \times アクセシビリティ \times アウェアネス$$

MVCは，4つの要素評価の積という計算式からも分かるように，要素のどれかを削除したり，ある要素を他の要素で代替したりすることはできない。また，1つの要素における重大な低評価を他の高評価で埋め合わせることもできない。成功するためには，企業は4Aの全ての要素について良好な評価を得る必要がある。一方，失敗は1つの要素が上手くいかないだけで―たとえ他の要素がどんなに素晴らしいものであったとしても―もたらされる。2つの要素で100％の評価でも，他の2つの要素が50％なら，ターゲット市場に対するMVC

は25%となる（100%×100%×50%×50%）。4つの要素全てが25%の評価の場合は，MVCは0.39%となる。もちろん，いずれかの要素の評価が0%であれば，他の3つの要素の評価がどうであるかに関わりなく，当該製品はまず確実に失敗することになる。表2-1は上記を示したものである。

表2-1　MVC（市場価値充足率）の計算

製品	アクセプタビリティ価値充足率 %	アフォーダビリティ価値充足率 %	アクセシビリティ価値充足率 %	アウェアネス価値充足率 %	MVC（市場価値充足率）%
A	100	100	100	100	100
B	100	100	100	50	50
C	100	100	50	50	25
D	100	50	50	50	12.5
E	50	50	50	50	6.25
F	25	25	25	25	0.39

　高いMVCを確保するためには，マーケターは，4つの要素全てで高い価値を生み出さねばならない。もちろん，マネジャーにとっては，例えば，アフォーダビリティを幾分か犠牲にしてアクセプタビリティに注力するなど，時に要素間のトレードオフが可能である。しかしながら，最大の成果を上げるマネジャーであれば，この種のトレードオフには頼らずに4Aの全ての要素で高価値を達成するように努力するものである。

4.　4Aの動態

　技術や市場，顧客の期待は，急速に変化し得るものである。それ故，4Aの各要素も静態的ではなく動態的なものである。今日，顧客に受け入れられていたものが，数か月後には受け入れられなくなるかもしれない（その逆もしかりである）。競合企業の新製品が，既存製品のアクセプタビリティを引き下げて

しまうこともあり得る。これらは，4Aのどの要素についても生じ得ることである。例えば，革新的な流通チャネルの登場が，既存の流通網を急速に破壊してしまうこともある。アマゾン.comの登場によって昔ながらの書店がどれほどの影響を被ったかを考えてもらいたい。或いは，ウォルマートの2010年11月の発表—同社オンラインサイトの商品について，配送料無料のサービスを期間限定ながら開始するとの発表—がアマゾン.comに与えた影響はどうだろうか。アマゾン.comが，このベントンビル・ベヒーモスの攻勢に対応を余儀なくされた[*4]ことは間違いない。

　低迷が続いている製品やサービスは，MVCも悪しき状態にあるものと思われる。それ故，企業は4Aのパフォーマンスについて，定期的な監査を行うことが重要である。これにより，MVCの悪化を監視し，適切な矯正措置を素早く講じることができるようになる。

　ここで，4Aは全て「結果変数」であることに留意すべきである。4Aの各要素はそれ自体，互いに直接の影響を与え合うことはない。我々は，4Aの各要素を互いに独立したものとして扱っている。それ故に，MVCの計算式は4つの要素評価の単純な積として表現されている。しかしながら，ある特定のマーケティング上のアクションの結果として，4Aの複数の要素が動くことがあり得るし，実際にしばしばそうしたことは観察される。こうした4Aの複数要素の「共変動」については多くの事例がある。例えば，適切にデザインされたPOPは，アクセシビリティとアウェアネスの双方を同時に高めることができる。或いは，アウェアネスを高水準に確保するためのマーケティング活動は，アクセシビリティをも高めることができる。例えば，メーカーが顧客に対して熱心にプロモーション活動を行うことを小売業者達が知れば，彼らがそのようなメーカーの製品を積極的に取り扱う可能性はより高くなるだろう。

　アクセプタビリティとアフォーダビリティも連動することがある。製品の優

[*4] 訳注：ベントンビル・ベヒーモス（Bentonville behemoth）は，ウォルマートを指す。アーカンソー州ベントンビルが同社の本拠地であることから。ベヒーモスは，ビヒモスのことで旧約聖書に登場する陸の巨大な怪物。転じて，他を圧倒する強大な存在を言う。

れた特徴を上手く説明できれば，見込み顧客の中には，アフォーダブルである——つまり，価値に照らして妥当な価格設定である——と判断する者も出てくる。また，製品に魅力的な価値を追加し，価格を据え置いたままにすれば，製品はよりアクセプタブルで，かつアフォーダブルなものと受け止められるだろう。

製品設計の改良も，提供される製品を（機能面，心理面で）よりアクセプタブルなものとすることができる。同様に（モジュラー・デザインの採用によってメンテナンスやアップグレードのコストを削減するなどして）アフォーダビリティを高めたり，（輸送や陳列を容易にする設計とすることで）アクセシビリティを高めたりすることもできる。また，製品設計がニュース価値のあるような革新的なものであれば，パブリシティを通じてアウェアネスを高めることもできるだろう。複数の要素に同時に影響を与えるマーケティング上のアクションの例としては，他に以下のようなものが挙げられる。

- ▶包装パッケージの革新は，アクセシビリティと共にアウェアネス，アフォーダビリティも向上させる。
- ▶製品のより魅力的な使用方法を顧客にエデュケーションすることは，アクセプタビリティと共にアウェアネス，アフォーダビリティも向上させる。
- ▶適切にデザインされた総合的なwebサイトは，4Aの全ての要素を向上させる。

マーケティング上の新しい取り組みは，それがMVCにどの程度の正味の効果を与えるかで評価されるべきである。例えば，ある取り組みが4Aの2つの要素についてそれぞれ同時に20%の評価上昇の効果をもたらすのであれば，MVCを現状より（1.2×1.2で）44%上昇させることになる。或いは，取り組みが1つの要素について40%の評価上昇をもたらすが他の1要素について10%の評価低下を伴うのであれば，この取り組みのMVCに対する正味の効果は（1.4×0.9で）26%に留まることになる。

良いマネジャーであれば，単にコスト増や利益減をもたらす安易な取り組みを回避するよう努力するものである。例えば，原材料費や製造工程に莫大なコストをかけてアクセプタビリティの向上を図るとか，破格の値引きで一時のア

フォーダビリティの向上を図る，というのなら誰にでもできる。真に創造的で革新的なマネジメントとは，こうした安易な方策を打ち破ることから生み出される。マネジャーは，我々が「矛盾のマネジメント（oxymoron management）」と呼ぶものを実践せねばならない――つまり，相矛盾するような諸目標を同時に達成することが求められる。4Aの枠組みで言えば，例えば，次のような実践を意味する。

- ▶製品の単位当たりコストを削減しつつ，アクセプタビリティを向上させる。
- ▶客単価を上げつつ，アフォーダビリティを向上させる。
- ▶流通業者間のチャネル・コンフリクトの発生を抑制しつつ，アクセシビリティを向上させる。
- ▶広告費を削減しつつ，アウェアネスを向上させる。

マーケティングが苦しんできた生産性の危機（これは第1章で議論している）の観点で言えば，4Aの枠組みの重要な利点は，この枠組みによってマーケターがより少ないコストでより多くの成果を上げるための方策を明確にできることにある。

（1）4Aの順序づけ

　企業は4Aのそれぞれの要素について高評価を得なければならないが，これに留まらず各要素を正しく順序づけるようにせねばならない。このことは一見簡単そうに思えるが，実際はなかなか難しい課題である。難しさは主に，顧客とマーケターの各要素への関わり方が異なっていることによるものである（図2-3）。

　顧客にとってみれば，購買過程は，企業の提供する製品をたまたま目にしたり，メディアで紹介されていたり，或いは口コミなどで知ることから始まる。顧客が製品に対する潜在的ニーズ或いは欲望を抱いている場合は，顧客は当該製品に惹き付けられて，次の段階へ進むように動機づけられる。

　顧客は，次に企業から提示されている価値提案を評価することになる。評価には，製品のアクセプタビリティとアフォーダビリティとを同時に比較考量す

図2-3　　　　　顧客はどのように4Aの各要素を体験するか

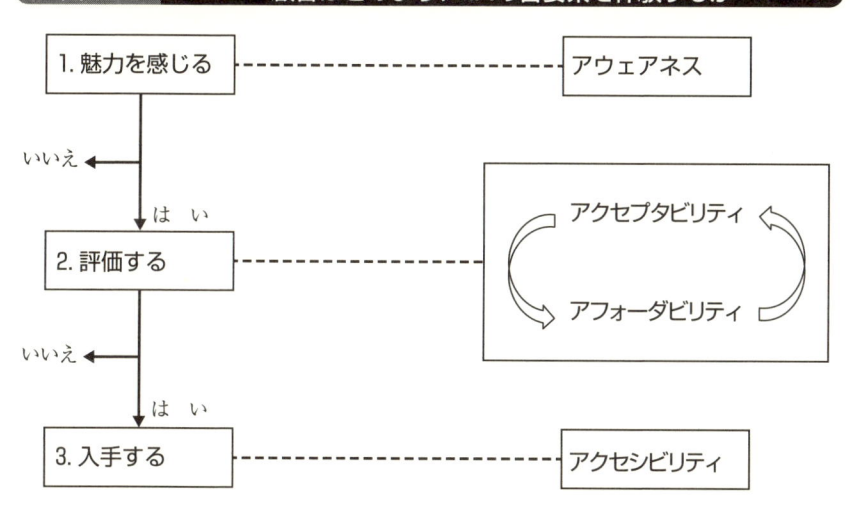

```
┌──────────────┐                              ┌──────────────┐
│ 1. 魅力を感じる │ ─────────────────────────── │ アウェアネス   │
└──────┬───────┘                              └──────────────┘
   いいえ ←─┤
       ↓ はい
┌──────────────┐                    ┌─────────────────────┐
│ 2. 評価する    │ ────────────────── │  アクセプタビリティ   │
└──────┬───────┘                    │         ⟲           │
   いいえ ←─┤                         │  アフォーダビリティ   │
       ↓ はい                         └─────────────────────┘
┌──────────────┐                              ┌──────────────┐
│ 3. 入手する    │ ─────────────────────────── │ アクセシビリティ │
└──────────────┘                              └──────────────┘
```

ることが必要になる。製品に複数の種類やグレードがある場合は，顧客はそれぞれの選択肢についてアクセプタビリティとアフォーダビリティとをあれこれと相互比較することになるだろう。

　製品がアクセプタブルでアフォーダブルであると判断されれば，顧客は実際の入手（購入）の段階へと進む。この段階に進むか否かは，製品のアクセシビリティによって左右される。

　上記に対し，マーケターの側から見ると順番は異なるものとなる。マーケターは，先ずは魅力ある価値提案を創造することに取り組まねばならない。価値提案の創造は，製品やサービスにアクセプタビリティとアフォーダビリティが確保されることをその内容とする。これは，反復的な過程でもある。ターゲット市場に対する最大の価値提案が見込めるようになるまで，マーケターは特性，機能，オプション，価格のさまざまな組み合わせについて繰り返し検討せねばならない。この段階を経て，初めてマーケターは，顧客に当該の製品を知らしめ，面倒なく円滑に購入できるようにするためにはどのような方法なら最も良いかを決定することになるだろう。

　4Aの枠組みを最大限に活かすためには，企業は（顧客にとっての順序づけを

十分に理解した上で）上記の順序づけに従うべきである。すなわち，先ずはアクセプタビリティとアフォーダビリティがあり，これにアクセシビリティとアウェアネスが続くことになる。

5. 4A要素の２つの次元

　4Aは，要素評価の積として乗法的に集約されるが，個々の要素内の２つの次元については加法的に扱うことも可能である。加法的というのは，１つの次元における不足をもう１つの次元の過剰で埋め合わせることが可能である（但し，積極的に望ましいわけではない）ことを意味する。例えば，非常に高い心理的アクセプタビリティがあれば，機能的アクセプタビリティの相対的な不足を埋め合わせることができる。また，非常に高い心理的アフォーダビリティ（支払いの意思）は，実際には経済的アフォーダビリティ（支払いの能力）を欠く人々を製品購入へと向かわせることができる。しかしながら，通常これは責任ある行為ではない。明らかに支払うことのできない高額な製品を購入するように人々を誘惑し，駆り立てているのであれば，そうしたマーケターは当然に批判を受けるべきである。

　マーケティングでは伝統的に，4Aの要素内の２次元について片方の次元をより大きく扱い，もう片方の次元を小さく控えめに扱ってきた（表2-2参照）。それ故に，２つの次元の双方にバランス良く目配りをすることで更なる価値を生み出すことが可能である。小さく扱われてきた次元は，殆どの企業において

表2-2　　4A各要素における２つの次元の扱い

	大きく扱われてきた次元	小さく扱われてきた次元
アクセプタビリティ	心理的アクセプタビリティ	機能的アクセプタビリティ
アフォーダビリティ	心理的アフォーダビリティ	経済的アフォーダビリティ
アクセシビリティ	コンビニエンス	アベイラビリティ
アウェアネス	ブランド認知	製品知識

一般にマーケティング部門の直接の統制下にはないものである。例えば，製品の機能的アクセプタビリティは，技術開発や生産の担当者達によってなされるさまざまな決定によって左右されることが多い。経済的アフォーダビリティという点では価格設定の最終的な決定権を財務部門が持っていることもしばしばである。

　4Aの個々の要素について，マーケティングは大きく扱われてきた次元には大きな統制を行い，小さく扱われてきた次元に対してはそうではなかった。小さく扱われてきた次元は，マーケティングが企業の内外の主体の活動や資源を活用することで，遠隔的或いは間接的に管理せねばならない次元である。協働——とりわけ競合企業との協働——の余地或いは必要性は，小さく扱われてきた次元の方が遥かに大きい。小さく扱われてきた次元においては，企業は伝統的なマーケティング機能の範囲を越えなければならない。例えば，企業内の他の部門の能力を利用したり，これに留まらず企業外の産業諸資源や業界団体を活用して協働的な行動を図ったりといったことを行う必要がある。

　大きく扱われてきた次元についても，これらの次元をどのようにしてより良く遂行するかという課題に幾らかの新しい発想を組み入れることは有益である。例えば，マーケティングでは伝統的にプロモーションの諸技法を用いることで心理的アクセプタビリティを生み出そうとしてきたが，技術に基づく本質的な差別化といった要因に一層の焦点を当てる方がより役に立つこともあるだろう。例えば，トヨタのプリウスは高い心理的アクセプタビリティを備えているが，これは同社が開発した非常に洗練されたハイブリッド技術がこの車に搭載されていることによるものである。

　小さく扱われてきた次元を向上させることは，しばしば非常に大きな課題となり得る。例えば，経済的アフォーダビリティ（支払いの能力）を向上させるには，技術面と共に人々の思考枠組み(マインドセット)そのものにおけるブレークスルーを必要とするだろう。

　以下，小さく扱われてきた次元の意義について，4Aの要素毎に簡単に見ていこう。

（１）アクセプタビリティ：機能的アクセプタビリティ

　マーケティングは，心理的アクセプタビリティを生み出すことについては，概して上手くやってきたと言えよう。マーケティングが生み出してきた効用の多くは，製品を特定の状況，社会的－経済的な集団，個人のパーソナリティ，或いは何らかの情動的ニーズに結び付けることに関わるものであった。例えば，過去100年間，ラックス石鹸[*5]は，アメリカではジョーン・クロフォード，ジュディ・ガーランド，サラ・ジェシカ・パーカー，アン・ジャクリーン・ハサウェイ[*6]といったセレブリティ達による推奨を通じて大いに売上を得てきた。これは，インドやパキスタン，他の多くの国々でも同じで有名女優や一流モデル達がこの石鹸の推奨を行ってきたものである。

　これまでハリウッドやボリウッド[*7]の光は，ラックスのようなブランドを輝かしく照らし出してきたが，マーケティングは機能的アクセプタビリティ─すなわち，今日の製品に求められる顧客の期待に沿った品質やデザイン，信頼性を実現すること─に更なる焦点を当てる必要がある。このことは顧客にとってより大きな意味を持つ難しいことがらである。ある文献によれば，自分が使っている製品について不満のあるユーザーは，自分で改良や改善ができると思えば，さまざまな工夫や新しいアイデアを生み出すことが示されている。マーケティングは，クラウドソーシング[*8]を通じた革新や他の創造的方法によってこうしたユーザーのエネルギーを活用して，機能的アクセプタビリティを向上させるこ

[*5]訳注：ラックス石鹸（Lux soap）は元々，洗濯用石鹸であった。後，化粧石鹸も発売された。Luxは現在，ユニリーバによるヘアケア，ボディケア製品の総合ブランドとなっている。

[*6]訳注：Joan Crawford（1905-1977）：アメリカの女優。Judy Garland（1922-1969）：アメリカの女優，歌手。Sarah Jessica Parker（1965 -）：アメリカの女優，プロデューサー。Anne Jacqueline Hathaway（1982 -）：アメリカの女優。

[*7]訳注：ボリウッド（Bollywood）は，Bombay + Hollywoodからの造語。インド・ムンバイの映画産業を指す（BombayはMumbaiの旧称）。

[*8]訳注：クラウドソーシング（crowdsourcing）は，群衆（crowd）に対する業務外部委託（sourcing）。主にwebを介して不特定多数に開発などの業務を外部委託することをいう。業務に対する報酬は，一般に低額ないし無報酬である。不特定多数には，当該分野の専門家のみならず，市井の趣味人，ハイエンドユーザーや普通の顧客，更に一般の人々などが含まれる。

とができるだろう。

(2) アフォーダビリティ：経済的アフォーダビリティ

　幾分かは誇張して言うと，マーケティングのブレインストーミングにおいて頻繁に出され，しかも参加者が活気づく「お題」の1つに「どうすれば，もっと高い金額を支払うよう，顧客を動機づけることができるか？」と言うものがある。ここでの問題は，マーケターが顧客の支払いの意思（心理的アクセプタビリティ）にのみ焦点を当てて，顧客の支払いの能力（経済的アフォーダビリティ）の方は無視してしまっているところにある。実際のところ，世界中で数多くの人々が貧困線[*9]に満たない生活を送っており，食べ物や医療といった必需品への支払いをできないでいる。こうした人々の中には，法外な高金利で金を借りている者も多い。しかしながら，貧困の中に暮らす人々であっても，総体としては企業が無視すべきでないほどの巨大な購買力を持っている。

　ここで，ラタン・タタ[*10]がインドで行ってきたことを考えてみよう。ラタン・タタは，インドの最大財閥であるタタの明確なビジョンを持った先見性のあるビジネス・リーダーとして登場した。彼は，インドや他の途上国における膨大な数の貧しい人々に手を差し伸べることで，アフォーダビリティの「支払いの能力」次元におけるブレークスルーを成し遂げようとした。2003年，タタ・モーターズ（Tata Motors Limited）は，2008年までにファミリー向けの安全で頑丈なコンパクトカーを生産し，おおよそ2,200ドルで販売することを発表した——後にこの車，タタ・ナノは2009年3月に発売され，「世界で最も安価な自動車」として幅広く多くの人々から歓迎されることとなった。ラタン・タタは次のように自身の見通し（ビジョン）を語っている。

　「今日のインドでは，一家4人が1台の小型バイクで移動する姿を良く目に

---

*9 訳注：貧困に関わる統計上の指標の1つ。生活に欠かせない最低限の必需品を購入できる収入水準にあることを表す。但し，統一的な指標ではない。最低限の必需品がどんなものであるかは，国や地域，状況により大きく異なるからである。
*10 訳注：ラタン・タタ（Ratan Naval Tata）は，インドの実業家。タタ・グループの前会長。2012年末に引退し，サイラス・ミストリー（Cyrus P. Mistry）に会長職を譲った。

する。夫が運転し，幼い子供が夫の前に，赤ん坊を抱きかかえた妻が夫の後ろにという光景である。これは実に危険な交通状況である。事故になれば一家揃って入院するか時には死ぬことになるだろう。私は，我々が4輪の―きちんと屋根が付いて安全な―乗り物を造ることができるのならば，それは，インドの多くの若い人達のためになると考えるものである。[4]」

　タタ・ナノが多くの人が期待したように本当に大ヒットとなるかどうかは未だ評価はできない（幾つかの国では，タタの挑戦を真っ向から受け，自国で超低価格車を開発し発売している）。しかし，この取り組みの意図は明確で称賛に値するものであろう。

（3）アクセシビリティ：アベイラビリティ

　マーケターは，これまでコンビニエンスの次元に重きを置いてきた。しかしながら，アベイラビリティの次元では，全ての顧客に製品を提供するインフラストラクチャーを創り出すことにしばしば失敗してきた。幾つかの場合には，アベイラビリティは新しい革新的な流通チャネルの構築を必要とする。しかし，広範なアベイラビリティを創造するのは，堅固なインフラストラクチャーの上に築かれる必要があるために，容易なことではない。

　アベイラビリティの現代的な課題は，生産セクターにおけるJIT（ジャスト・イン・タイム）のような大きな革新を小売流通に持ち込み，再現することにある。例えば，小売店頭で製品が顧客によって購入されれば，すぐさま補充される必要がある。これには，非常に洗練されたロジスティクスとサプライ・チェーン・マネジメント（SCM）システムを必要とするが，不幸なことにそのようなサービスとサポートのインフラストラクチャーは，たとえ先進工業諸国であってもしばしば十分には発達していない。

　アベイラビリティの創造は，途上国の市場では特に重要である。エバレディ・バッテリー・カンパニー[*11]の例を見てみよう。エバレディはインドの電池市場で

---

*11 訳注：エバレディ・バッテリー・カンパニー（Eveready Battery Company, Inc.）は，現在は，エナジャイザー・ホールディングス（Energizer Holdings, Inc.）。電池，懐中電灯などを各国で販売する。普及価格帯の製品ブランドには主に「エバレディ」を使用している。

大きなシェアを得ているが，これは同社が国中に流通網をくまなく張り巡らすことでもたらされたものである。同社は，都市部では，各種の卸売業者，小売業者からなる伝統的な流通システムに依存している。一方，こうした流通システムが十分に利用できない農村部では，1,000台以上の小型トラックが日々，小商店を巡回するという独特な流通システムを構築している。エバレディの各種電池や懐中電灯は，インド全土200万か所以上の商店で販売されており，各種電池で45％，懐中電灯で80％のマーケット・シェアを得ている。同社の流通システムが，これらの成果の大きな理由となっている[5]。

(4) アウェアネス：製品知識

マーケターの多くは，ブランド認知を創り出すことは上手く行う。しかし，製品知識の創造に関して本当に習熟している者は少ない。多くの企業が，顧客に自社ブランドの特徴やユニーク・セリング・プロポジション（USP）[*12]を知らせることに専心している。広告も殆どが，ブランドとその全般的なイメージを描くことに終始している。

しかしながら，製品カテゴリーによっては，顧客の多くが製品知識を欠いているのが現実である。例えば，変動型生命保険や確定給付型年金プランといった保険サービス分野では，サービスについて（複雑な内容はもちろん）基本的な内容すら顧客に理解されていないことが多い。

顧客が，製品がどのように機能し，何ができるのかを理解した時，市場拡大の可能性は大きく高まる。バイエル（Bayer AG）や他の製薬会社は，アスピリンの持つさまざまな効能を顧客に知らせて理解してもらうことで，市場全体を拡大することができた。ワインのような製品カテゴリーにおいては，顧客の多くがブランド認知だけでなく製品知識をも欠いている。それ故，こうした製品カテゴリーにおいては，マーケティングが二重の意味で価値創造を行えるチャンスがある。

[*12]訳注：USP（unique selling proposition）は，製品やサービスについての独自の提案を指す。差別化のために訴求点を絞り込み，これを広告などのプロモーション活動の基軸とする考え方。元々，アメリカの広告実務家，ロッサー・リーヴス（Rosser Reeves）が1960年代に提唱したもの。

6. 資源の効果的利用

　マーケティングがこれまで企業に十分な価値をもたらしてこなかった理由の1つは，マーケティングがその予算決定過程で自らに与えられた資源にのみ専ら依存してきた点にある。4Aの各要素で顧客から高い評価を得るために，マーケティングは内外の資源を活用できるし，また，活用せねばならない。マーケティングはまた，口コミや顧客間の技術サポート・技術アドバイスといった顧客の持つ資源をも用いることもできる。これらの資源は，マーケティング上の直接コストとはなりにくいものであり，多くは，本当の顧客価値を生み出す上で有用な働きをするものである。

　マーケティングの責任範囲と資源とを幅広く捉えるという視点は，さまざまな理由から必要である。以下，幾つかを示そう。

　第1に「マーケティング」の活動は，マーケティング以外のビジネス機能においてますます遂行されるようになっていることである。マーケティング以外の部門の諸活動は，4Aに—更に4Aを通じて企業のパフォーマンスに—直接の影響を与えることができるし，また実際に与えている。例えば，R&D部門は顧客の潜在的ニーズを把握して，製品開発活動を進めようと努めているし，財務部門が，顧客当たりの収益性を分析して，価格設定に大きな役割を果たしていることも多い。

　第2に，マーケティング予算以外の資源プールの活用によって，マーケティング目標をより効率的に達成できるようになることが挙げられる。例えば，企業は製品のアウェアネスとアクセプタビリティを向上させるために，業界単位でのマーケティング・キャンペーンに参加することができる。全米乳飲料加工業者連盟（National Milk Processor Board）が行った「Got Milk ?」[*13]キャンペーンは大成功を収めたものとして有名である。Got Milk ?のwebサイトによれば，

---

　　*13訳注：「牛乳，飲んでる？」「牛乳，足りてる？」の意味。

このキャンペーンは，全米で90%を超えるアウェアネスを得ることに成功している。この種の共同キャンペーンは，企業単独での取り組みやブランド単位でのキャンペーンよりもコスト効率が良いものとなり得るだろう―特にGot Milk？の場合は，非常に良好な成果を挙げたものである。

　企業のマーケティング予算に対するもう1つのコスト効率の補強は，顧客サービスやサポートの分野で見出すことができる。多くの企業が，見込み顧客に対するアドバイスや新規顧客に対する技術支援等の提供について，既存顧客がこれらを効果的に行い得ることを見出している。例えば，コンピュータ・ネットワーク機器開発メーカーのシスコ・システムズ（Cisco Systems, Inc.）のサポート・フォーラムは，より習熟した顧客がそうでない顧客を助ける顧客コミュニティの場となっている。ネットワーク機器の不具合をどのようにして解決するかを他の顧客に指南する習熟顧客の多くは，シスコ・システムズの認定資格保持者である。認証資格の制度の維持は，シスコ・システムズにとってさほどのコストはかからないが，顧客から非常に高い評価を得ている―上記以外にも，シスコ・システムズの認定資格を持っていれば，昇進や転職の際に有利になるということもあるためである[6]。

　図2-4は，マーケターが4Aの状態を向上させるために活用できる4種の資源を示したものである。以下，順に説明しよう。

図2-4　資源の活用

	内部	外部
非マーケティング	内部の非マーケティング資源 内部資源との調整	外部の非マーケティング資源 外部資源との協働
マーケティング	内部のマーケティング資源 従来から4Pに投入されてきた資源	外部のマーケティング資源 小売業者，顧客との協働

（1）内部のマーケティング資源

　歴史的にマーケティングは，自身の内部資源—とりわけ4Pに投入される資源—を使うことに専ら力点を置いてきた。マーケティングが4Pのそれぞれに直接のコントロールを行う（実際には，こうした状況も決して一般的ではないが）企業においてすらも，個々のマネジャーは，自身の職掌内で資源を最適化することのみに意識を集中している。例えば，製品マネジャーは，与えられた資源を投入して可能な限り製品をより良いものとすべく努力するし，プロモーション・マネジャーは，割り当てられた予算を用いて，より効果的な広告とSPとを計画し実施することに専念している。

　顧客の観点に立てば，企業は，4Pの各要素がそれぞれ4Aの特定の要素に主たる影響を与え，更に他の4A要素にも付加的だが重要な影響を与えていることが理解できるだろう（表2-3参照）。従って，企業は4Pの各要素を以下のように考える必要がある。

- ▶Product（製品）は，アクセプタビリティを向上させるだけでなく，他の3つの4A要素も向上させるものとすべきである。
- ▶Price（価格）は，アフォーダビリティを向上させるだけでなく，他の3つの4A要素も向上させるものとすべきである。
- ▶Place（流通チャネル）は，アクセシビリティを向上させるだけでなく，他の3つの4A要素も向上させるものとすべきである。
- ▶Promotion（プロモーション）は，アウェアネスを向上させるだけでなく，他の3つの4A要素も向上させるものとすべきである。

　4Pに加えて，マネジャーは，顧客の体験を左右するPeople（従業員）とProcess（業務プロセス）という更なる2つのPにも注目すべきである。この2つのPはサービス提供に大きく依存する事業においてとりわけ重要である。顧客と直に接する従業員は，アクセプタビリティをそのまま左右するし，企業の業務プロセスの効率性は，アフォーダビリティと共にアクセプタビリティに影響を与える。また，Sales（販売・営業）の機能もアクセシビリティとアウェア

表2-3　4Pが4Aに与える影響

4P \ 4A	アクセプタビリティ	アフォーダビリティ	アクセシビリティ	アウェアネス
Product（製品）	主たる影響	付加的だが重要な影響	付加的だが重要な影響	付加的だが重要な影響
Price（価格）	付加的だが重要な影響	主たる影響	付加的だが重要な影響	付加的だが重要な影響
Place（流通チャネル）	付加的だが重要な影響	付加的だが重要な影響	主たる影響	付加的だが重要な影響
Promotion（プロモーション）	付加的だが重要な影響	付加的だが重要な影響	付加的だが重要な影響	主たる影響

ネス，アクセプタビリティの心理的次元に影響を与える。その活動の効率性はアフォーダビリティに影響するだろう。

（2）外部のマーケティング資源

外部のマーケティング資源には主要なものとして，小売業者と顧客とがある。双方とも，マーケティングを成功へと導く強力な「触媒（カタリスト）」となり得るものである。

小売業者：小売業者を通じて製品を流通させている企業は，小売業者と協働して4Aの全ての要素を顧客に対して最適化するようにせねばならない。そのためには，企業と小売業者との間には，一般に見られがちな敵対的な関係ではなく，パートナーとしての関係性が醸成される必要がある。「適切な」小売業者が製品を扱っていることは，当該製品のアクセプタビリティを向上させる。小売業者は4Aの各要素を高める上でさまざまな役割を果たすことができる。例えば，製品のカスタマイズによってアクセプタビリティを，製品の適切な在庫管理によってアクセシビリティを，製品の実演や知識豊富な販売員の説明によってアウェアネスを，それぞれ高めることができる。アフォーダビリティについても値入率を抑えるとか低金利ローンなど顧客に支払いの便宜を図ることでその向上を図ることが可能である。

顧客：「無料のマーケティング（free marketing）」が，最も効果的なマーケティングとなることも多い。無料のマーケティングとは，満足顧客が製品やブランドについての熱心な推奨者(アドボケイト)になってくれることを指している。満足顧客は，企業にとって最良の「販売員」になり得る。第6章で詳しく扱うが，企業は，口コミの伝播を促進したり，顧客間の支援グループの育成を図ったりすることができる。

（3）内部の非マーケティング資源

内部の非マーケティング資源にはR&D，オペレーション（生産），購買，顧客サービス，IT，人的資源といった機能分野が含まれる。時には，これらの非マーケティング資源が4Aに与える影響は，4Pに投入されるマーケティング資源が与える影響に勝る場合がある。

R&D：R&Dは，個々の4A要素を改善する努力に優先順位を付けることによって，企業のMVCを高める役割を果たすことができる。例えば，製品の優れた特徴や機能，外観デザインの美しさは，提供される製品をターゲット市場に対してよりアクセプタブルにすることができる。製造や組み立てをし易いように設計することで製品をよりアフォーダブルなものとすることも可能である。

オペレーション（生産）：オペレーションは製品やサービスの生産を担当する分野である。この分野の関心事は主として製品・サービスを生産する際の効率性，信頼性，品質にあるが，オペレーションが顧客にとってのアクセプタビリティとアフォーダビリティを左右することは明白である。オペレーションはまた，需要と供給を上手くマッチングさせることでアクセシビリティをも向上させることができる。

購買：購買は，近年，注目を集めるようになっている。これは企業が垂直統合の程度を下げてきていることによるものである。つまり，企業は製品に組み込まれる部品の内製率をますます低下させており，その代わりに専門のサプラ

イヤーから部品を調達するようになっている。企業は，生産品目数は大きく拡大するが，最終組み立てのみを行うようになっているというわけである。

企業が顧客に提供する価値のうち，平均して80%が，購買された部品から組み立てられた製品からもたらされているものと推計される[7]。つまり，サプライヤーは製品のアフォーダビリティを大きく左右し得る存在となっている。代表例を挙げてみれば，日本の自動車メーカーは，JIT生産システムによる高い効率性を誇っているが，この仕組みは，サプライヤーとの協働に大きく依存している。トヨタなどの企業は，サプライヤーからの部品調達をますます強めており，その一方でR&Dに投資し，自身の製品の改良と更なる低コスト化を進めるようにしている。

顧客サービス：顧客が最初の購買の後，顧客であり続けるか否かは，彼らがどのような顧客サービスを受けるかに大きく左右される。殆どの企業において，マーケティング部門は顧客サービス機能を直接にはコントロールしていない。マーケティングは，顧客サービスと緊密に連携して，顧客の期待に継続的に応え，更に期待を超えるようにせねばならない。

IT：情報技術は，急速に中核的な活動となっており，全ての企業にとって不可欠の能力となりつつある。今日，ITの機能は，製品にますます組み込まれるようになっており，また，マーケティングのあらゆる面を統合する役割を担うようになっている。ITは明らかに4Aの各要素に巨大な影響を与える。例えば，IT機能はアクセプタビリティの向上に以下のように重要な役割を果たしている。
- ▶顧客による製品のカスタマイズを可能にする。顧客自身が製品の機能を自分の好みに合わせて設定できる。
- ▶よりハイテクでネット接続可能にすることで製品を「情報化」する。これによって売上を増加させ，競争優位を強化する。例えば，今日では，ハイエンドの高級車には，洗練された自己診断と外部コミュニケーションのシステムが備えられており，即時のエマージェンシー対応ができ，顧客に大

きな安心感を与えている。
- ▶ サービスのセルフ化が可能になる。例えば，ホームバンキングは，顧客の利便性向上とサービス提供側のコスト削減の両方を同時に実現する。

ITは，より大きなアフォーダビリティも可能にする。例えば，ITを用いて企業向けソフトウェアの料金設定を従量制にすることで，利用頻度の低いユーザー企業にとってよりアフォーダブルな料金とすることができる。また，情報と在庫とはしばしば直接の代替関係にある。それ故，ITは，ロジスティクスの能力を高めることによって，アクセシビリティとアフォーダビリティを大きく向上させることができる。

人的資源：マーケティングや顧客サービス部門の従業員に留まらず，企業の全ての従業員は，「ブランド・アンバサダー」[*14]としての役割を果たすことができる。マーケティング部門は，企業が顧客志向を持つ従業員を採用し，採用後も顧客志向であり続けるように人的資源部門と協働することが重要である。

例えば，スターバックス（Starbucks Corporation）について考えてみよう。同社の成功の多くは，顧客に素晴らしい「コーヒー体験」を提供する従業員の能力によるものである。同社は，従業員（スターバックスでは従業員を「パートナー」と呼んでいる）が満足して働くことが，結局はより大きな収益につながることを理解しており，従業員の福利厚生に大きな優先順位を置いている。そのため，最低賃金よりも高い賃金を支払い，医療保険など包括的な福利厚生を（フルタイムのみならずパートタイムの従業員にも）提供している。スターバックスは，従業員に対し，美味しいコーヒーを淹れることができる技能を訓練すると共に，個々の1杯を顧客の好みに合わせること，いつでも満足いく顧客サー

[*14] 訳注：ブランド・アンバサダー（brand ambassador）は，ブランドの価値を伝達する「全権大使的」な存在を指す。大使（ambassador）は，比喩的・象徴的な表現。文中では従業員となっているが，日本での「ブランド・アンバサダー」の呼称の一般的な用法としては，企業が俳優や歌手，プロスポーツ選手などを公式ブランド・アンバサダーに任命することを指す方が多いものと思われる。他に満足顧客が期せずしてブランド・アンバサダー的役割を果たす場合もある。

ビスをコンスタントに提供できることについても訓練を行っている。同社は，全てのバリスタが，コーヒーの単なる提供者ではなく，「スターバックスという体験」の提供者であることを追求し続けている。

（4）外部の非マーケティング資源

　外部の非マーケティング資源には，政府，産業（業界団体），パートナー企業，メディアといった領域が含まれる。これらの資源は，しばしばコストを要さず，それでいて非常に効果的であるという点で特に価値がある。

　政府：政府が行うさまざまな水準の行為は，製品のMVCに大きな影響を与え得る。例えば，政府は規則を定めたり，規制を行ったりすることによって製品をよりアクセプタブルなものとすることができる―政府が，自転車のヘルメットや車のチャイルドシートの安全基準を定めることはこれに当たる。医薬品といった製品の場合は，政府は製薬会社に補助金を出したり，自ら大量購入したりして，製品をよりアフォーダブルなものとすることができる。

　産業（業界団体）：企業は，業界団体との協働によって4Aの各要素を高めることが可能である。例えば，製品規格や業界標準を定めることでアクセプタビリティを高めたり，共同広告を行うことで製品カテゴリー全体のアウェアネスを高めたり，共同の流通チャネルを創り出すことでアクセシビリティを高めることができる（大手航空会社はオービッツを共同設立してこれを行っている）[*15]。具体的な例としては，携帯電話のためのGSM規格が挙げられるだろう。この規格によって，携帯電話産業は，212の国や地域にまたがる15億の人々を利用者とすることができた。世界の多くの地域でローミングサービスが受けられる点で，GSM規格は顧客にとって魅力的なものであった。銀行業におけるATMや映像ソフトにおけるDVDの急速な普及も，標準規格の推進を図る業界団体

＊15 訳注：オービッツ（Orbitz）は，米大手航空会社によるオンライン旅行会社。2001年にサービス開始。航空券以外にホテル，レンタカー，パック旅行などを扱うフルラインの旅行販売サイトを運営している。

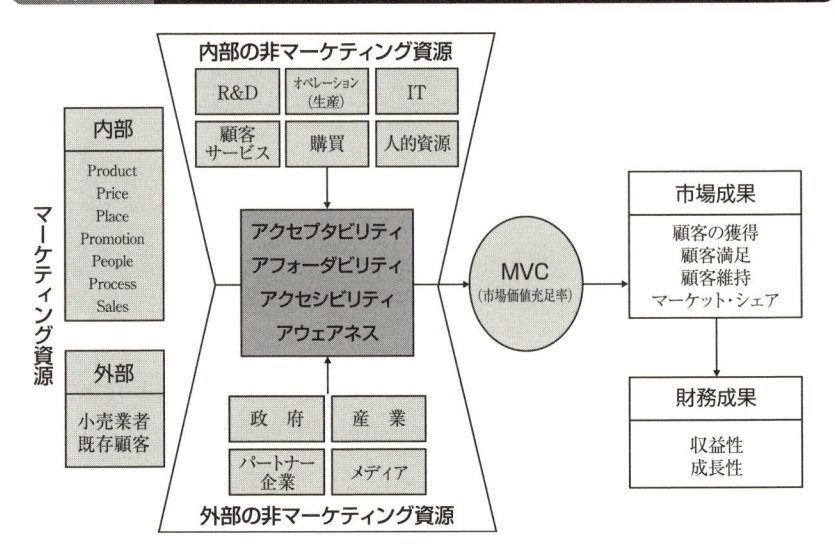

図2-5　全ての資源の活用による4A各要素の向上

```
                    内部の非マーケティング資源
                    ┌─────────────────────┐
                    │  R&D  オペレーション  IT   │
                    │       (生産)             │
                    │  顧客    購買    人的資源  │
                    │ サービス                  │
                    └──────────┬──────────┘
  内部                          ↓
  Product                ┌──────────────┐                     市場成果
  Price                  │ アクセプタビリティ │               ┌──────────┐
  Place                  │ アフォーダビリティ │      MVC       │ 顧客の獲得  │
  Promotion              │ アクセシビリティ  │─→(市場価値充足率)→│ 顧客満足   │
  People                 │ アウェアネス    │               │ 顧客維持   │
  Process                └──────────────┘                │マーケット・シェア│
  Sales                          ↑                       └─────┬────┘
                                                              ↓
  外部                    ┌──────────────┐                 財務成果
  小売業者                 │ 政府    産業    │               ┌──────────┐
  既存顧客                 │ パートナー メディア│               │ 収益性    │
                         │  企業          │               │ 成長性    │
                         └──────────────┘               └──────────┘
                    外部の非マーケティング資源
```
（マーケティング資源：内部／外部）

の努力に大きく依存するものであった。

　パートナー企業：企業は，自身のマーケティング目標をより効果的・効率的に遂行するために，競合者も含めた他企業の能力を活用することができる。他企業とのパートナーシップは，例えば，共同ブランド化や共同流通チャネル化，或いは共同販売会社の設立において必要となる。ヒューレット・パッカード（Hewlett-Packard Company）とオラクルは，激しい競争を繰り広げているが，その一方で，IBMに対抗するために協働することがある。

　メディア：企業は，メディア・リレーションズを効果的に行うことで，より高いアウェアネスやアクセプタビリティを得ることができる。メディアは，非常に効果的でありながら，概して無料の資源である。マーケティングはメディアの活用に焦点をより当てる必要がある。実際のところ，幾人かの専門家は，PRはマーケティング上，広告よりも重要なものとなりつつあると主張している[8]。

これまでの議論から，マーケターは，4Aの各要素を向上させる目標を達成するために多様な企業や組織，機関の持つ資源を活用できることが明らかになったであろう（図2-5参照）。とは言え，どの資源を活用すれば4Aのどの要素を向上させることができるかは状況により大いに異なる。続く第3章から第6章では，内外の資源プールを活用して4Aの各要素を向上させる方法について，4Aの要素毎に詳細な例を提示しつつ説明しよう。

7. 幾つかの重要な論点

　4Aの枠組みに対しては，我々の教え子達やコンサルティングを行っているクライアント企業から極めて肯定的な反応が寄せられた。典型的な反応は，この枠組みによって，非常に複雑でしばしば不可思議ですらあるマーケティング過程を単純化でき，分析し解決しようとしている問題の本質を素早く理解することができる，というものであった。

　しかしながら，改めて振り返ってみると，この枠組みに初めて触れる人は，幾つかの疑問や懸念も抱くようでもある。我々は，4Aの枠組みを完璧なものであるとか完璧に近いものと決して断言しているわけではないが（我々はどんな枠組みであっても完璧たり得ないことを承知している），枠組みに対するさまざまな異論は，こうした枠組みそのものの限界よりも枠組みに対する当惑や誤解に基づくものであると思われる。当惑や誤解は，部分的には，我々が4Aのそれぞれのａとして採用した用語に対するものもある。もちろん，どんな用語でも1語で内包する諸概念のそれぞれの持つ意味合いの全てを完全には汲み取ることはできない（とりわけ4Aの場合は，「Ａ」で始まる単語に限定されている）。しかし，完全ではないにせよ，我々が選んだ用語は，マーケティングの成功に不可欠な要素を包括するのに最も近いものとなっている。

　以下は，4Aの枠組みに関して疑問や懸念として指摘される一般的なものを示したものである。それぞれに対する我々の見解が示されている。

1）「4Aと4Pは，表現が違うだけであって，両者は，結局は同じものである」

4Aの枠組みが持つ見掛け上の弱点の1つは，4Pと似通って見える点である。詳しい説明を聞かないままでは，4Aは表現が違うだけであると勘違いしてしまうかもしれない。しかしながら，4Aは表現上の違いとは全く異なるものである。4Aは，企業が顧客を惹き付け，維持することを望むのであれば，必ず実現されねばならない「一群の状態」をマネジャーに指し示すものである。マネジャーがこのことを一度，理解すれば，次の課題は「求められる状態のそれぞれをどのようにして実現するか」ということになる。

求められる状態として，アクセプタビリティを例に考えてみよう。この場合，製品にどんな特徴を持たせるかがアクセプタビリティの実現のための大きな課題となると先ずは思われるだろう。しかし，このことは，望ましいアクセプタビリティ実現のための主要だが1つの要素でしかない。顧客を惹き付け維持するためには，他の多くの要素がそれぞれの役割を果たす必要がある。これは，4Aの他の要素についても同様である。4PのそれぞれのPは，主たる影響を与える4Aの各要素に対して深い関係にある。しかしながら，個々のPがそれぞれ対応するAの唯一の決定因となっているわけではない。

2）「4Aの枠組みには，競争の観点が欠落している」

顧客こそが，—競合他社ではなく—4Aの各要素における企業のパフォーマンスについて，最終的な評価を下すのである。確かに，企業が4Aの全てについて高い評価を得ているのであれば，競争について過度に心配する必要はなくなるだろう。しかしながら，顧客による4A各要素の評価は，殆どの場合，競合する製品群の存在を前提にした顧客の知覚を反映していることを忘れるべきではない。従って，例えば，ある製品が高いアクセプタビリティの評価を得ていたとしても，より魅力的な競合製品が登場してくれば，直ちにその評価は相対的に引き下げられることになるだろう。上記からすれば，4Aの枠組みには，競争の観点が十分に組み込まれていることが理解されるだろう。

3）「市場やマーケティングの持つ複雑さや多様性を捉えるには4つのAでは不足であり，更なるAが必要である。候補としては例えば，Adaptability（適応性），Assurance（確信），Automation（自動化），Activation（活性化），Affect（感情），Attitude（態度），Action（行動），Appropriateness（妥当性），Affinity（親近感），Anticipation（期待），Accountability（説明責任）といったものがある……。もちろん，候補リストはまだまだ続けることができる」

関連する諸要素については―上記に示されるAで始まるさまざまなものも含め―，我々の示した4Aのそれぞれの要素に組み込むことができる。追加的なAの候補については，第7章で更に議論しよう。

4）「ブランディングが4Aと結び付いていない」

ブランディングはむしろ4Aの全ての要素に密接に結び付いている。例えば，アクセプタビリティには，ブランド・プロミス[*16]に対する顧客の知覚やブランド・イメージが含まれる。アフォーダビリティには，支払いの意思が含まれるが，支払いの意思は顧客のブランド知覚によって左右される。アクセシビリティは，流通チャネルにおけるブランド力(パワー)と陳列棚における当該ブランドのプレゼンスといった要因から影響を受け，アウェアネスは，ブランドの知名度や顧客のマインド・シェアといった要因と結び付いている。

5）「MVC（市場価値充足率）という尺度は，安定性に欠ける。4A各要素の小さな変化でも大きく変動してしまう」

4Aの各要素の評価がMVCという1つの尺度に集約されることは，4Aの枠組みの持つ主たる利点の1つである。そのため，この指摘は，重要な論点である。MVCは，4つの要素（及びそれぞれ下位次元）のより要約的な単一尺度であって，企業間のみならず産業横断的な比較すら可能にするものである。

集約尺度たるMVCが，インプット（4A各要素の評価）に対して敏感に反応

[*16]訳注：ブランド・プロミス（brand promise）は，当該のブランドが顧客に対して約束し，実現を保証する価値，または品質や機能を指す。

することを指摘するのは尤もなことである。各要素の評価を過度に慎重に見積もっても，或いは全くその逆でも，MVCを大きく歪めることになるだろう。我々は，MVCが4Aの要素の小さな変化に反応することは十分に理解しているが，最終的に重要なのは，MVCの評点そのものではなく，マーケティング上，行われるアクションに応じてMVCが経時的に（かつ敏感に）どのように変化するかという点にあると考えている。マネジャーは，現状のMVC評点を測定して，これを出発点として，矯正的なマーケティング・アクションを行い，その効果如何を注意深く観察すべきである。

8. 結論

どんなにマーケターとして優れた技能を持っていたとしても，製品が最終的に成功するか否かは市場が決めることである。成功は，常に顧客の満足によってもたらされる。このことは，4Aによる分析が高い有用性を持つ，まさにその理由になっている。4Aの枠組みは，その設計上，4Pの枠組みと比較して，より顧客のニーズやウォンツに向かうように方向づけられているからである。

4Aの枠組みは，企業が詳細に検討すべき4つの重要な領域を指し示すものである。4Aの枠組みによって，企業の資源の使い方を正して，MVCを高めることができる。例えば，広告に投入する資金を削減しつつ，アウェアネスのレベルを保つことができるだろうか。広告から引き揚げた資金を製品の品質や顧客サービスといった相対的に弱い部分に投入して，アクセプタビリティのレベルを上げることができるだろうか。4Aの枠組みは，マネジャーがこうした問い掛けに答える上での導きとなるものである。

とは言っても，4Aの枠組みは1つのツールである。それは，合理的なビジネス判断において用いられねばならない。また，企業が4Aの枠組みに基づいて，問題解決のための何らかのアクションをとるならば，企業はそのアクションによって何を達成しようとしているかを理解している必要がある。アクションに伴うさまざまな関連コストも見積もる必要がある。1つの問題にだけ囚われ，

余りにも多くの資源を集中投入してしまうことは，無策のまま何もしないのと同じ位の害悪がある。

　経営コンサルティング会社のマッキンゼー（McKinsey & Company, Inc.）はかつて，健全な企業と単に利益を上げているだけの企業とを区別することが重要である，と述べている。健全な企業とは，全てのステークホルダーとの間で実り多い有益な関係性を保ち，長期的視点において意思決定を行う企業である。また，短期的な危機に直面しても冷静に対処し乗り越えることができる企業である。

　企業は，短期的に得られる高い利益には，隠されてはいるがいずれは表面化し，対処せねばならないことになる重大な根本的問題が潜んでいる可能性を理解すべきである。同様に，企業は自身のマーケティング部門が健全に機能しているか否かを問い掛けることが重要である。マーケティング部門の機能不全や隠された問題点を理解する必要がある。4Aの枠組みは，企業が機能不全や問題点を把握するための診断ツール——もちろん，診断の結果，施される「処置」がいつでも自明なものであるとか，容易に実行できるものであるとは限らないが——を提供するものである。

　4Aの枠組みは，マーケター（及びあらゆる種類の組織における全てのマネジャー）に新しい視点とツールをもたらす。マーケターは4Aの枠組みによって，企業の提供する製品が総体として，顧客・市場にどの程度，適合しているかを分析できるようになる。また，この枠組みは，より綿密な分析を可能にし，マーケティング成果について評価する有用なツールとなる。マーケティング・ミックス（4P）の各要素と，マーケット・シェア，顧客満足，利益率，成長率などのマーケティングの主要な成果指標とは，しばしば曖昧にしか結び付いていない。4Aの枠組みはこの結び付きをより明確にするのに有用である。

　続く4つの章では，4Aの各要素についてより詳細に見ていこう。

73

第3章

アクセプタビリティのマネジメント

1. はじめに

　アクセプタビリティは，4Aの枠組みにおける最重要の要素である。もちろん，4つの要素は全て不可欠なものであるが，いかなるマーケティング活動であってもその出発点となる中核的な要件は，提供される製品がターゲット顧客に本当の価値を提供していることにある。製品やサービスのアクセプタビリティが良好なものと受け止められなければ，顧客はアフォーダビリティやアクセシビリティについて検討を始めたいとは決して思わないであろう。企業は，時には劣弱な製品でも集中的な広告キャンペーンや発売時の大規模プロモーションによって短期的な成功を収めるかもしれない。或いは，大幅な値引きによって，企業は一時の売上増を得ることもできる。しかし，持続的な成功には，製品について高い水準のアクセプタビリティを達成し，その水準を維持し続ける必要がある。

　製品そのものは，明らかにアクセプタビリティを巡る全体構図の主要部分をなしている。しかし，アクセプタビリティの実現は，優れた製品を創り出すことだけで終わるわけではない。他の多くの要素が役割を果たす必要がある。例えば，ソニーのベータマックス（Betamax）について考えてみよう。1975年に発売された時，この製品は，競合相手であるJVCの製品[*1]やVHS方式に基づく

---

*1 訳注：JVCは，日本ビクター株式会社（現・株式会社JVCケンウッド）のグローバル・ブランド。

他の機器よりも数多くの点で優っていた。しかし，ベータマックスは殆どの顧客にとって魅力的なものとはならなかった。ベータマックスの製品自体の品質や機能が問題視されたわけではなかった。VHS陣営の方が，映像ソフトの豊富さと入手のし易さ(アベイラビリティ)の点で，圧倒的な優位性を持っていたためであった。

ベータマックスは，特別な例というわけではない。他の多くの例から1つを示せば，1990年の中頃まで，—競合製品よりも品質や使い易さの点で優れていると広く認識されていたにもかかわらず—同様の構図がアップルのPC製品を苦しめ，市場での地位をごく低いものとしていた。

「優れた」製品であるにもかかわらず，アクセプタビリティが低位に留まる他の要因としては，顧客が製品に対し過剰に高い或いは誤った期待を抱いている，製品の購買や使用の際の関連サービスが不十分・不適切である，ハイテク製品ではあるが「ハイタッチ」要素が欠落している，顧客が既に保有している補完製品との適合性がない，といったものが挙げられる。

客観的な基準に基づいて「優れている」とされる製品が，いつでも成功を収めるとは限らない。成功を収めるのは，「優れている」製品ではなく，ターゲット市場のニーズに最も良く合致する製品である。例えば，製品がどんなにスペックが高く，多くの優秀な機能を備えていたとしても，顧客がよりシンプルでより使い易いものを求めているとしたら，それは無駄なスペックであり，過剰機能である（アップルのニュートンはこの問題によって苦しめられた製品である）。

製品を本当に顧客に受け入れてもらうためには，製品が全体としてターゲット顧客に対して本物の価値を提供するものでなければならない。企業はまた，ターゲット市場が何を求めているかを理解して，製品と関連する諸要素（関連サービスや付属品など）をターゲット市場のニーズに最も良く合致するように設計せねばならない。もちろん，顧客のニーズを理解し，これに応えることは，それほど容易ではない。しかしながら，上記を的確に行うことができれば，難しい段階は既にクリアされたことを意味する。

アクセプタビリティの要件を満たすことは，急速に技術革新が進む時にはとりわけ必須のものとなる。技術主導型の製品というものは，表面上は非常に魅力的に見えるが，詳細に吟味すると顧客が受け入れてくれる可能性は殆どない

ことが明らかになる場合もある。近年では，食料品のネット・ショッピングやテレビ電話会議システムといった広く喧伝された技術革新が，便利さや省力化をもたらすものであるにもかかわらず，低迷からなかなか抜け出せないでいることが挙げられる。殆どの顧客は，本能的に革新に抵抗するものである。顧客の革新に対する抵抗感と懐疑心をどのように克服するかは，マーケターの手腕にかかっている。

マーケターが製品志向に囚われている間は，マーケターの関心は，製品そのもの物理的な大きさ，外観の形状や色，機能やその他の特徴に向けられがちである。一方，「アクセプタビリティ志向」に依拠するのであれば，マーケターの関心は，提供される製品の持つ有形と無形，双方の側面に向けられねばならず，これらの側面が顧客に対して総体として与える影響がどのようなものであるかを判断せねばならない。ボーイング（The Boeing Company）が787型機（ドリームライナーという愛称が付けられている）で示したように，時間やスペースの節約といった無形の革新は，製品が単に受け入れられるだけでなく積極的に望まれるか否かを最終的に決定づける要因となるものであるのかもしれない。

<ボーイング・ドリームライナー：より良い空の旅＞

空の旅は，ここ数十年にわたって顕著な改善は余り見られなかった。フライト中にかけられる高価格の電話サービス（今は亡きエアフォン）や超音速だが運賃も超高額な狭く窮屈な機体での旅（今では惜しむ者もいないコンコルド）の他に，僅かに実感できる改善は，一握りの航空会社が搭乗中の娯楽の充実を段階的に導入してきたことがある位である。しかし，こうした僅かな改善もこれまで，座席の快適さが低下したり，フライト中のサービスが大幅に削減されたり，空港でのセキュリティ・チェックが異常に厳しくなったりすることで相殺されてしまってきた。空の旅が，楽しいものから「つらい試練」へと変わったと受け止められるようになっても驚くに値しないだろう。旅行客の大多数にとって関心の対象は，とにかく最も安価に空の旅をすることになってしまっている。

過去，長きにわたって，航空会社は，さして意味のないスローガンやサウンドロゴにマーケティング資源を費やすことで良しとし続けてきた。責任の一端は，

第3章 アクセプタビリティのマネジメント

航空産業の2つの主要サプライヤー，エアバス（Airbus S.A.S.）とボーイングの2社にも帰せられるだろう。両社は，航空機の設計上の実質的な改善を余りしてこなかった。ボーイングは，2001年から2006年の間に3万人の人員削減を行い，業界における主導的地位を失い，エアバスの後塵を拝してきた。エアバスは，ヨーロッパ各国の支援もあり，マーケット・シェアを大きく獲得した。すなわち，ヨーロッパの各国はエアバスの株主にもなっており，ヨーロッパの航空会社にエアバス機を購入するように取り計らってきたものである。

　しかしながら，ボーイングは，主導的地位を再び取り戻すべく，新型機787ドリームライナーの開発によって激しい攻勢をかけた。この機体は，業界として何十年かぶりの本当に新しい設計思想に基づくものであった。エアバスは，555人乗りのマンモス機A380を推してきたが—この機体は，乗客1人当たりコストの削減を航空会社に対して約束はするが，乗客にとってはその搭乗・降機はより面倒なものであった—，ボーイングは，乗客と航空会社の両方のニーズにより良く応えることに焦点を置いていた。航空会社にとっては，ボーイングの220〜300席の新型機は，燃料消費を20％削減でき，より低いメンテナンスコストと共により長い航続距離を提供するものであった。しかし，この新型機の最も重要な革新は，空の旅における機能的・心理的アクセプタビリティを向上させることに真っ向から取り組んだことにあった。

　アクセプタビリティを向上させる最も有益な方法は，顧客の視点から，製品の最も苛立つ点や失望する点を明らかにすることである。ドリームライナーにおいてボーイングは，乗客の不満点はもちろんそれ以上の点についても取り組んだ。例えば，今日の航空機は，客室内の湿度（相対湿度）をちょうど4％に抑えている。この湿度は乗客にとっては空気の乾燥感を強く感じさせるが，機体金属部分の腐食を防ぐ上で必要なことであった。しかしながら，ドリームライナーの機体は，耐腐食性を持つ軽量のプラスチック複合材でできており，これにより，客室内湿度を乗客にとって遥かに快適な20％に設定することを可能にしている。また，客室内気圧は，従来は海抜8,000フィートと同じになっていたが，これを6,000フィートと同じにすることも可能になった。ドリームライナーの上記の特徴は，乗客の降機後の時差ぼけの軽減にも役立つものであった。

　乗客にとって他の好ましい革新は，より広い通路と座席，容量の増えた頭上の収納棚（オーバーヘッドビン），より良い乗り心地，大幅に軽減されたエンジン音，より広くなった窓（これは，乗客がボタン1つで透過光量を調節できる），LEDによる間接照明，といったものがある。このLED照明は，色を変えることができ，例えば，食事時には相応しい色調にすることも可能である。また，乗客の体内時計の調

78

節を助けるために，天井のLEDが星の瞬きを模すようにして，客室全体を疑似的に夜のようにすることもできる。

ボーイングは100億ドルをドリームライナーに投資したが，おそらく向こう数十年間にわたって，毎年，多大な収益を上げるはずである。2004年4月にボーイングは受注を開始し，2007年の4月時点で，世界中の44の航空会社から567機の注文（750億ドルを超える額になる）を得ている。これにより，ドリームライナーは歴史上，最も成功を収めた民間航空機の市場導入となったものである。2009年の12月時点では，初飛行は大幅に遅れていたが，ボーイングは1,000機近い注文を得ていた。

ドリームライナーが非常に多くの事前受注を得ることができたのは，良好なアクセプタビリティに勝るものはないことを良く示すものであろう。ドリームライナーは，顧客の利用経験について本当の改善を行うことに真正面から取り組んだ。このことが将来にわたり，毎年，多大な収益を上げることをもたらしたのである。

2. アクセプタビリティとは

第2章で定義したように，アクセプタビリティとは「企業の提供する製品が全体として，どのくらいターゲット市場の顧客のニーズや期待と合致し，また，ニーズや期待を上回っているか」をいう。アクセプタビリティには，機能的アクセプタビリティと心理的アクセプタビリティの2つの次元がある。市場におけるアクセプタビリティの役割を更に理解するために，この定義の内容について更に見てみよう。

「製品が全体として」：企業の提供する製品が本当にアクセプタブルなものとなるためには，製品そのものを超えるものを提供する必要がある。例えば，付帯サービスや据え付けといった無形の要因が，当該の製品が本当に受け入れられるか否かを決定づけている。

「顧客のニーズや期待と合致し，また，ニーズや期待を上回っている」：高度にアクセプタブルな製品を創り出すことは，顧客の期待に応え，更に期待を超えることから始まる。このことは，企業が製品を開発する際に，顧客について深く理解し，市場導入に先立ち，製品を十分にテストすることを必要とする。しかしながら，上記だけでは成功の十分条件ではない。顧客は自身の願望についてはしばしばはっきりと表明できるが，それが具体的にどのように実現され提供されるかについて明確に表明できることは滅多にない。また，技術は，絶え間なく継続的に進歩するので，企業は「顧客が抱えているが，自分ではそうとは認識していない問題」に対する解決策も提供することができる。顧客の心に響かない製品やサービスを創り出してしまうことを回避するためには，技術プッシュと市場プルの間の良好なバランスを取ることが肝要である。

　顧客の期待は，通常，企業の行う広告やその他のプロモーションによって影響を受けるものである―また，競合する代替品が入手可能か否かによっても影響を受ける。企業は，自身の行う広告のメッセージ内容を分析して，企業が安定的に提供できる以上の約束を謳っていないことを確認する必要がある。
　さて，アクセプタビリティは多くの構成内容から成る。これらは，機能的アクセプタビリティと心理的アクセプタビリティの2つの大きなカテゴリーにグループ化できる。

　機能的アクセプタビリティ：機能的アクセプタビリティには，ターゲット市場との関係で当該の製品クラスにおいて備わっているものと一般に見做される特質や属性が含まれる。例えば，今日のハイエンドの高級車には，革張りシート，サンルーフ，6スピーカー或いはそれ以上の音響システム，衛星ナビゲーションシステム，アンチロックブレーキシステム，各種エアバッグ，キーレスエントリー，ロードサイドアシスタンス，天然ウッドパネル，V6かそれ以上のエンジン，外部コミュニケーション機能といった装備・機能が当然のように備わっていなければならない。機能的アクセプタビリティには，他に使用のし易さ，品質や信頼性なども含まれる。

心理的アクセプタビリティ：どんな製品やサービスも基本的に備えるべき機能的価値を実現することを目指すが、高いアクセプタビリティを得るためには、マーケターは当該の製品やサービスを消費する際の顧客の経験の質にも注意を払わねばならない。主観的なことがらもアクセプタビリティを決定づける上で非常に重要である。顧客個人のニーズ、動機づけ、価値に対する全般的な知覚は全てアクセプタビリティを左右する。その他の重要なことがらとして、顧客の潜在意識下のニーズや欲望・願望の理解が挙げられる。例えば、マツダのミアータ[*2]が登場した時、その「風を切って走る爽快さ。風が髪にまとわりつく。クラシカルなブリティッシュ・スポーツカー」という際立った個性は、ミアータのオーナーに対して、意識下に働きかける高い水準の魅力を持っていた。この車はオーナーに愛され、中には何か生き物のように可愛がり、就寝前には「おやすみ」と声をかける者もいたほどである[1]。

他に、企業が掲げる高い目標も心理的アクセプタビリティの重要な構成要素となり得る。例えば、ニューマンズ・オウン[*3]は、目覚ましい成功を収めたブランド或いは製品群であると受け止められている。これは、提供する食品が美味しく、しかも健康に良い原材料を使っていることと共に、純利益の全てを慈善活動に寄付しているという企業の姿勢に対する共感によるものである。

2つの次元—機能的アクセプタビリティと心理的アクセプタビリティ—はまた、「パフォーマンス」と「魅力ある個性」として捉えることもできるだろう。非常に高い水準のアクセプタビリティを達成するためには、製品はこの双方を備えている必要がある。しかしながら、顧客は製品の価格が当該の製品カテゴ

[*2]訳注：ミアータ（Miata）は、マツダの2人乗りのオープンカー。日本では、マツダ・ロードスター（発売時はユーノス・ロードスター）として販売されている。日本以外の市場では、主としてMazda MX-5として販売されているが、北米市場では特にミアータ（Mazda MX-5 Miata）のブランドネームを用いている。

[*3]訳注：ニューマンズ・オウン（Newman's Own）は、アメリカの食品メーカー及び同ブランド。アメリカの俳優、ポール・ニューマン（Paul Newman：1925-2008）によって1982年に設立された。ピザ、ドレッシング、各種ソース、シリアル、飲料等を扱う。文中にもあるように、設立以降得た純利益2億2,000万ドルを全て慈善活動に寄付している。

リー内で相対的に低い場合は，時に，機能的アクセプタビリティと心理的アクセプタビリティとをトレードオフすることがある。例えば，クライスラー（Chrysler）のコンパクトカー，ネオン（Neon）は良好な市場成果を収めたが，凡庸な性能を魅力的な個性で上手く埋め合わすことに成功したものであった。但し，この種の戦略は，競合製品が顧客に対して，機能的アクセプタビリティと心理的アクセプタビリティの両方をそれなりの水準で提供している時にのみ，成功するものであろう。

高い水準のアクセプタビリティは，顧客のコメントとしては以下に示すような形で現れる。

▶この製品が，他のどんな製品よりも自分の要望に合っています。
▶この製品は，同じカテゴリーの他の製品と比べて本当に際立った特徴があります。
▶この製品の広告をみたら，今すぐにでも欲しくなりました。
▶この製品は，今まで自分が思っていたのと全く違う使用体験をもたらしてくれます。

他の4Aの要素と同じく，アクセプタビリティも動態的なものであり，外部要因によって変化し得る。例えば，1980年代の初頭，ＧＭ（General Motors Corporation）は，ガソリン価格が値上がりし，より魅力的な低燃費車が幅広く販売されるようになるのに伴って，同社の大型乗用車が顧客にとって受け入れ難いものになっているという状況に直面している―同様の状況は，アメリカの住宅バブル崩壊後の2008年と2009年にも繰り返され，同社を遂に米連邦倒産法適用の申請へと追いやったものである。

3. アクセプタビリティの主要原則

優れた特徴や性能を持つ製品なら，その優秀さは自明なのかもしれないが，成功を得るためには，先ずはその優秀さが顧客の心に訴えかけるものでなけれ

ばならない。マーケターは，往々にして製品に「惚れこんで」しまい，顧客が本当に求めていることへの集中を失ってしまうものである—この悪弊は，ハーバードビジネススクールのセオドア・レビット（Theodore Levitt）教授が「マーケティング・マイオピア（マーケティング近視眼）」と呼んだものである。「より優れた新製品」を造ることばかりを追い求めるマーケターは，肝心の顧客を惹き付けることに失敗してしまう。1996年のフォード車，トーラス（Taurus）について，顧客がアクセプタブルではないと判断したことを思い起こしてみよう。この理由は，主にデザインが斬新すぎると受け止められたからであった。また，社運を賭けて開発されたが，顧客を大いに戸惑わせて拒絶されたクリスタル・ペプシ（Crystal Pepsi）という透明なコーラの大失敗はどうだろうか。

　ここで，3つの例をやや詳しく見てみよう。アクセプタビリティについて考える時に，決して忘れてはならない次の3つの重要な原則が，見えてくるはずである。

- ▶提供される製品は，革新的であるべきだが，斬新すぎるものであってはならない。
- ▶提供される製品は，顧客の期待に応え，或いは期待を上回るものでなければならない。
- ▶提供される製品は，複雑すぎるものであってはならない。

（1）フォード・エドセル：余りにも斬新すぎた

　初めにマーケティングの失敗の先駆的代表例ともいえるフォード・エドセル（Ford Edsel）について考えてみよう。1957年，10年間にも及ぶ事前の計画と2億5,000万ドル（今の価値で約20億ドル）を優に超える投資を経て，フォードはエドセルを発売した。当時，「ビジネス・ウィーク」誌は，歴史上，最も多額の資金が投入された消費者向け製品であると報じていた[2]。フォードはエドセルに真剣に取り組んでいたので，誰も同社がこの計画を安直に考えていたとは非難することはできないであろう。市場導入に際し，フォードは，エドセルに7つのサブモデル—高額な大型車「コルセア」と「サイティーション」，やや

サイズの小さい「ペーサー」と「レンジャー」，そして「バミューダ」「ヴィレッジャー」「ラウンドアップ」の名が冠された3つのステーションワゴン―を設定していた。

　フォードが，消費者調査を十分には行わなかったと主張する人もいないだろう。同社は，コロンビア大学の応用社会調査研究所に委託し，1,600人のカーオーナーに対してそれぞれ1時間にわたる詳細なインタビュー調査を実施している。得られたデータは，フォードがエドセルのターゲット市場を市場の中心部分に位置づけることを肯定するものであった。しかしながら，この調査は，エドセルそのものに対する顧客の態度を調べるものではなかった。そのため，この車が成功するか否かについての洞察は得られなかった。

　調査には，上記の事情があったが，フォードもメディアもエドセルが大成功するものと信じて疑わなかった。フォードは，エドセル事業をGMからマーケット・シェアを奪還するための頼もしい主力武器と考えていた。「トゥルーズ・オートモービル・イヤーブック（True's Automobile Yearbook）」誌は，エドセルの発売に先立ち，次のように称賛している―「デトロイト内外の投資家達は，全員一致してエドセルの成功を支持している。この車はポーカーのストレートフラッシュ[*4]のようなもので，勝利はまず間違いない。[3)]」

　それでは，エドセルはなぜかくも見事に失敗してしまったのであろうか。顧客は，次の3つの点を受け入れられないと判断していたようである[4)]。

　奇抜なデザイン：市場の中心部分を狙う車にしては，エドセルのデザインは風変わり過ぎた。フロントグリルに縦長の楕円形デザインを備え，あちこちクロムメッキされたこの車は，テールフィン[*5]の時代においてすら派手すぎると受け止められた。「タイム」誌は，このフロントグリルのデザインを「オールズモビル[*6]がレモンを咥えたような顔」と評した。他に「トイレの便座」そっくり

[*4]訳注：5枚のカードが連番で全て同じスート（絵柄マーク）。これよりも強いハンド（役）は，（通常のポーカーであれば）ロイヤルストレートフラッシュだけである。

[*5]訳注：テールフィン（tail fin）は，自動車後部の両端を高くして魚の尾鰭や飛行機の垂直尾翼のように立てるデザイン。

[*6]訳注：オールズモビル（Oldsmobile）は，GMの販売する中級乗用車のブランド。2004年に廃止された。

とも揶揄された。

誰も望まない製品革新：エドセルは当時にしては，2つの未来的な装置—ガラス製のドームの中で回転するジャイロスコープ型のスピードメーター，ステアリング・ホイールに取り付けられた変速機操作ボタン—を備えていた。しかしながら，一般の顧客はこれらについて全く評価しなかった。

魅力を感じられないブランドネーム：広告会社「フート・コーン・ベルディング」[*7]は，フォードに対し6,000以上のブランドネームの候補案を提案したが，結局は，フォード会長のアーネスト・ブリーチ（Ernest Breech）の鶴の一声でフォード創業者ヘンリー・フォード1世の亡き一人息子，エドセルの名を冠することになった。その後に行われたブランドネーム連想調査では，エドセルという名前は，車には似つかわしくない「プレッツェル」や「ウィーゼル」といった単語[*8]を連想させることが明らかになった。

エドセルの失敗の大きさは，どんな観点で見ても巨大なものであった。フォードは，26か月間で10万9,466台を販売したが，これは2か年の当初目標の1/4であった。フォードは推定3億5,000万ドル（2005年換算で約24億ドル）をエドセルによって失った。これは，仮にフォードがマーキュリー（Mercury）[*9]を10万台無償配布したとしても，これよりも少ない額で済んだというほどの金額であった。

ホンダのアコードやトヨタのカムリのような大衆車が良く売れるのはなぜだろうか。その理由は，これらの退屈でごく普通のデザインが市場の主流をなしている多くの顧客の期待に概ね合致するところにある。この理屈はエドセルに

[*7] 訳注：フート・コーン・ベルディング（Foote, Cone & Belding）はアメリカの広告会社。2006年のDraftとの合併に伴い，社名をDraftfcbとしたが，2014年に旧社名に戻している。四大エージェンシーの1つ，Interpublic Group of Companiesの傘下にある。
[*8] 訳注：プレッツェル（Pretzel）は，独特な結び目の形に作られている焼き菓子の一種。ウィーゼル（Weasel）はイタチ（またはイタチのように小狡い男）。
[*9] 訳注：マーキュリー（Mercury）は，フォードの中級〜準高級乗用車のブランド。2011年に廃止された。

は当てはまらなかった。エドセルの奇抜なデザインは，一般の顧客にとっては敬遠すべきものであった。当たり前のことではあるが，市場で主流になろうとする製品であれば，市場で主流をなす一般の顧客達に幅広く受け入れられるものでなければならない。

　フォードはエドセルの失敗から貴重な教訓を学んだようである。とりわけ重要なのは，どんなに資金を費やしても，企業は顧客が何を買うべきかを決めることはできない，という教訓であった。フォードは数年後にマスタングを市場に投入するが，この車の開発に際しては，粋でスポーティでありながら，人々がスポーツカーに求める範囲を越えないことに焦点を当てていた。その後，1970年代にはフォードはこの成功則を見失い低迷するが，1986年のトーラス（Taurus）の発売において，これを再発見することになる—トーラスのデザインは，普通の顧客達がファミリーセダンに求める要望を十分に満たすものであった。しかしながら，トーラスの1996年のモデルチェンジは，再び顧客にとって斬新すぎるものとなった。その結果，フォードはかなりのマーケット・シェアを失うことになった。

　顧客の好みは常に変化していくので，高い水準のアクセプタビリティを達成し維持することは，非常に難しいことである。しかし，それは絶対に必要なことである。

（2）アップル・ニュートン：満たされなかった期待

　エドセルとは異なり，アップル・ニュートン（Apple Newton MessagePad）は，技術に精通した「新製品好き」という明確に定義されたセグメントをターゲット市場に設定していた。しかしながら，ニュートンもまた，大失敗の1つと位置づけられる。これは，やはりアクセプタビリティ上，さまざまな問題があったことに主に原因がある（アクセプタビリティほどではないが，高価格であったためアフォーダビリティにも問題があった）[5]。ニュートンは世界初の個人用

---

*10 訳注：フォード・マスタング（Ford Mustang）は，フォードの生産する2ドアのスポーツカー。1964年の初代マスタングは，T型フォード以来の大ヒットとなった。

携帯情報端末（PDA）であり，（アクセプタビリティの評価が低い他の多くの製品と同様に）4Aの他の2つの要素，アウェアネスとアクセシビリティについては，十分すぎるほどの高い評価を得ていた。しかし，皮肉にもそのことが失敗につながったのである。

ニュートンは，1993年2月に華々しく発売された。発売に際しては，大量の資金を投入した広告キャンペーンと共に多くの著名人による推奨が行われた。その結果，この製品に対する期待はマック（Macintosh）信奉者だけでなく，Windowsユーザーの間でも大きく高まることとなった。また，アップルの積極的な流通戦略は，顧客がこの製品を欲しい時に容易に入手できるようにした。マックワールドでのニュートンの発表後[*11]，アップルは直ちに流通チャネルの拡大を行い，アップル公認販売店，コンピュータ専門大型店，大学キャンパス内販売店などで入手できるようにした。ニュートンに対する期待は熱狂的なものであったので，この製品だけを扱う専門店「ニュートンソース（Newton Source）」—ニューヨーク，サンフランシスコ，ロサンゼルスに店舗があった—まで現れた。

市場は，ニュートンに期待し待ち構えていたが，不幸なことにこの製品は市場の熱い期待に応えられなかった。ニュートンは，人々の仕事の管理を助け，世界中のどこからもアイデアを素早く共有できることを目指していた。しかしながら，アップルは，市場に対し，過剰な約束をしてしまい，そして多くの点でその実現に失敗した。携帯機器としてサイズが大きすぎたことと全般的な使い勝手の悪さもあったが，初代ニュートンの最大の失望点は，非常にお粗末な手書き認識システムにあった。例えば，ニュートンの販売店からは早速，いくら丁寧なブロック体で「アップル・ニュートン（Apple Newton）」と書いても，認識結果は「それ パイ 暖かい（It Pie Warm）」にしかならないことが報告された。

手書き入力は，ニュートンの最大のセリングポイントの1つとされていたの

[*11] 訳注：マックワールド（Macworld Conference & Expo）は，アップル製品の展示・発表イベント。現在の名称はマックワールド・アイワールド（MacWorld /iWorld）。

で，この欠点は直ちに技術にうるさい買い手の失望と反感を買うことになった。手書き認識システムのお粗末さは，多方面で指摘され，「ドゥーンズベリー[*12]」の一連のシリーズを含め，メディアの嘲笑の的となった。ニュートンは，一度は熱い期待の的になったが，あっという間に物笑いの種になってしまった。

アップルは問題点を認識していたけれども，顧客の評価や多方面からの意見に基づいて改善されたニュートンOS 2.0がリリースされるまでに2か年を要した。初代のニュートンが発売されてからおおよそ3か年が経過したが，1996年になってアップルはニュートン2000（Newton MessagePad2000）を発売した。これは，インターネットに接続でき，マックPCやWindowsPCとデータ共有できる機能を持っていた。ニュートンはこうして改善はされたが，最初の悪評によって被った大ダメージを克服することはできなかった。それにもかかわらず，アップルはその後もニュートンを維持し続け，1998年にニュートン2001を発売した。数多くの雑誌の中で，この新製品を推奨したのは「PCマガジン」誌だけであった。その後，遂にアップルは，ニュートン事業の行き詰まりを理解して，この事業から撤退してしまった。

ニュートンの失敗から何を教訓として得られるであろうか。幾つかを以下に示そう。

最初から正しく行うこと：ニュートンが苦しんだような失敗は，挽回することが非常に困難である。本格的なPDAを他に先駆けて発売するというアップルが狙った「先駆者としての優位性（パイオニア・アドバンテージ）」は，成功の保証にはならなかった。ある研究によると，先行企業が躓く時，素早く追随する企業に成功を得る多くのチャンスがある—PDAという製品カテゴリーにおいては，後にパーム社がこのことを証明することになる[6]。ニュートンは，十分な吟味に欠け，問題点をクリアしないまま世に出されてしまった。そのため，発売後，直ちに巻き起こった悪評の大渦から二度と生還することができなかったのである。

[*12]訳注：ドゥーンズベリー（Doonesbury）は，ギャリー・トゥルードー（Garretson Beekman Trudeau：1948-）によるアメリカの新聞連載マンガ。しばしば政治的・社会的な皮肉とユーモアが込められる。ドゥーンズベリーは登場キャラクターの名前。

素早く繰り返すこと：新しいカテゴリーを創り出すような製品は，どんなものでも最初のバージョンから完璧たり得ない――もちろん，ニュートンが目指した以上に，製品カテゴリーの標準を創り出すように努力はしなければならないけれども――。成功のためには，続くバージョンを素早く――最初のバージョンから文字通り数か月以内に――市場に出す必要がある。ソニーは歴史的にこれを上手く行っており，その設計と製品開発活動を市場での素早い学習とバージョンアップとに適合させている[7]。

　協働すること：アップルは，その歴史の多くでそうであったように，保有する技術を分かち合うことを拒み，他の開発企業にOSのライセンスを与えることをしなかった。もしも，これらを行っていれば，多くの他企業がニュートンの発展を継続的に後押しし，ニュートンOSも多種多様なハードウェア上で機能するデファクト・スタンダードとなっていたかもしれない。しかし，現実にはアップルはそうせずに，早々とパーム社に市場における主導権を譲り渡してしまったのである。

（3）パーム：単純であることの力（パワー）

　高いアクセプタビリティを達成するには，正しい特質や属性を適正な量で――最大限ではなく――実現する必要がある。単純さが製品設計上の重要な目標となる。殆どの場合において単純な製品の方が複雑すぎる製品よりも好まれる。アップルのiPodの成功は，外観デザインの美しさや「クールさ」だけでなく，ややこしくなく直感的に理解できる優れたインターフェイスによるものであった。処理能力のコストが劇的に低下してきたので，企業は今や，新しい特別なやり方を覚えるように顧客に強要する必要はなく，顧客のやりたい方法で操作できるインターフェイスを創ることができるようになっている。
　1992年に設立されたパーム社は，「レス・イズ・モア[*13]」のアプローチを製品[*14]

---

*13 訳注：パーム社（Palm Inc.）は，USロボティクスによる買収，再独立などの経緯を経て，2010年にヒューレット・パッカードに買収された。その後，独立の事業体としては消滅し，現在は，ヒューレット・パッカードの製品（スマートフォン等）のブランドネームにパームの名を残している。

*14 訳注：レス・イズ・モア（less-is-more）は，「減らせばより多くを得る」「過少は豊かさ」といった意味合い。ミニマリズムや禅（Zen）の思想（例えば，枯山水）などを連想されたい。The Zen of Palmはしばしば同社の設計哲学として語られていた。

設計の中心に置いてきた。1996年3月，同社は，パーム1000とパーム5000というPDA製品を発売した。これらの製品は瞬く間に成功をおさめ，歴史上，最速で売上を打ち立てたコンピュータ関連機器となった。パーム社はこれに満足せず，1997年3月には次世代製品のパーム・パイロット・プロフェッショナルとパーム・パイロット・パーソナル・エディションの2つを市場投入した[8]。

　パームは，アップル・ニュートンではできなかったことを成し遂げた―それは，数百万の人々が持ち運ぶ有用な携帯型コンピュータとなったのである。パームが成功を収めたのは，顧客から非常に高いアクセプタビリティであると評価されたためであった。「ウォール・ストリート・ジャーナル」誌は，他の多くの称賛記事に賛意を表し，パームは「新しい設計原理―最先端の技術よりも手ごろな大きさと単純さの方がよほど大事―に命を吹き込んだ」と評している。

　パームは，市場の大きなセグメント群に価値あるソリューションを提供したユーザー中心設計の完璧ともいえる例であった。顧客はパームによって，実生活で使える少数だが必要な機能を利用することができた。だからこそパームを歓迎し，購入したのである。顧客にあれこれと多くの（しかも上手く機能しない）ことをやらせようとして困惑させたニュートンとは対照的に，パームは，必要最小限のことに焦点を当てていた。成功する上で重要な点は，パームがPCに取って代わるものではなくて，補完の役割を果たすべく設計されていたことである。パームは，マックPCや他のPCとコンテンツを簡単に同期できた。これは，PDAとPCの2つの技術間にスムースな協力関係を築く上での1つのブレークスルーであった。

　パームの単純さと便利さのもう1つの鍵は，それが携帯にとても適していたことである。パームはどのモデルも軽量で小さく，ポケットやハンドバッグに簡単にしまうことができた。どのモデルも電源を入れてすぐに立ち上がり，AAA（単四）乾電池で稼働した。赤外線ワイヤレス通信で電子名刺やデータファイルをパーム間でやり取りできるといった優れた機能も殆どのモデルで備えていた。

　パーム社は，ユーザー及び社外の開発者達の幅広いコミュニティを構築することの必要性を良く理解していた。同社は，サードパーティによるアプリケー

ションの開発を奨励し，その結果，文字通り数千に上るアプリケーション・ソフトがすぐさまパーム向けに供給された。このことはパームが競合製品に対して長期間，競争力を持ち続けることに寄与した。また，1997年12月には，パーム社は，パームのOSをIBMやシンボル・テクノロジーズ[*15]，ハンドスプリング[*16]，ソニーといった競合企業にライセンス供与した。これにより，マイクロソフトのポケットPCのOSに対抗する力を高めることができた。

　パーム社は，その提供する製品のアクセプタビリティを高い水準に引き上げ，保持するためにあらゆることを正しく行った。顧客のニーズや期待が拡大してくるのに応じて，パームには，ディスプレイのカラー化や記憶容量の増強，インターネットへの接続機能などの追加的措置が施された。こうした追加的な機能強化を図ったのにもかかわらずパームは決して「フィーチャー・クリープ」[*17]には陥らなかった。2004年までには，400万台以上のパームOS機器が世界中で販売されていた。こうした成功は，パーム社がその製品について単純であることのパワーを保持することで高いアクセプタビリティを確保できたからであった。

4. 賢明なはずの企業が愚行に走る時

　提供する製品について，継続的に高いアクセプタビリティを達成してきた賢明な企業であっても，さまざまな見落としからは逃れられないようである。こ

---

*15 訳注：シンボル・テクノロジーズ（Symbol Technologies Inc.）は，元々，バーコード・リーダーのメーカー。後に無線ネットワーク機器やモバイルPCを扱う。2007年にモトローラ（Motorola, Inc.）に買収された。現在は，モトローラ・ソリューションズ（Motorola Solutions, Inc.）の子会社。

*16 訳注：ハンドスプリング（Handspring）は，PDAのメーカー。元々，パーム社からのスピンアウト企業。2003年にパーム社に再吸収された。

*17 訳注：フィーチャー・クリープ（feature creep）は，顧客のニーズの変化や拡大等に応じて，しばしば予定されていなかった機能や特徴が多重に追加されていくこと。また，その結果，使い勝手が悪くなったり，全体として機能不全状態に陥ったりすることを言う。

こで3Comとソニーについて見てみよう。3Com（スリーコム）[*18]は，イーサネット・ネットワーキングの先駆的企業である。同社は，1997年のUSロボティクス[*19]との合併に伴いパーム事業を得たが，これを2000年3月にパーム社として再独立させている。一方のソニーはもちろん，家電分野においておおよそ50年間にわたって，センスの良い優れた製品設計と驚嘆すべき技術と言えばソニー，という名声を得てきた企業である。

2000年の前後に，3Comとソニーは，コンピュータ市場における新しい製品カテゴリーをターゲットとすることを決定した。関連メディアでは，さんざん話題になってきたが，それまで成功した製品はなかったカテゴリー，インターネット・アプライアンス（IA）[*20]である。

当時の多くの人によって構想されてきたように，IAは，一般消費者がインターネットを使ったり，電子メールでやり取りしたりできるPCよりも簡易な低価格機器となるはずであった。こうした機器は，経験を積んだPCユーザーと共に初心者ユーザーにも魅力的なものと考えられた。既存のPCユーザーは，家の中のPCの置いていない場所でインターネットにアクセスしたり，電子メールを見るために使うだろうし，非PCユーザーにとってはより大型で高価なPCを買う必要がなくなると考えられた。専門家達は，非PCユーザー購入の多くは，実際には既存のPCユーザーが年老いた両親や祖父母のために買ってあげるものとなるだろうと予測した[9]。この新しい機器は業界の次なる大型商材となるものと考えられた。

3Comは，2000年10月17日，「オードリー（Audrey）」という製品を発売する

[*18]訳注：3Com Corporationはコンピュータ・ネットワーク基盤製品メーカー。1997年，USロボティクス社を事実上買収し，同社の持つパーム社を傘下に収めた（後にパーム社は再独立した）。2010年，ヒューレット・パッカードに買収され，独立の事業体としては消滅した。

[*19]訳注：USロボティクス（U.S. Robotics Corporation）は，モデム及びネットワーク関連機器メーカー。パーム社を1995年に買収。1997年，3Comによって事実上買収された。2000年，モデム事業のみUSロボティクスとして再独立した。

[*20]訳注：インターネット・アプライアンス（Internet Appliance: IA）は，直訳するとインターネット家電であるが，ここでは，既存の家電製品にインターネットを融合させるというものではなく，PCに不慣れな初心者や高齢者向けに開発されたインターネット接続機能を持つ独立機器を指している。

ことで，この市場に初参入した―このブランドネームは，女優のオードリー・ヘップバーン（Audrey Hepburn）からとったものであった。オードリーは，同社のErgo（エルゴー）シリーズの第1号製品として構想されたもので，円みを帯びたトースターのような形をしていた。これは，名高いデザインコンサルティング会社のIDEO（アイディオ）によってデザインされたものである。オードリーには，タッチ・スクリーン式カラーディスプレイ，ワイヤレスキーボード，ボイスメール用内蔵マイク，その他の魅力的な機能が備わっていた。

3Comは，オードリーについて，家の中のどこにでも設置できて，家族を互いに結び付ける簡便な装置という構想を持っていた。そのために次の3つが備わっていた。①予め設定しておいたインターネットのサイトに簡単かつ即座にアクセスできる，②電子メールやボイスメールを簡単に作成でき，スタイラスペンのタッチ1つで送ることができる，③ファミリー・カレンダーに皆が予定や連絡事項，特別なイベントなどを書き入れることができる。

3Com社内では，オードリーに大いに期待をかけていた。関連メディアも非常に大きく取り上げ，その発売を盛り上げた。しかし，発売後，半年も経たない2001年3月には，3Comはオードリーの販売を止め，購入者全員に返金を申し出る羽目になってしまった。

オードリーは，確かに幾ばくかの魅力的な機能を備えていた。しかし，これらの機能には以下に示すような多くの欠点もあった。

▶ディスプレイは貧弱であり，この種のものは，最底辺の安物ラップトップPCでのみ見られるものであった。スクリーン・サイズも小さすぎた[10]。

▶webページは，オードリーのブラウザ用に変換されなかった。そのため，ユーザーはページの全体を見るためには，水平方向にもスクロールする必要があった。

▶ブックマーク代わりのインターネット・チャンネル機能が用意されていたが，登録できるチャンネル数はごく限られていた。アクティブなネット・サーファーにとっては不満以外の何物でもなかった。

▶処理能力が低く，webページを表示するのに時間がかかった。

▶キーボードは窮屈に詰まっており，文字入力が難しかった。

▶赤外線によるHotSynchの機能は装備されていなかった。そのため，パーム・ユーザーは専用の受け台を追加購入する必要があった。
▶当時のISP（インターネット・サービス・プロバイダイダー）最大手3社とは，接続できなかった。

オードリーは，センスの良い洗練されたデザインを備えており，ターゲット市場としては，比較的裕福で技術的な操作に慣れている家族が想定されていた。しかし，その多くの欠点は結局，オードリーをターゲット市場にとって受け入れ難いものにした。オードリーが大失敗に終わったのも言わば当然のことであった。

ソニーのeVilla（eVilla Network Entertainment Center）についてはどうであったであろうか。eVillaは，オードリーの販売中止から数か月後の2001年6月に発売されたIAである。ソニーは，3Comの失敗の轍を踏むようなことはなかったであろうか。

蓋を開けてみれば，ソニーはComと同じ失敗をあれこれと繰り返したばかりか，独自の失敗をも付け加える結果となってしまった。

eVillaは，重量32ポンドとかなり重く，古めかしいマックのデスクトップ機に似た四角い箱型のデザインをしており，武骨な外観であった。しかしながら，かさばる武骨さは，洗練されたフラットパネル・ディスプレイによって幾分かは救われた—殆どのPCのディスプレイが横長型であったのに対し，eVillaのそれは珍しく縦長型であった。

eVillaもやはり多くの問題点があった。プロセッサーは266MHzと貧弱であり，メモリはたったの64メガバイトしかなかった。追加のストレージを求めるユーザーは，ソニーの高額なメモリースティックを購入する必要があった。最悪なのは，eVillaがOSとしてWindowsなどではなくマイナーな「BeIA」[*21]を採

[*21] 訳注：BeIAは，アメリカのBe社（Be Incorporated）のBeOSをインターネット・アプライアンス向けにカスタマイズしたもの。2001年にBe社の資産はパーム社に譲渡され，Be社は解散した。eVillaが早々と販売中止に追い込まれたのも，Be社の解散とBeOS開発の完全な終焉が原因の1つとなっている。

用していたこと，及びインターネット接続はナローバンド（56Kbps）のみであったことである—後者は，当時，ブロードバンド接続が急速に普及し，価格も低下しつつあったので非常に大きな弱点になった。他の問題点としては以下が挙げられる。

- ▶ ソニー及びソニー指定企業によるwebサイトがプリセットされていたが（eVilla NetGuideと称した），ユーザーはこれらを変更することができなかった。
- ▶ 子供を有害サイトから守るためのフィルタリングができなかった。
- ▶ インスタントメッセージングは一切，利用できなかった。
- ▶ ユーザーは，ISPとしてEarthlinkと契約しなければならなかった（月額21.95ドル）。他のISPは選べなかった。このため，既に他のISPと契約しているユーザーにとっては，追加コストがかかることになった。

eVillaは発売後，僅か数か月で販売中止となり，オードリーと同じ結末を迎えた。両者は共に，ゲートウェイ（Gateway, Inc.）のTouch Pacやネットプライアンス（Netpliance）のi-OpenerといったIAの失敗の列に加わることとなった。結局，IA製品は総崩れに終わった。これは，業界では広く存在を喧伝されたが，実際には顧客の心の中に存在しなかった製品カテゴリーの古典的な例ということになろう。或いは，どの企業も顧客に高い水準の機能的，心理的アクセプタビリティを提供するIA製品を実現する方法をとうとう考え出すことはできなかったということかもしれない。

5. 成熟製品カテゴリーにおける成功

アクセプタビリティの閾値は，製品カテゴリーが成熟し，競争が激しくなると上方にシフトする。3Comとソニーは，未だ開拓されておらず成功のための既存図式が存在しない未開拓市場「ブルー・オーシャン」のカテゴリーに向けて新製品を投入し，そして失敗した。他方，高い水準のアクセプタビリティを

創り出すことのできる企業は，新たな製品革新の機会が限られている成熟した製品カテゴリーにおいても劇的な成功を収めることができる。競争の激しい成熟市場「レッド・オーシャン」で成功を収めるためには，提供される製品は基本的なアクセプタビリティを超越している必要がある。企業は，競合製品を超える価値を創造し，製品そのものと言うより解決策（ソリューション）を提供するようにせねばならない。

　ここで，女性向けのシェービング市場を考えてみよう。この市場は，長らく企業から男性向けシェービング市場の付け足し的市場として扱われてきたものである。長年にわたり，女性向け製品（女性用カミソリ）は，基本的に男性向け製品（男性用カミソリ）の単なる「ピンク色」版であり，ブランドネームも既存ネームに「Lady」等の工夫も何もない一語を付け加えただけのものであった。問題は，女性のシェービングに対するニーズが男性のそれと全く異なり，男性向け製品のピンク色版のままでは女性を惹き付けることは難しいことであった。例えば，男性が概して明るい照明の下，鏡の前でシェービングをするのに対して，女性は，（シャワー中など）理想的とは言い難い状況でシェービングをすることが多い。また，女性は，身体の見えにくい部分や手の届きにくいところをシェービングするという使用状況がある。

　女性向けシェービング市場は長らく軽視されてきたが，やがて，業界の最大手企業ジレット[*22]が，女性向けに特別なカミソリ製品を提供することに大きな事業機会があると認識するに至った。1992年，ジレットは「Sensor for Women」を発売した。この製品は高額であったが（替刃1枚2ドル超であった），発売から3か月間は全ての替刃式カミソリの売上高の50%を占めるなど，文句なしの大成功となった。ジレットは，10年間で製品本体を1億個，替刃カートリッジを11億個売り上げるに至った。アメリカ・インダストリアル・デザイナー協会（Industrial Designers Society of America：IDSA）と「ビジネス・ウィー

[*22]訳注：ジレット（The Gillette Company）は安全カミソリのメーカー。キング・キャンプ・ジレット（King Camp Gillette：1855-1932）が1901年に創業した。2005年にプロクター＆ギャンブル（The Procter & Gamble Company：P&G）に買収され，独立の企業体としては消滅した。現在，P&Gのカミソリ及び関連製品のブランドネームにジレットの名が残されている。

ク」誌は,「女性のシェービング・ニーズに初めて本当に応えたカミソリ」であり,「この10年間を代表するデザインである」と称賛した[11]。

　ジレットは,製品のアクセプタビリティ水準を更に上げるべく継続的に取り組んだ。「Sensor for Women」に引き続き,数年後には「Sensor Excel for Women」を発売し,2001年初めには「ヴィーナス (Venus)」を市場に送り込んだ。ヴィーナスは,アメリカで50以上の特許を得て,「貴女の中の女神を示せ」[*23]のキャッチフレーズで発売されたものであり,先進の3枚刃技術,女性のボディラインにフィットする楕円形の可動式カートリッジ・ヘッド,肌にスムースに当たるラバー製ソフトクッション,カートリッジ交換時を知らせるインジケーター・ストリップ,滑らず握り易いハンドル,といった特徴を備えていた。カミソリというありふれた日用品にこれほど多くの技術的な工夫を込めることができると,当時,どれほどの人が考えていたであろうか。

　ジレットは,製品のアクセプタビリティについて細部にまで行き届いた注意を払った。これは注目すべきことであり,ターゲット市場における異例ともいえる成功の主要因となった。ジレットは,アクセプタビリティの心理的な次元にも焦点を当てていた。多くの女性は,シェービングを喜びを感じられる体験ではなく,単に余計で面倒な手間と考えていた。ジレットは,これを理解していたので,女性に「女性らしさ」や自信,活力を感じてもらうような製品を創り出すことで,シェービング体験に魅力を付加し,面倒な手間としての感覚を減らそうとした。

　停滞した製品カテゴリーにおける新製品のもう1つの例を考えてみよう。このエキサイティングな新製品は,倒産の危機に瀕している企業を救った偉大な製品となったものである。すなわち,1997年,アップルは「殆ど終わった」というのが大方の見方であった。アップルのコンピュータ製品は,長年にわたり,マーケット・シェアを低下させ続けており,好転の兆しは全く見えなかった。1998年の1月には,株価は6ドルにまで落ち,最底辺を彷徨っていた。

---

*23 訳注:原文は,Reveal the Goddess in Youである。因みに日本ではジレット・ヴィーナスのキャッチフレーズは「ヴィーナスオーラを解き放つ」となっていた。

しかし，1998年6月，アップルの運命は劇的に転換することになる。CEOのスティーブ・ジョブズ（Steven Paul Jobs）は，マッキントッシュコンピュータの大胆な新デザイン，iMacの発売を発表した。iMacの独特な半透明の筐体と優れた性能，その他の多くの特徴は，顧客の熱狂的な支持を得ることができた。iMacは，CompUSAの歴史上[*24]，最大のコンピュータ発売となった─発売後の最初の1か月間は，iMacだけで他の全てのデスクトップPCの合計を上回る売上高を上げた。驚くべきことに，iMacの購入者の半数はPCを初めて購入した人達であった。アップルの株価は急速に持ち直し，1999年1月には20ドル，2000年初めには70ドル辺りにまで急上昇した。

6. 成長製品カテゴリーにおける失敗

　ジレットとアップルの例は，さして魅力がないと思われる成熟市場において，どのようにして成功を収めるかについての教訓を与えてくれる。一方，我々は失敗例について詳しく検討することでしばしばより多くの教訓を得ることができる。成長市場に有望そうな新製品を投入した大企業が，どのようにして失敗したのかを次に見てみよう。

　1995年当時，PC市場は年率30%で成長していた。マイクロソフトはそのOSによる市場支配をますます強めつつあった。しかし，マイクロソフトにとって，潜在的顧客という点では，新しい技術に無関心な膨大な数の人々が手つかずのまま残っていた。マイクロソフトは，これらの人々を同社が「ソーシャル・インターフェイス」と呼ぶ新製品によって惹き付けようと計画した。こうして生み出されたのが，「Microsoft Bob」という変わった名のインターフェイス（GUI）であった。Bobは，PCに初めて触れるとかPCが怖くて手が出せないような人々に対して，PCをより使い易いものとする役割を担っていた。

[*24] 訳注：CompUSAは，コンピュータ及び関連機器，家電製品のディスカウント・ストア。その後，幾らかの経緯の後，Systemaxの子会社となった。現在は，Systemax傘下のTigerDirectに統合されている。

Bobは，Windows（Windows 3.1）上にインストールされるもので，「レターライター」「チェックボックス」「カレンダー」「家計簿マネジャー」といった8つの相互連携するアプリケーションから成っていた[12]。Windowsのアイコンやプルダウンメニューとは異なり，Bobは家の扉が入り口となっており，中は部屋を模した画面になっていた。部屋の中の家具や小物などをクリックすると特定のアプリケーションを使うことができ，例えば，壁のカレンダーをクリックすると「カレンダー」が，ライティングデスクをクリックすると「レターライター」が立ち上がるようになっていた。

　Bobは，ユーザーに何をしたいかを尋ねるマンガで描かれたガイド・キャラクター（セリフは吹き出しで示される）を備えていた。ユーザーは家の扉デザインを3つの中から選ぶことができ，部屋のデザインは7通りあった。また，12のガイド・キャラクター——ハンクという名の紫色の象やディガーという名の青虫など——がいて，ユーザーはこの中から選ぶことができた。それぞれのガイド・キャラクターは性格が異なっており，例えば，ローバーという犬のキャラクターはあれこれアドバイスをするが，スクーズというネズミのキャラクターは無口で殆どアドバイスをしなかった。ユーザーは家族でBobを共有でき，それぞれが自分用の部屋を設定することができた。

　マイクロソフトはその恐るべきマーケティング組織（マシーン）の総力を挙げて，Bobの市場導入を行った。小売価格は99ドルでWindowsのアップグレード版やワードなどの主要ソフトと同じ価格であった。Bobは，大型新製品として大ヒットとなるはずであった。しかしながら，市場の反応は全く芳しくなかった。マイクロソフトは慌てて価格を55ドルに引き下げたが，結果は同じであった。市場の反応が殆どないまま，Bobはごく短期間で販売中止に追い込まれてしまった。

　Bobの失敗は，顧客のアクセプタビリティに多くの点で合致しなかったことにある。例えば——。

　▶不適切なインターフェイス：Bobのインターフェイスは小さな子供向けのようであった。大人は，特にガイド・キャラクターを嫌悪した——いちいちどうするか尋ねたり，励ましたり，褒めたりしてくるさまはまるで小馬鹿にされているようであった。

▶誰も必要としていなかった：初心者であってもBobのような「ソーシャル・インターフェイス」を必要としていなかった。Windowsの初心者向けの読み易い解説本を買えば事足りたし，友人や家族に使い方を訊くこともできた。

▶出口のない袋小路だった：Bobは，独特の（それまで馴染みのない）操作を必要とした。この種のインターフェイスは，他にはなかった。Bobに慣れてからWindowsを使いこなそうと初心者が考えても，Bobは実際にはどこにも出口のない袋小路のようなものだった。Bobにいくら習熟しても先に開けるものは何もなかった。

▶PCの買い替えやアップグレードが必要だった：最悪なのは，BobがPCのリソースを大量に消費することであった。そのため，多くのユーザーが最新のPCに買い替えるか，メモリを増設するなどして手持ちのPCをアップグレードする必要があった。

マイクロソフトは膨大な量のマーケティング資源を投入したが，結局，ターゲット顧客の心を揺り動かすことはできなかった。この製品は，心理的にアクセプタブルでなく（ガイド・キャラクターが特に嫌悪された），機能的にもアクセプタブルでなかった（Bobに習熟しても何も得られなかった）。これでは，いくら値引きをしても顧客を振り向かせることはできなかったであろう。

Bobは，顧客にとって実際には存在しない問題の解決策を提供しようとした製品であったようである。しかも，解決策の提供も上手く行えなかった。

7. アクセプタビリティに関わる教訓のまとめ

ここまで，アクセプタビリティの観点からさまざまな製品について見てきた。表3-1は，製品の成功例・失敗例から得られる教訓を簡単にまとめたものである。

表3-1　アクセプタビリティに関わる教訓

製　品	教　訓
ソニー ベータマックス（失敗例）	□新技術／新方式により業界標準を目指す場合，自社のみ単独で取り組んではならない。
ボーイング ドリームライナー（成功例）	□直接の顧客（航空会社）と最終顧客（乗客）の双方のアクセプタビリティに焦点を当てよ。 □機能的アクセプタビリティと心理的アクセプタビリティの双方を妥協せず追求せよ。
フォード エドセル（失敗例）	□市場の中心部分を狙う製品のデザインは斬新すぎるものであってはならない。
アップル ニュートン（失敗例）	□最初から所定の品質を正しく確保せよ。 □顧客に過大な約束をしてはならない。約束をするならきちんと約束通りのものを提供せよ。 □市場に提供する時には，技術を確実なものとせよ。
パーム（成功例）	□単純さの持つ力を正当に評価せよ。
3Com オードリー（失敗例） ソニー eVilla（失敗例）	□選択肢（オプション）の柔軟さを確保せよ。魅力のない選択肢を顧客に押し付けてはならない。
ジレット Sensor for Women（成功例）	□付け足しではなく，ターゲットとするセグメントないし市場のために特別に設計された製品を創造せよ。
アップル iMac（成功例）	□抗し難い魅力を生み出す製品を創造せよ。
マイクロソフト Bob（失敗例）	□存在していない問題を解決しようとしてはならない。 □単純さの意味をはき違えてはならない。幼稚な製品で，顧客の知性を侮辱してはならない。

8. 心理的アクセプタビリティの向上

　第2章で議論したように，マーケターは心理的アクセプタビリティに重きを置く傾向がある。これは，心理的アクセプタビリティを向上させれば，同時に顧客の支払いの意思も強まることになるためである。心理的アクセプタビリティの向上には，以下のようにさまざまな方法がある。

▶ブランド・イメージ

　ブランド・イメージは，心理的アクセプタビリティを構成する最重要の構成要素である。それ故，ブランド・イメージを心理的アクセプタビリティ向上の観点で取り扱う必要がある。一般に顧客は，製品を識別し，期待を形成する手

段としてブランドを用いている。また，ブランドは，顧客自身のブランディングの手段として用いられることもある。ブランド・アイデンティティと顧客のセルフ・アイデンティティが密接に結び付いている—とりわけ顧客が心理的に高い水準のこだわりを持っている製品群においてはそうである—こともブランド・イメージを考える上で重要である。

▶パッケージと外観デザイン

マーケターは，製品パッケージを顧客とのコミュニケーション手段として用い，心理的アクセプタビリティを向上させることができる。例えば，香水は魅力的な容器に入れられて販売されるが，顧客にとっては，しばしばどんな形の容器に入っているかが中身の香水そのものと同等の重要性がある。製品の外観デザインもまた，心理的アクセプタビリティを大きく向上させることができる。iPodやiPadのデザイン上の見た目とそこから受ける印象は，これらの製品の全般的な魅力に大きく貢献している。

▶ポジショニング

ポジショニングは，顧客が製品についてどのように知覚するかに関わるものである。製品について，顧客は，当該製品が体現するものは何か，同じカテゴリーの競合製品と比べてどのような立ち位置にあるのかを感じ取る。ターゲット市場のニーズと特性に基づき，製品は，顧客が当該製品を心理的にアクセプタブルであると感じ取れるように適切に位置づけ(ポジショニング)されるべきである。製品は，ターゲット市場の顧客が重要と考え，関心を寄せることがら—例えば，プレステージ性，使い易さ，環境への配慮，付帯サービスなど—において，主導的なポジションを得ることが必要である。

▶サービス保証

サービス保証の提供によって，大きく心理的アクセプタビリティを向上させることが可能である。例えば，キャタピラー（Caterpillar Inc.）は，顧客企業—機械故障によるロスが長引くことを嫌う建設業者や他の重機利用企業，農家など—に対して，48時間以内の修理を確約している。

▶リスク削減

顧客は概して，リスクを嫌い，変化に抵抗するものである。製品が先進的な

ものであればあるほど，顧客は製品に対してより懐疑的になる。企業は，顧客の感じる社会的，或いは業務上のリスクを削減する必要がある。他方，企業はこうした顧客のリスク回避志向を利用することもできる。例えば，メインフレーム全盛時代においては，IBMは顧客企業に「Big Blueを選んでおけば間違いはない」と信じ込ませていることで有名であった。[*25] IBMは顧客企業のこの観念を活用し，競合相手を打ちのめす武器としていた。すなわち，他社製品への乗り換えを検討しようとする顧客企業に対しては，FUD[*26]を想起させるような働きかけを行っていたとされる。

9. 機能的アクセプタビリティの向上

第2章で議論したように，マーケターは心理的アクセプタビリティに比して，機能的アクセプタビリティに対しては十分な注意を払ってこなかった。機能的アクセプタビリティを高める方法としては以下が挙げられる。

▶中核ベネフィットの向上

例えば，ソファ・ベッドは，ソファ兼ベッドの機能を持っているが，その分，中途半端で，とりわけベッドとしてはその殆どが本来の目的を良く果し得ないとして長らく軽んじられてきたものである。ソファ・ベッドでは熟睡できないと感じる人は多いが，これは主に埋め込まれた硬い金属バーが背中に当るためであった。アメリカでは，ソファ・ベッドの売上のピークは1933年であり，これ以降，一貫して売上を減らし続けていることは特段，驚くべきことではないだろう。人々は，マットレスや他の類似した製品を使うようになっており，これらの製品の売上高は伸びている。

[*25] 訳注：Big Blue は，IBM のニックネーム。ブランドロゴや製品の色からこのように呼ばれる。青は同社のイメージ・カラーでもある。
[*26] 訳注：FUD は，fear（心配），uncertainty（不確実性），doubt（疑念）の頭文字を取ったもの。ここでは，顧客企業に他社製品を使うことの危険性，不確実性を想起させ，他社製品への乗り換えを阻止することを指す。例えば，「御社にとって未知・未経験の他社製品です。良さそうに見えるかもしれませんが，乗り換えた場合，思わぬ不具合ということもあります」といった働きかけである。

しかしながら，年配の顧客には，マットレスに満足していない人も多いようである―この世代にとっては，マットレスはしばしば学生寮の簡素な寝台を想い起こさせる。ある女性客は，不本意ながらマットレスを選んでいるとして，「もっと見栄えが良くて，小さめで，寝心地の良いソファ・ベッドがあれば，値段が多少高くとも買うのに」と述べている。こうした傾向に対して，家具デザイナー達は，良いソファ・ベッドの基本に立ち返り，人々がソファ・ベッドで本当に快適に眠ることのできるよう取り組みを始めている。例えば，家具メーカーのアメリカンレザーは[*27]，金属バーの代わりに木製の薄板を用いた新しいソファ・ベッド，「コンフォートスリーパー（Comfort Sleeper）」を発売している。このソファ・ベッドは人気商品となり，各方面から高い評価を受けた。家具メーカーにとっては，ベッドと同等の眠りを提供し，かつファミリールームにも置くことのできるソファ・ベッドを開発する余地があったというわけである[13]。

▶安全性の向上

製品によっては，使用に伴うリスクがそれなりにあるものである。機能的アクセプタビリティを改善する1つの重要な方法として，製品のユーザーを保護する能力を向上させることがある。例えば，スキーヤーにとっては，膝靭帯の損傷という高いリスクがある。スキーブーツメーカーのラング（Lange）は，MIT（マサチューセッツ工科大学）のCSI（Center for Sports Innovation）[*28]と協同して，転倒の際に膝にかかる力を30〜60%軽減できるブーツを設計している―これにより多くの悲惨な怪我が回避されたものと考えられる。

CSIは，他にも多くの企業と協同し，製品の安全性の向上に貢献している。例えば，ニューバランス（New Balance Athletic Shoe, Inc.）との協同では，同社のトライアスロン用の新しいランニングシューズの設計支援を行っている[14]。

[*27]訳注：アメリカンレザー（American Leather Inc.）は，アメリカの家具メーカー。1990年，ボブ・ダンカン（Bob Duncan）によってテキサス州ダラスに設立された。最初は4名の工房から出発したが，JIT生産システムを家具製造に導入するなどして，今日，北米における家具業界のリーダー的企業に成長した。ソファ・ベッドのコンフォートスリーパーは同社を代表する製品となっている。

[*28]訳注：現在の名称は，Sports Innovation @ MIT。

▶ユーザビリティの向上

使うのが難し過ぎる製品も多い．製品の使い勝手(ユーザビリティ)を改善することは，機能的アクセプタビリティを高める確実な方法である．技術進歩の影響度の高い製品の場合は，ユーザビリティの改善は特に実り多い領域となるだろう．

▶単純化

デジタル化された製品が主流になるにつれて，年配の顧客もこれらを（不本意ながらということも多いが）採用するようになっている．こうした顧客は，デジタル化製品のさまざまな機能を使うことについては不安を感じることが多い．多くの顧客は製品の機能のごく一部を使うだけで，そこから踏み出すことができないままでいる．フィリップス（Koninklijke Philips N.V.）は，この事態を真摯に受け止め，外部の専門家からなる「諮問委員会」を設けて同社の全製品について「単純さ」(シンプリシティ)を検討する助けとしている．フィリップスのマーケティング担当役員によれば，顧客達は「多くの製品が生活を便利にするのではなく，むしろより複雑で面倒なものにしている」と述べているという．

世界最大の携帯電話会社の1つ，ボーダフォン（Vodafone Group Plc）も同じく，単純さに対するこの巨大な潜在ニーズを認識している企業である．同社は，ヨーロッパの顧客5,000人に対して調査を行い，35～55歳の年齢層では多くの顧客が，同社の携帯電話について大きな戸惑いを感じていることを見出している．多くの顧客が自身の携帯電話番号が分からない，基本的な機能の使い方も分からない，といった状況であった．更にボーダフォンの販売店に対してもある種の恐怖心を抱いていることも明らかになった―若い販売員の使う略語や専門用語がさっぱり分からないという顧客も多いようであった[15]．上記から，サムスン製のシンプルな携帯電話「ジッターバグ（Jiterbug）」が投入され，中高年層に受け入れられ大きな成功を収めた．

▶信頼性の向上

製品やサービスの信頼性に対する顧客の期待は，これまでになく高いものとなっている．製造工程における継続的な改善によって，ここ数十年にわたって，製品の品質水準は向上してきており，不良率も低下し続けている．シックスシグマ（Six Sigma）という品質改善運動は，この傾向に大きく貢献するものであ

った。企業は，古き良き時代のロールス・ロイスのように品質に対する特別な信頼性を保持できれば，マーケット・シェアの防衛にこれを活かすことができるだろう。

▶能力の向上

使用方法のシンプル化や信頼性の向上に加えて，製品は次第により大きな能力を持つようになっている。製品の能力向上は，使い勝手や頑丈さを犠牲にせずに成り立つものでなければならない。この種の能力向上の好例としては，BlackBerryやアップルのiPhoneが挙げられるだろう。

顧客は，何らかの問題解決のために製品を購入するものである。マーケターは，顧客に最も魅力ある方法で顧客の問題を―別の新たな問題を生み出すことなく―解決するように努めねばならない。これは，より高い水準の機能的アクセプタビリティを生み出す1つの要諦と言えよう。

10. 製品設計の際立った重要性

アクセプタビリティは，優れて製品設計の問題でもある。設計以上に単独で製品のアクセプタビリティを左右する要因はないであろう。設計は，心理的アクセプタビリティ，機能的アクセプタビリティの双方を左右し，同じく4Aの他の要素にも影響を及ぼす。そのため設計は，マーケティングのために高度に活用されるべき分野と言えよう。ここでは，設計の果たす多面的で戦略的な役割について若干の議論をしよう。

設計は，製品に外観の美しさや機能的アクセプタビリティをもたらすが，これに留まらず，今日においては，より複雑な機能を果たすようになっている。設計の果たす機能を十分に理解し，機能を実現すれば，望ましい成果を得ることができる。例えば，以下について考えてみよう。

▶幾つかの実証的な研究によれば，設計段階において支出を1ドル追加的に増やすと，製品の全ライフサイクル（生産・販売から廃棄ないし再生に至る

過程）で平均して47ドルを累積的に節約することにつながる[16]。
- ▶アメリカ・インダストリアル・デザイナー協会（IDSA）によると，平均的な企業は，計算上，製品設計に費やす1ドル毎におおよそ2,500ドルの売上を得ている。売上高10億ドル以上の企業においては，この数字は平均して4,000ドルに達する。
- ▶設計段階が—たとえ設計そのものにはごく僅かのコストがかけられていない場合であっても—製品の生産コストの80%以上を決定づけている。
- ▶IT調査会社のデータクエスト（Dataquest Inc.）の推計によると，製品に設計段階で1,000ドルを要する変更を加えた場合，最終的な生産段階では1,000万ドルのコスト増をもたらすことになる。

製品設計の重要性にもかかわらず，殆どの企業がその真の力を上手く活用できないでいる。或いは，製造や組み立ての容易さや効率性の観点では確かに製品設計に習熟しているが，肝心の製品それ自体の魅力に欠けるといった企業も数多く存在する。例えば，デル（Dell Inc.）は，その高い製造力を知られているが，しばしば外観デザイン面の弱さに苦しんできた企業である。アップルの大成功を収めたiPhoneに対抗する製品を発売しようとする同社の最初の試みは，携帯電話各社によって一蹴されてしまった—携帯電話各社はデルの提示した試作品について，「退屈極まりないデザイン」と酷評したものである[17]。

他方，レーザー及びインクジェット・プリンターにおけるヒューレット・パッカードの目覚ましい成功は，使い勝手が良く，製造し易く，故障も殆どしないという同社の優れた製品設計からもたらされたものである。同社の絶え間ない製品改良は，競合他社に大きな圧力を与え続け，この分野で市場リーダーとしての地位を既に築いている。レーザー・プリンター市場における同社のマーケット・シェアは—そのプリンター製品の心臓部に他の多くの競合企業と同じキヤノン製部品を使用しているのにもかかわらず—60%近くに達し，これは次位の競合企業の5倍以上のシェアとなっている。

良い製品設計たる基本要件は，言わば不変であり，良く知られているものである—すなわち，機能性，外観デザイン，信頼性である。

▶機能性

　機能性とは，多様なニーズにあれこれ対応するように設計することを意味するものではない。多機能製品というものは，往々にして機能過剰であり，顧客を困惑させるものである。製品設計においては，しばしば「過少な機能」が「十分な機能」となる（レス・イズ・モアのアプローチ）。多くの家電会社が，なんでも詰め込む「過剰」から，確実で使い勝手の良い絞り込まれた機能性へとその設計思想を転換しつつある。例えば，ボーダフォンが市場投入した「シンプリィ（Simply）」携帯電話は，カメラもブラウザもなく，他の余計な付加機能も全て削ぎ落としたものであり，携帯電話機としての使い勝手に非常に優れたものであった。

　製品設計については，「ユニバーサル・デザイン」もまた，その重要性を増している。製品は，とりわけ高齢者や身体の不自由な人にとって，より使い易く，使用に際して安全であるように設計されねばならない。こうした製品の例としては，ウォークインバスタブ[*29]，イージーオープンの洗剤容器，大きなラバー製グリップが特徴のOXO[*30]キッチン用具などが挙げられる。

▶外観デザイン

　製品は，顧客の美的感覚に合致する必要がある。素晴らしい外観デザインは，顧客の心に「製品の愉悦（product lust）」とでも言うべき感覚を呼び起こす。（コーヒーメーカーやトースター，ドライヤーといった類の）ありふれた小型家電であっても，製品の形状や見た目がしばしば購入される決め手となっている。

▶信頼性

　信頼性は，製品の可動時間や寿命を直接に左右するものであるため，おそらく顧客にとって最も重要な要素であろう。信頼性は，故障を最小化するのみならず，迅速な修理ができるように製品を設計することと捉えることもできる。

[*29]訳注：ウォークインバスタブは，足腰の弱った高齢者や身体の不自由な人が安全かつ快適に入浴できる扉付き浴槽。扉から出入りする。介護施設や高齢者向けマンション等で用いられている。

[*30]訳注：OXO（オクソー）は，OXO International, Inc.によるキッチン用品，各種家庭用品，オフィス用品，医療機器のブランド。ユニバーサル・デザインに基づく製品で名高い。

モジュラー・デザインは，こうした信頼性を実現するための1つの方法である。モジュラー・デザインにおいては，製品はモジュール（標準化された中間品）を組み合わせることで生産される。自己診断モジュールを備えたモジュラー・デザインは，製品セットアップの手間や製品サービス網の維持コストを大幅に削減でき，また，修理のための部品在庫を大量に抱えたり，技術スキルの高い修理担当者を多数配置したりすることなしに保守・点検体制を構築することができる。例えば，ゼロックスのハイエンドのコピー機やGEの医療診断装置はこのような特性を持つ製品である。

クリエイティブとしての製品の外観デザインと技術的・工学的な製品設計の間の早期かつ緊密な連携の欠如は，製品の生産を困難にする結果となる。実際のところ，この点を見過ごすと極めて優れたものとなる可能性を持っていた製品の将来を大きく損なうことになる。例えば，デンマークのオーディオ・ビジュアル機器メーカー，バング＆オルフセン（Bang & Olufsen）は，性能の良さと美しいデザインで長らく称賛の的となっている。その製品は際立って高品質な造りであり，博物館に展示されるのに相応しいほどの出来栄えである。しかしながら，同社の製品は，工具が手作業で1つ1つ部品を組み立てる生産工程から産み出されている。その結果，製品価格は非常に高く，同社は売上高とマーケット・シェアとを失いつつある。

DFMA[*31]といった手法の利用は，急速に不可欠なものとなりつつある。こうした手法を十分に活用することなくしては，どんな企業もグローバルな競争力を（或いはローカルな競争力すらも）長期的に保持することは望めない。基本的にDFMAは「エキスパート・システム」としてのソフトウェア群であって，既存製品について適用され，製品設計の無駄を省き効率化することで，製品の製造・組み立てをより容易にするものである。DFMAでは一般に部品点数の

[*31] 訳注：DFMA（Design for Manufacturing and Assembly：製造及び組み立て容易性設計）は，ロードアイランド大学のゲロフ・ブースロイド（Geoff Boothroyd）とピーター・デュウハースト（Peter Dewhurst）によって開発されもの。DFA（Design For Assembly）とDFM（Design For Manufacture）の2つのモジュールからなるソフトウェア群である。DFMAは，Boothroyd Dewhurst, Inc.の登録商標となっている。

大幅な削減と部品の再設計が行われ，これによって製品の製造・組み立ての容易性を大きく高めることができる[18]）。

また，「分解・廃棄を容易にする設計（design for disassembly）」も多くの企業によって用いられている。例えば，全部品をコード化する，同一材質部品に識別マークを付けリサイクル時の分別を促進する，留め金具を使わずにはめ込み式にする，といったことが挙げられる。

製品設計を活用することは，企業にとって重要な能力(コンピテンシー)である。もちろん，企業は，ここで示したさまざまな方策を全て行うことはできない。企業は，優先順位を決め，どの方策が最も良く機能するかについて把握せねばならない。製品設計が良好であれば，アクセプタビリティは通常，それに続いて良好なものとなる。

11. 全資源の活用によるアクセプタビリティの実現

マーケティング部門に求められているのは，製品設計や製造部門の人々が顧客満足を最大化するようなやり方で業務を行うように促すことである。しかし，殆どの企業において，これは上手くいっていない。マーケティング部門が，信頼を得ておらず，他部門に対して影響力を持っていないことも多い（IBMはこの例外であり，R&D部門がマーケティング部門と共に直接に顧客企業と協働する場合がある[19]）。マーケティングは，顧客満足に直接的・間接的に貢献する他の機能部門に顧客の声を確実に届けるようにせねばならない。

もちろん，他の機能部門も顧客ニーズを自身の活動に取り込むことに対して，根本から敵対的というわけではない。各部門はそれなりに顧客ニーズの取り込みに努力するし，その取り込みの程度と効果には濃淡がある。重要な点は，各機能部門が，それぞれ固有のやり方で顧客の声を聴きニーズを取り込もうとしているところにある。マーケティング部門は，IMC（統合型マーケティング・コミュニケーション）[*32]によって，企業と顧客とのコミュニケーションを統合的に

[*32] 訳注：IMC（integrated marketing communication）は，通常のプロモーション・ミックス要素に加え，顧客に対する全てのコミュニケーション要素を統合的に管理して，顧客にアプローチすることを言う。

調整している（或いは調整すべきである）。IMCと同じく，マーケティング部門は，顧客のニーズを企業内の全ての関連部門に統合的に伝達する役割を果たさねばならない。

　ここで，アクセプタビリティを高めるために，内外の多様な資源をどのようにして活用するかについてさまざまな例を見てみよう。

　Product（製品）：製品のユーザビリティの向上は機能的，心理的アクセプタビリティを高めることになる。例えば，ユーザビリティは，iPodの高いアクセプタビリティを支える主要な要素の1つである。直感的に操作できる簡潔なユーザーインターフェイスが無限とも思える数の楽曲への入り口となっている。同様にグーグルも，その検索ページについて―他の検索サービスとは異なり―単純で余計なものを削ぎ落としたデザインを堅持し続けている。これは，単に検索をしたい人にとって，煩わしくなく，webページがより速く表示されることを可能にしている。

　頑丈さと機能性を高めることも，心理的アクセプタビリティを高めることになる。例えば，ヒュンダイの車は，以前は最低限の装備と低価格，そして信頼性の低さで良く知られていた。しかし，長い時間をかけて，同社は車の改善を進め，現在はホンダやトヨタと競争できるまでになった。信頼性の部分で改善がなされたために，ヒュンダイはもはや，顧客の信用を得るために，「10年間・走行10万キロ保証」を車に付ける必要はなくなっている。

　顧客中心の製品設計も機能的アクセプタビリティを高める。例えば，カーハート[*33]は，労働者のための耐久性に優れた実用衣料の代名詞となっている。カーハートは，元々は1890年代に鉄道労働者のための作業着として生み出されたものであるが，第二次世界大戦後になって，「アメリカの労働者のために生み出された最初の作業着」であり，「その伝統を受け継ぐ，他の追随を許さない本物の実用衣料ブランド」と見做されるようになって，広く知られるようになっ

[*33] 訳注：カーハート（Carhartt, Inc.）は，ハミルトン・カーハート（Hamilton Carhartt）によって創業された作業着・実用衣料メーカー。ミシガン州ディアボーンに本社を置く。現在では，クールなストリートウェアとしての人気も高い。

第3章　アクセプタビリティのマネジメント

111

たものである。

　Price（価格）：価格設定の最適点(スイートスポット)を捉えることは企業の提供する製品やサービスの機能的，心理的アクセプタビリティを高めることになる。例えば，モーテル6は[*34]，1泊僅か6ドルという家族連れやビジネス客のための格安モーテルとして出発した。この価格で清掃の行き届いた居心地の良い部屋を提供することで，モーテル6は，機能的，心理的アクセプタビリティにおける顧客の期待を大きく超えるものであった。

　適切な価格で，より高い品質を提供することも，製品の心理的アクセプタビリティを高める。例えば，使い捨ておむつが新製品として世の中に登場した時，旅行などの特別な機会にのみ使用されるものとして高価格で販売されていた。P&Gは，調査を行い，価格を引き下げることができれば，多くの人が日常的な使用に切り替えるはずとの結果を得た。同社は，積極的にコスト削減を行い，価格を引き下げ，250億ドルの使い捨ておむつ市場の創造に大きく寄与したものである。

　「価格の妥当性」（価格が真に妥当である，或いは妥当と認知されている）も，提供される製品の心理的アクセプタビリティを高めることになる。これは，値引きや特売ではなくEDLP（everyday low price）政策をとる小売企業にとっても当てはまるだろう。頻繁な値引きや特売は，同じ商品でも販売価格がその時々で異なることを意味する。この状況では，顧客は商品の販売価格に対して懐疑的になり，買い物をする心理的アクセプタビリティを低下させることになる。しかし，ドイツのディスカウント・チェーンであるALDI（アルディ）は，その全店舗で統一的なEDLP政策を採用している。ALDIのこの価格政策は支持され，ALDIがジーメンス，BMWに次いでドイツで3番目に信頼を置けるブランドとなることに貢献した。他の例としては，ジョーダンズ・ファニチャー[*35]

[*34]訳注：モーテル6（Motel 6）は，1962年にカリフォルニア州サンタバーバラで創業。格安モーテル・チェーンとして北米で最大規模を誇る。アメリカ及びカナダに約1,100か所の宿泊施設（総部屋数は10万5,000室）を展開している。本書第6章に詳しい紹介がある。

が挙げられる。同社は，特売を一切行わず，常時，格安価格で家具を販売していることで知られる。顧客は特売を待ったりせずに，欲しい時にいつでも低価格で高品質の家具を購入できる。この価格政策が支持されて，ジョーダンズは，アメリカで最も成功を収めている家具小売業の1つとなっている。

　Place（流通チャネル）：特にサービスの提供においては，流通チャネル（提供場所）が機能的アクセプタビリティの重要な要素となる。例えば，ベイ・バンク（Bay Bank）は，ITと共に流通チャネルの要素を重視することで，マサチューセッツ州におけるコンシューマー・バンキング（一般消費者・個人向け銀行業務）市場で支配的な地位を築いてきた。この銀行は，ATMが比較的目新しい時期にいち早く重点的な投資を行い，州内のATM設置適地の大半を迅速に押さえて，他のどの競合銀行も敵わない充実したATM網を創り出している。必要な時にちょうど，ATMがあることは，心理的アクセプタビリティも向上させるものであった。ベイ・バンクのATMは，ショッピング・モールなど人々が現金を使う場所に必ず設置されている。これは，顧客にとってベイ・バンクに口座を持てば現金を必要な時にいつでも引き出せることを保証するものであった。ベイ・バンクのように顧客に安心感や信頼を提供することで，企業は提供する製品やサービスに対する心理的アクセプタビリティを向上させることができる。

　別の例としては，サムソンが挙げられる。同社は小売業者を活用して，ブランドの再定義を行い，ソニーのような競合企業からマーケット・シェアを奪おうとしてきた。すなわち，安物の模倣品（ノックオフ）メーカーとのイメージを払拭するために，ウォルマートといったディスカウント小売業から，ベスト・バイのようなよりイメージの良い小売業者へとその軸足を移してきたことが知られる。[*36]

[*35] 訳注：ジョーダンズ・ファニチャー（Jordan's Furniture）は，1918年創業の家具小売業。マサチューセッツ州などに大型店6店舗を展開する。ウォーレンE.バフェット（Warren Edward Buffett）氏がCEO兼会長を務める Berkshire Hathaway Inc.の傘下にある。

[*36] 訳注：ベスト・バイ（Best Buy Co., Inc.）は，1966年創業の家電量販店。創業時の店名はSound of Musicであった。全米に1,400以上の店舗を展開する。

優秀な小売業者は，顧客の全般的な購買体験を高めて，製品の機能的・心理的アクセプタビリティを向上させることに貢献する。例えば，トヨタは，多額の資金をかけ，そのディーラー網の能力を高めてきた。こうしたディーラーは，顧客に対してより高度なカスタマイゼーションを提供でき，これは，より充実した顧客体験と共により高いアクセプタビリティをもたらすものである。

　コミュニケーション：オープンで率直なコミュニケーションも企業の提供する製品やサービスに対する顧客の信頼を高めるものである。1982年にシカゴ近郊で起きたタイレノール殺人事件におけるジョンソン・エンド・ジョンソン (Johnson & Johnson) の対応について見てみよう。この事件は，鎮痛剤タイレノールのカプセルに何者かによってシアン（青酸）化合物が混入されており，7人が死亡した事件である。事件によって大きな社会不安が引き起こされ，タイレノール・ブランドはこの危機を乗り越えることは決してできないだろうというのが当時の大方の見方であった。しかし，タイレノールを販売するジョンソン・エンド・ジョンソンは，事件に迅速に対処し，顧客に販売済みのものも含め，直ちに全てのタイレノールの回収を行った。同社の経営陣は，顧客や他のステークホルダーに対し，事態を包み隠さず説明し，繰り返し注意と回収を呼びかけた。回収には100万ドルを超えるコストを要したが，同社の対応は，メディアによって肯定的に受け止められて広く報道され，結果，ジョンソン・エンド・ジョンソンは，この危機を乗り越えると共に以前にも増して高い信頼を得ることができた。

　People（従業員）：従業員は，提供するサービスの機能的，心理的アクセプタビリティを改善し，向上させるのに重要な役割を果たす。例えば，フォーシーズンズのホテルチェーンでは[*37]，従業員によるアクセプタビリティの向上を期待して，「体験宿泊（ファミリアリゼーション・ステイ）」と呼ぶ制度を従業員研

[*37] 訳注：フォーシーズンズ・ホテルズ＆リゾーツ（Four Seasons Hotels and Resorts）は，世界各国に展開している国際的なホテルチェーン。会社名はフォーシーズンズ・ホテル（Four Seasons Hotels,Inc.）。

修に組み込んでいる。これは，客室係やフロント係など全ての従業員に対して提供されるもので，従業員自身と同伴者がディナー付きで1泊無料で宿泊できるというものである。宿泊した従業員は，例えば，ルーム・サービスの電話に何回の呼び出し音で出たか，どのくらいの時間で部屋に届けられたかなど，宿泊体験を評価するように求められる。

フォーシーズンズの体験宿泊は，勤続期間によって日数が増えるので従業員にとって大きな恩典であるが，従業員が顧客の立場でサービスを体験し理解するのに有用である。従業員の体験宿泊によるフィードバックは，フォーシーズンズがサービスのアクセプタビリティを改善するのに役立っている。

同様に，スノーボードメーカーのバートン（Burton Snowboards Inc.）は，従業員が同社のスノーボードや関連用具を使う機会を持つように積極的に促している。同社の従業員は全員，スキーリゾートのシーズン券を無料で支給されるし，同社の製品の殆どを50％から60％割引で購入できる。バートンには，「パウダー・デー」と称する臨時休業の制度もある。これは，24時間で2フィート以上の降雪があった場合，従業員はスノーボードを楽しみに出かけて良いというものである。実際にバートンの本拠地バーモント州で猛吹雪があり，数フィートの新雪が降り積もった時，同社はパウダー・デーを宣言し臨時休業としている。その際に，同社の創業者で会長でもあるジェイク・バートン（Jake Burton）は，オンライン・スキー・マガジンで「普段，お客様に提供しているスノーボードというスポーツを従業員の皆さんにも大いに楽しんでもらいたいのです。その機会を提供することは私にとってこの上ない喜びです」と語っている。この制度は，従業員に「ブランド・アンバサダー」としての役割を果してもらうための1つの方策と言えよう[20]。

企業の中核となる価値を従業員の価値規範や活動と結び付け，従業員のロイヤルティを高めることで，提供する製品やサービスのアクセプタビリティの向上へとつなげる方策もある。例えば，ティンバーランド（The Timberland Company）は，環境や社会的責任に対して大きなこだわりを持っている企業として知られている。同社の従業員は，ハイブリッドカーの購入に際し，会社から3,000ドルの補助金を受け取ることができるし，地域社会でボランティア活

動を行うための有給休暇を年間40時間分取得することもできる。同様に，アウトドア衣料・用品会社のパタゴニア（Patagonia, Inc.）では，従業員に「環境インターンシップ」と称する制度を提供している。これは，年間に最大2か月間休職して，環境団体などでインターンシップを行うことができ，その間の給与や諸手当は保証されるというものである。

　Process（業務プロセス）：製造及びマーケティングのプロセスは，製品を造り出し，販売する統合的な役割を果たすので，アクセプタビリティ向上に大いに寄与する。例えば，GE（General Electric Company）はシックスシグマ（Six Sigma）―厳しい品質管理を行い，不具合を徹底して削減する手法―実践の主導的な革新者として知られる。GEは，シックスシグマによって実現したその世界クラスの品質水準によって世界中の顧客を惹き付けている。

　3M（3M Company）は，「3P」と呼ばれるサステナビリティ・プログラムを30年以上前から実施している。このプログラムによる製造工程は，よりアクセプタブルな製品を造り出すことに貢献している。例えば，同社の研磨材製品の新製造工程は汚染物質の大気放出量を削減しつつ，低コストで製造を可能にし，かつ製品の性能も向上させるものであった。3Mは3Pプログラムとそれによる製造工程の改善によって良く知られており，アメリカの環境保護庁から数多くの賞を受け，「ダウジョーンズ・サステナビリティ・インデックス」の構成銘柄の1社にも選定されている。3Mのこうした取り組みは，模範的な地球市民としての同社の名声を高め，顧客のみならず従業員にとっての心理的アクセプタビリティを高めることにつながっている。

　Sales（販売・営業）：派手さはないがサービス中心のアプローチは，アクセプタビリティを向上させるものである。例えば，バーンズ・アンド・ノーブル

---

*38 訳注：3P（Pollution Prevention Pays）は，「汚染予防投資」の意味。汚染を発生後に除去するのではなく，製造工程の改善や原材料の代替などにより発生源で予防するという考えに基づくプログラム。汚染予防の成果を投資金額ベースで評価する点に特徴がある。

は，伝統的な書店とは全く異なるアプローチで書籍の販売を行っている。同社の店舗は，広々としたスペース，本を読むための椅子，スターバックス・コーヒーを楽しめるカフェ・コーナーを設けるなど，顧客のために快適な空間を提供するものとなっている。顧客は，バーンズ・アンド・ノーブルの書店に行き，必ずしも購入せずともさまざまな本を眺めたり，読んだりすることができる。

R&D：R&Dが顧客の抱える問題解決に向けられる時，R&Dは直接にアクセプタビリティを向上させることができる。3Mは，R&Dを非常に重視しており，同社には「発売から4年以内の新製品で全売上高の30％を占めねばならない」とのルールがある。3Mでは，革新に重点的に取り組むことで，製品の絶え間ない改良も推進され，製品の機能的アクセプタビリティを向上させている。優秀なR&Dチームがより良い品質の製品を生み出しており，顧客に対して製品をよりアクセプタブルにしている。

R&Dに重点的に投資を行う企業というレピュテーションを確立すれば，それは顧客や従業員の心理的アクセプタビリティも向上させるものとなる。例えば，グーグルは，そのような企業として知られており（2009年9月には売上高の13％をR&Dに投資していた。これはマーケティングに投資するよりも多い割合である），そのレピュテーションは，社会全体に役立つ革新者としての同社のイメージを醸成するものとなっている[21]。

オペレーション（生産）：迅速で確実なサービスを生産し提供することは，機能的アクセプタビリティを高める。Fedexは，効率的な業務で良く知られ，220を超える国々において，素早く確実な配達システムを確立している。Fedexのオペレーションは，心理的アクセプタビリティをも高めるものである。Fedexには，同社なら荷物を時間通りに確実に届けてくれるとの顧客の信頼感がある。Fedexの配送箱も，顧客及び従業員にとってある種の「ステータス」

---

*[39] 訳注：バーンズ・アンド・ノーブル（Barnes & Noble, Inc.）はアメリカ最大の書店チェーン。50の州で約700の書店を展開する。

を獲得している―Fedexなら中身も何かしら重要なものを運んでいるはずとのイメージがあるからである。

　ダンキンドーナツ（Dunkin' Donuts）は，店舗における迅速で一貫したサービス体験を顧客に約束している。同社は，店舗従業員の効率性について注意深く研究しており，最も効率の良い店内レイアウトを創造し，従業員の職位階層と機能の簡素化を進めようとしている。同社が新飲料として手間のかかるエスプレッソを導入した時，サービス生産の効率と提供の迅速さが失われないようにサプライヤーと協同して完全に自動化されたエスプレッソマシンを開発している。これにより，同社は引き続き顧客への素早く効率的なサービスを提供することができた。

　IT：情報技術の戦略的な活用は，企業の製品やサービスに対する機能的，心理的アクセプタビリティを大きく向上させることができる。Fedexは，webによる荷物の追跡サービスを最初に提供した企業である。顧客は，自分の預けた荷物が今どうなっているかを殆どリアルタイムで確認することができる。UPS（United Parcel Service Inc.）の運転手は，かつては地図と住所カード，そして自身の記憶に頼って最適な配送ルートを探し出していた。UPSには，2005年になってルート最適化システムが導入され，この状況は全く変わることになる。このシステムでは左折回数が最小になるようにルート最適化されるようになっており[*40]，これにより，信号待ちなどの時間が短縮され，配送車両の燃費も改善された。ルート最適化システムによって，配送車両の1日の走行距離も全般的に短くなり，顧客サービスの向上も図ることができた。

　顧　　客：顧客は，企業に率直なフィードバックを行うことによって，製品のアクセプタビリティ向上を助けることができる。デルは，技術サポートに対する顧客の苦情の多発に直面し，顧客のPCに直接ログインし遠隔操作することで問題解決を行うという新しいサポート・システムを導入している。ハーレー・オーナーズ・グループ（HOG）は，100万人を超えるメンバー数と1,100以

---

*40訳注：日本と異なり，右側通行なので，左折が面倒になる。

上の支部を誇っている。メンバーは皆，ハーレー（Harley-Davidson）のバイクに乗ることに情熱を持つ者ばかりである。HOGは，ハーレーのブランド・イメージ向上に重要な役割を果たしており，そのメンバーはハーレーダビッドソン・モーター・カンパニー（Harley-Davidson Motor Company）の顧問団の一員となり，ハーレー開発のためのブレインストーミングに加わるなどの貢献をしている。

政　　府：政府の認証や推奨は，製品のアクセプタビリティを向上させる。例えば，アメリカの食品医薬品局は，医薬品のアクセプタビリティ向上に大きな役割を果たしている。同じく環境保護庁の実施する省電力のためのエナジー・スター・プログラムは，そのマークの付いている製品の心理的アクセプタビリティを大いに高めることになる。

産業（業界団体）：顧客に製品の魅力を伝え，エデュケーションを行うことは，心理的アクセプタビリティを向上させる。1980年代には，牛乳は子供たちにとって人気のない飲み物となっており，その消費量は減少していた。1990年代になって，全米の乳飲料加工業者は協同し，乳飲料教育プログラムを開始し，「Got Milk？」キャンペーン実施によって牛乳のアクセプタビリティを向上させることができた。同様の取り組みは，豚肉の生産者や他の産業でも行われてきた。

業界としての製品規格や標準を定めることも機能的，心理的アクセプタビリティを高めることができる。また，ISO（国際標準化機構）の定める国際規格も製品の品質や機能性，互換性を保証するものとなる。

パートナー企業：パートナー企業は，製品やサービスについて顧客にエデュケーションを行う上で助けとなり，それ故，アクセプタビリティを向上させることができる。この場合，パートナーとなるのは企業に留まらない。例えば，インドにおいて，ヒンドゥスタン・ユニリーバは，教師や親達，健康教育家，[*41]

[*41] 訳注：ヒンドゥスタン・ユニリーバ（Hindustan Unilever Limited）は，インド・ムンバイに本社を置く家庭用品製造販売企業。ユニリーバ（Unilever N.V./Unilever Plc）のグループ企業。本文中のライフブイはユニリーバの石鹸の主力ブランド（同社の強力なグローバル・ブランドの１つであるが，日本では殆ど馴染みがない）。

地域指導者，政府機関と連携し，「ライフブイ健康への目覚め（Lifebouy Swasthya Chetna）」と称する健康啓蒙プログラムを実施してきた。このプログラムは，インドの農村部の人々に健康や衛生習慣についてエデュケーションを行うことを目的としており，ユニリーバの衛生関連製品の売上高を10％押し上げ，インドにおけるユニリーバの全般的なイメージも向上させるという効果が得られたものである。

パートナーシップは，パートナー企業双方にとって心理的アクセプタビリティを向上させるのに役立ち得る。スバルとL.L.ビーン（L.L.Bean, Inc.）とのパートナーシップに基づくスバル車L.L.ビーン・エディションは，アウトドア好きな人々にとっての理想的な車としてポジショニングされ，スバル車の心理的アクセプタビリティを高めることに成功した。同時にL.L.ビーンにとってもその存在感を高める効果があった。

サプライヤーを一種の「顧客」のように扱い，パートナーシップを組むことで製品のアクセプタビリティを高めることもできる。トヨタは，この例で，サプライヤーを顧客のように扱い，彼らとの間に緊密なリレーションシップを築いている。トヨタのマネジャーは，サプライヤーについて学び，その将来について意を払うと共に，サプライヤーと協働して，その製造工程の改善に取り組み，サプライヤーがより効率的で革新的になるように促している。こうした取り組みにより，トヨタは高品質で信頼のおけるサプライヤーを集めている。

世論とメディア：世論は，時代の雰囲気といったものに影響を与え，それ故に何が受け入れられ，或いは受け入れられないかを決定づける場合がある。例えば，脂質の多い食事やアメリカ人のますます強まる肥満傾向についての世論は，ファーストフード業界に対して，よりヘルシーなメニュー改革を迫るものであった。アップルビーズ[*42]といったファミリー向けレストラン・チェーンは，顧客の一層の健康志向に応えて，ウェイトウォッチャーズ[*43]の推奨するメニュー

[*42]訳注：アップルビーズ（Applebee's）は，Applebee's International, Inc.が展開するファミリー向けレストラン・チェーン。ハンバーガーやグリル料理などがメイン・メニュー。全米の他，カナダ，中南米，中東諸国に店舗を展開するが，日本には未上陸。

[*43]訳注：ウェイトウォッチャーズ（Weight Watchers International, Inc.）は，1963年創業。ダイエットしたい人のための減量プラン及び関連商品を提供している企業である。従業員のダイエット支援のための企業向けプランもある。

を提供するようになっている。

　環境への意識や取り組みが世界的に高まる中で，地元で有機栽培された農作物が大きな流れとなりつつある。こうした流れはホールフーズ・マーケット[*44]のような企業のアクセプタビリティを大きく高めることになるだろう。GEは，環境意識の高まりに応じて，「エコマジネーション（ecomagination）」という新たな取り組みを開始し，顧客のニーズによりサステナブルな方法で応えている。エコマジネーション製品には，「レール上のプリウス」と称されるハイブリッド機関車，燃料効率を15%改善する新ジェット・エンジン，より効率的な汚水処理・再利用装置，脱炭素輸送ネットワークの構築を可能にする水素燃料インフラ，などが含まれる。こうしたエコマジネーションの取り組みはGE製品のアクセプタビリティを向上させるものである。

　内外の資源をどのようにして活用するのかについてさまざまな例を示してきた。企業はもちろん，上記に示した全てを行えるわけではない。例示の多様さは，企業が提供する製品やサービスのアクセプタビリティを向上させるためにさまざまな方策をとり得ることを示している。企業は，とり得る諸方策について検討し，過大なコストをかけずにアクセプタビリティを向上させることのできるものに優先的に取り組まねばならない。

[*44]訳注：ホールフーズ・マーケット（Whole Foods Market）は，アメリカの高級食料品スーパー（グルメ・スーパーマーケット）。「アメリカで最もヘルシーな食料品店」と称している。全米各地及びカナダ，UKに店舗を展開する。

12. インターネットとアクセプタビリティ

　企業は，顧客と緊密に協働し，アクセプタビリティを向上させるための効率の良いツールとしてインターネットを用いることができる。顧客とオンライン上で協働することで，顧客とのコミュニケーションが円滑になり，新製品の設計や既存製品の改良といった業務をより効率的に行うことができる。現在は，情報関連技術の進歩により，企業は，顧客とよりインタラクティブな関係を持つことが可能である。例えば，顧客が製品設計プロセスへ参加することで，企業はリアルタイムのフィードバックを得て，提供する製品をよりアクセプタブルにするように改善を図ることができる。

　ITは，製品にAI（人工知能）や応答能力を組み込むことを可能にしている。社会は分散型インテリジェンス（分散知能）の普及へと向かいつつあり，ますます多くの製品が「自ら考える力を持つ機器」になりつつある。ありふれた日常的な製品であっても，AIを搭載し，ネットにつながる機能を持つことが期待される。例えば，LGエレクトロニクス（LG Electronics Inc.）のような家電製品メーカーは，ネットにつながるスマート冷蔵庫といった製品が顧客にどのような魅力を持ち得るかについての調査研究を行っている。

　企業は，製品により高い応答能力を持たせるためにインターネットを活用することができる。高額な製品であれば，各種のセンサーを備え，自己診断機能を持つこともあるだろう。センサーは，得られたデータを自動解釈し，報告するシステムと連動するようになっている。例えば，日本の富士ゼロックスは，50枚コピーする毎に自己診断を行うコピー機を開発している。このコピー機は，組み込まれたソフトウェアを用いてコピー結果を分析するが，問題の発生を事前予測して自動的にサービス・センターに報告し，予防的なメンテナンスを促す機能も備えている。どの部品が交換時期を迎えるかについてもサービス・センターに自動的に通知するようになっている。

　応答能力を備えた製品設計とサービス体制は，広く採用されるようになって

いて，例えば，GEはこの種の機能を持つ医療診断装置を開発しているし，パフォーマンス・データをサービス部門に自動送信し，メンテナンスを促すシステムを持つ自動車も登場している。

13. 結　論

　マーケティングの成功の追求は，提供する製品を顧客のニーズに可能な限り合致させることから開始される。顧客が製品カテゴリーそのものに馴染みがない時は，心理的障壁の除去がより重要な課題となる。顧客が製品カテゴリーについてある程度の使用経験を経た後は，製品の機能面での諸要因がより重要になる。マーケターは，アクセプタビリティの2つの次元—機能的アクセプタビリティと心理的アクセプタビリティ—にバランス良く目配りし，変化する顧客の期待の一歩先を行くように継続的な革新をしていく必要がある。しかもマーケターはこれら全てをコスト効率の良いやり方で遂行せねばならない。このことは，あらゆる利用可能な資源プールを活用して，アクセプタビリティを多様な側面で最大化することによって，最も良く成し遂げることができる。

　次章では，価値創造のもう1つの部分，すなわち，製品のアフォーダビリティについて検討しよう。

第4章

アフォーダビリティのマネジメント

1. はじめに
―10万ドルのフォルクスワーゲン，フェートンの失敗―

　10万ドルのフォルクスワーゲンを買う人は果たしているだろうか。10万ドルのフォルクスワーゲンとはいかにも馬鹿げているように思えるが，実際にフォルクスワーゲン社はこうした車を2003年に発売している。この車，フェートン（Pheaton）は，同社会長のフェルディナント・ピエヒ（Ferdinand Piëch）の発案によるもので，ピエヒは，こうしたハイエンドの高級車を加えることがフォルクスワーゲンというブランドに更なる輝きをもたらすと確信していた。そして，特段驚くべきことではないが，フェートンは完全な失敗に終わった。同車は，アメリカ市場では2004年に発売されたが，当初，ごく僅かな販売台数に留まった。そのため，フォルクスワーゲン社は，1万ドル分の購入者特典を付け，その結果，同年の販売台数は1,433台となった。しかし，販売台数は，2005年には820台に落ち込み，同社は2006年モデルの投入の後，アメリカ市場でのフェートンの販売を取り止めてしまった。アメリカ市場における発売以降の総販売台数は3,354台であった―この台数はトヨタがカムリを販売する台数3日分と同数であった。

　この大きな失敗は，フェートンという車の装備や品質によるものでは全くなかった。客観的な基準に照らせば，フェートンは，素晴らしいセダンの1つと言ってよかった。実際のところ，フォルクスワーゲン社は，ベントレーやアウディといった高級車を製造しており，高級車の何たるかは良く理解していた。

125

問題は，ベントレーやアウディはフォルクスワーゲン車ではなかったが，フェートンはフォルクスワーゲン車として販売されたところにあった。併せて，UKのモーター・ジャーナリスト，ジェレミー・クラークソン（Jeremy Clarkson）が「6万8,000ポンドのフォルクスワーゲンが果たして正解であったか？[1]」と指摘するように価格設定も問題であった。

　明白なのは，殆どの顧客は，フォルクスワーゲンにメルセデス・ベンツやレクサス，アウディ，BMWの高級車クラスと同等の金額を支払おうとは思わないことであった。更に悪いことに，フェートンは他のフォルクスワーゲン車と同じディーラー網で販売されていた。高級車の顧客は，やはり高級な販売サービスや特別な購買体験を期待するものである。しかし，フォルクスワーゲンのディーラー網では，これらは提供できなかった。また，フェートンは明らかに年齢が高く富裕な層をターゲットとする車であった。しかし，フォルクスワーゲンはアメリカ市場では，元々，若い購買層をターゲットとしてきた。最後に，何よりフォルクスワーゲンの名前は，元々「大衆の車」（ピープルズ・カー）の意味であり，実際に同社はそのような車造りをしてきた。しかし，フェートンは決して「大衆の車」ではなかった。

　フェートンについてのマーケティングをさまざまに工夫し，改善することは可能ではあっただろうが，見込み顧客の圧倒的多数が，フロントグリルにフォルクスワーゲンのバッジを付けた車に10万ドルを支払う気には到底ならない，という事実は変えようがなかった。アウディやベントレーの場合とは異なり，フェートンの発売については，フォルクスワーゲン社は賢明と言うには程遠かった。10万ドル支払うのであれば，他にも豪奢な高級車がさまざまあり，顧客達はこれらの車の方を選んだ。不幸なことにフォルクスワーゲン社は，現実からは学んでいないようであり，フェートンがいずれ同社の高級車ブランドとしての地位を確立するとの主張を続けている[2]。

　市場とは，自発的な交換で動くものである。市場においては，取引を行う売り手と買い手の双方が「利益」を得られると感じる必要がある。売り手にとっては，「利益」の定義はより直接的である──すなわち，コストを上回る売上が得られる時の差額である。買い手（顧客）にとっては，「利益」とは「負担す

るコストを上回る」と買い手が知覚する純価値である。顧客にとっての総価値は，製品そのものだけでなくさまざまな要素からもたらされる。顧客が負担するコスト（総コスト）には金銭的なものだけでなく非金銭的なものが含まれる。金銭的コストには，製品を所有することに関わる全コスト——例えば，製品の購入費，買い替えに要するコスト，関連サービスのコスト，製品の廃棄に関わるコストなど——が含まれる。一方，非金銭的コストは，顧客にとって製品が本当にアフォーダブルなものとなるか否かを考える上で，これまでしばしば無視されたり，軽視されたりしてきたものである。非金銭的コストには，例えば，製品の購入や使用の際に顧客が負わねばならない労力や時間といったものが含まれる。

　フェートンの失敗は，顧客がフェートンから得られると知覚する価値が，顧客が負担するコストを「上回らなかった」ところにその理由がある。フェートンとは異なり，大きな価値を（しかも，十分な利益を上げながら）顧客にもたらすことのできる製品やサービスは数多く存在する。例えば——。サウスウエスト航空（Southwest Airlines）は，短距離路線に特化することを選択し，劇的なまでの低運賃を導入し，「空の民主化」を成し遂げた航空会社として知られている。同社の競合相手は，他の航空会社は言うに及ばず，鉄道や長距離バス，更には自家用車による移動にまで及ぶ（短距離路線に特化しているため，移動には航空機以外の代替方法が複数存在する）。初期の頃には，サウスウエスト航空はその低運賃によって，運航する2都市間の年間乗客数を同社就航前に比較して4倍に増加させることもしばしばであった。

　同様に，チャールズ・シュワブ[*1]は，格安の取引手数料を提供することで個人投資家向け証券市場を劇的なまでに変化させた。デルは，その業務プロセスの大幅なコスト削減を行い，競合他社よりも遥かに低価格で顧客にカスタマイズしたPCを直販した。メルセデス・ベンツは，フェートンにより高級化を図っ

---

*1 訳注：チャールズ・シュワブ（The Charles Schwab Corporation）は，総合金融サービス会社。格安手数料を特徴とするオンライン証券会社として出発し，現在は，証券仲介業だけでなく銀行業務，金融関連サービスを手掛けている。アメリカ，プエルトリコ，UKに支店網を持つ。

たフォルクスワーゲンとは逆方向に動いた。すなわち，Cクラスをメルセデスとしてのアイデンティティを十分に保持したままで，より買い易い価格帯で市場投入した。

　アフォーダビリティに焦点を当てた古典的かつ偉大な成功例は，ヘンリー・フォード（Henry Ford）の大衆車「T型フォード」であろう。製造と組み立ての革新によって，フォードは，生産コストを劇的なまでに下げることに成功し，1909年にT型フォードを850ドルで売り出した—その後，販売価格は1920年代には破格の廉価290ドルにまで低下した。T型フォードが発売された時，競合車は2,000〜3,000ドルで販売されていた。フォードはまた，自社の組立工の賃金を日給5ドルに倍増し（当時の平均的な日給は2ドル台であった），これによって組立工も初めて自分達が組み立てる車を購入することができるようになった。

　フォードは，自社の組立工の支払いの能力を高めたが，同じく，他の多くの人々の購入意欲を高めることにも成功した。驚くべきことにT型フォードは1,500万台を売り上げた。この数字は，1972年のフォルクスワーゲンの「ビートル（フォルクスワーゲン・タイプ1）」まで抜かれることはなかった（ビートルは，顧客に販売価格を超える価値を最も確実にもたらしてくれる車であったと言えよう）。以下は，ヘンリー・フォードがT型フォードについて語ったものである。

　「私は大衆のための車を造りたいのです。家族で乗っても良いし，1人で運転しても良いサイズ。最良の材料を用い，最良の従業員を雇い，現代の優れた工学技術が可能にする最もシンプルな設計の下，この車は製造されることでしょう。しかし，その価格は十分に安価なものとなるはずです。平均的な賃金を得ている人々が購入できないようなものにはなりません。普通の人々が，神の与え賜うたこの大地で家族と共に車で楽しい時を過ごす—それが可能となる価格となるでしょう。[3]」

2. アフォーダビリティとは

　既に述べたように，顧客が取引を行うには，支払いの意思と支払いの能力の

2つが必要となる。支払いの意思とは，提示されている取引の「経済的な望ましさ」をいう。顧客の立場から見て，提示されている取引を行うことは妥当であろうか。取引によって顧客が得ることになる総価値が，顧客が負わねばならない総コストを上回る時，この問い掛けの答えは是(イエス)となる。先にも示したように総コストには，時間や労力などの非金銭的コストが含まれる。この種のコストは顧客毎に，また，時間タイミング毎に異なるものである。

　支払いの能力は，顧客の観点から見た提示されている取引の「経済的な実現性」をいう。取引は，顧客の経済生活を危機に陥れるものであってはならない。責任あるマーケターなら，顧客を経済的に困窮させることになるような意思決定に追い込むようなことがないようにせねばならない。そのためには，マーケターの側に長期的視点と十分な責任感とが求められる。

　もちろん，現実には，余りにも多くのマーケターが，短期的視点にのみ立って，実質的に支払いのできない人々に製品やサービスを購入させようとしている。確かにこうしたやり方で手っ取り早い利益を得られることもあるだろう。しかし，長期的には，結果は——顧客にとっても，企業にとっても——壊滅的なものとなり得る。例えば，サブプライム住宅ローン危機では多くの人が住む家を失い，銀行と金融サービス会社も社会的に指弾され大きな痛手を被った。銀行及び金融サービス会社は，信用力の低い人々にサブプライム住宅ローンを売りつけたという悪行の報いもあって，レピュテーション・マネジメント・コンサルティング会社の「レピュテーション・インスティテュート（Reputation Institute）」が行った2010年の調査において最低ランクに位置づけられている。一度，傷付いてしまうと，企業のレピュテーションは簡単には回復できないものである[4]。

　売り手と買い手の双方にとって取引が望ましいものとなるには，支払いの意思と能力とが高いものでなければならない。意思と能力のいずれかに問題があれば，当該の取引は，通常は行われることはないし，行われるべきでもない。本章の後の方で述べるように，マーケターは，顧客の支払いの能力と意思の双方を高めるためにさまざまな方法を用いることができる。

　同じく，こちらも後で詳しく述べるが，企業が，顧客に過大な経済的負担を

負わせないようにしながら，顧客を惹き付けることのできる創造的な方法がさまざまある。例えば，顧客に製品を購入して所有してもらうのではなく，製品の使用を「サービス」として提供することで顧客の支払いの能力を高めることができる。この方策は，顧客が製品からどれだけの価値を引き出すかは，顧客が当該の製品を—所有ではなく—どれだけ使うかに比例するとの考えによるものである。同様に，製品によっては，その実際の「稼働率」は非常に低いものに留まる。このことは，創造的なマーケターにとって，製品を全体としてではなく，部分的に提供するチャンスがあることを意味する。例えば，別荘，ビジネス・ジェット機，ヨット，高級車などでは，「分割所有・共有共用方式」が人気を得つつある。このことは，人々にそのままでは購入不能な製品を部分的に「購入」してもらい使用できるようにする現実的な方法があることを示している。

価格設定に囚われている「プライシング・マインドセット」のマーケターとアフォーダビリティに立脚する「アフォーダビリティ・マインドセット」のマーケターとでは，本質的な差異が生じるであろう。前者は，売り手の立場に大きく傾斜し，売り手の利益を最大化するという意味での「最適」な価格を追求する傾向がある。そのため，創造的な思考を大きく阻害する短期的なアプローチに陥りがちである。近年では，企業は，価格をますます細かく管理できる—価格の変更を頻繁かつほぼ即時に行って，収益性の最大化を図ることができる—ようになっている。しかしながら，こうした価格管理が行われる過程で，顧客の利益はしばしば失われることになるだろう。

一方，後者は，「企業にとっての最適価格」ではなく，「顧客の支払いの意思と能力」を重視する。アフォーダビリティは，コストではなく価値に基づく。価値の創造は，単にコスト計算をすれば良いというものではなく，創造的な取り組みが求められる。もちろん，コストの理解と把握は重要ではある。しかし，それはアフォーダビリティについての分析を経た後で行われるべきである。こうしたアプローチは，言わば「アフォーダビリティ基準原価計算（Affordability-based Costing）」と呼ぶことができるだろう。この原価計算においては，「想定されるアフォーダビリティとそれを可能にする価格設定の下，いかなるコスト

構造なら収益性を確保しつつ事業を行えるか」という問い掛けが重視される。例えば，ピーチツリー・ソフトウェア（Peachtree Software）は，会計パッケージ・ソフトの販売価格を4,800ドルから199ドルに値下げしたが，その際に顧客サポートを有償化して収益の確保を図っている。

　実際のところ，人は，サブプライム住宅ローン危機に示されるように，経済的に支払えないものでも購入してしまうことがある。或いは，アフォーダビリティの考え方には，後先を考えない「衝動購買」や「不要不急の購買癖」の存在を見落としているとの主張もあるかもしれない。車の販売業界では相変わらず「お客が買える車だけ売っているようでは，販売員（セールスパーソン）としては半人前」というのが一般的な観念だろう。しかしながら，アフォーダビリティの考えに立脚すれば「お客が買える車を売る」のでまさしく十分である。車を当該の車を買うことのできる顧客に適切に提供することで，販売員は，顧客との長期的で信頼感に依拠した関係性の構築へと進むことができる。また，そうすることで将来の再購買の可能性も高まることになるだろう[5]。

　価格設定ではなく，アフォーダビリティに立脚すると，顧客の視点から出発することになる。マーケターは，価値の創出を顧客視点から深く理解せねばならない。顧客の潜在的ニーズに基づく価値の理解が重要であり，その上で，提供する製品へ価値を可能な限り組み込むことを追求する必要がある。マーケターはまた，高額な購買については，顧客の財務的な状況を推測して，顧客が購入に要する総コストを負担できるのか否かに意識を向けねばならない。長期的に見れば，こうしたアプローチは十分に経済的な意味がある。支払いが結局はできなくなるような顧客は，企業にとっても収益性上，望ましい顧客とは言えないからである。

　企業は，顧客に対してアフォーダビリティの2つの次元を（収益性を確保しつつ）最大化するように入念に取り組まねばならない。このようにすることで，価値提案はより強固で明確なものとなり，顧客が支払えない製品を購入してしまうことを回避できるようになる。

　また，アフォーダビリティに立脚すると，製品の直接の購入コストだけでなく，当該の製品を所有することで顧客が負うことになる長期的なコストにも意

識が向かうようになる。顧客の購入意思決定を妨げる障壁—隠れた障壁であることも多い—を発見し，除去することもできる。マーケターが強引な売り込み(ハード・セル)に頼る必要性をなくすこともできる。

＜ピーチツリー・ソフトウェア:アフォーダビリティへの革新的アプローチ＞

ピーチツリー・ソフトウェアは，アフォーダビリティ志向を取り入れることで，自身と顧客に大きな利益をもたらした企業の好例である。同社は，PC上で使用できる会計パッケージ・ソフトを最初に提供した企業である。IBMが1981年にPC（初代IBM PC）を初めて売り出した時，同社はこの機種で使用できる唯一の会計ソフトを提供していた。

ピーチツリー・ソフトウェアは，会計ソフトを8つのモジュールに分けて販売しており，その総額は約4,800ドルであった。このように価格は非常に高かったが，もしも企業が自社のためにカスタマイズされた会計システムを特注すれば25,000ドルかそれ以上はかかるので，これに比べれば安価であった。また，会計ソフトは少額の追加料金で，幾分かのカスタマイズが可能であり，この点も顧客に歓迎された。同社は，広告は殆ど使用せず，営業部門の力によって会計ソフトを販売していた。

1980年代の中頃になり，同社は，50ドルの会計ソフトを販売するDacEasyといった低価格企業との激しい競合に晒されるようになる。1986年になって，市場状況に基づく決定がなされ，同社は，その会計ソフト「Peachtree Complete Accounting for DOS」[*2]を4,800ドルから199ドルへと大幅に値下げした。値下げを告知する広告を「ウォール・ストリート・ジャーナル」誌で行い，値下げと共に顧客への直販に注力した。結果，需要は爆発的に拡大し，売上高は月当たり僅か5万ドルであったものが，約1,500万ドルへと急伸した。

同社の新しい価格戦略において重要なのは，大幅な値下げの一方で，会計ソフトの売上だけを収益源と考えなかったことである。同社は35か所の顧客サポートセンターを整備していき，通常の製品サポートと共に，それぞれに会計士を常駐させて，会計上の助言や指導を有償で行う体制を整えた。この結果，顧客サポート部門は，コスト・センターから売上の得られるプロフィット・セン

---

*2訳注：会計ソフトとしての「Peachtree」シリーズは，現在は，「Sage50」のブランドネームでセージ・グループ（The Sage Group plc）によって販売されている。DacEasyも同じく，Sageの製品となっている。

ターへと転換することとなった。

　ピーチツリー・ソフトウェアの価格の引き下げとその成功は，アフォーダビリティに基づいて考えることの重要性を示している。また，価格の引き下げが，―特に，新しい収益源の創造と併せて行われる場合，また，引き下げによって潜在需要の顕在化と市場拡大が見込める場合は―賢明な戦略転換となり得ることも示すものである。

3. アフォーダビリティの創造

　これまで我々は，経済的アフォーダビリティ（支払いの能力）や心理的アフォーダビリティ（支払いの意思）を向上させる方策について散発的に触れてきた。ここでは，アフォーダビリティを全般的に向上させるために，企業が考えるべき幾つかの基本アプローチについて示そう。

① 望ましい機能の追加や品質の向上といった機能面での改善によって，製品を顧客の予想以上に価値あるものとする。
② イメージの向上やリスクの低減といった心理面での改善によって，製品を顧客の予測以上に価値あるものとする。
③ 製品を購入し，使用する際の時間や労力を低減させることによって，顧客が負う総コストを引き下げる。
④ 製品サイズや形状を変えることで価格を引き下げて，顧客の心理的な障壁を除去する。例えば，途上国市場において，ユニリーバや他の企業は，製品を小さな１回毎の使いきりサイズで提供することで低価格化し，顧客の購買を容易にしている。
⑤ 価格と製品の価値とがより良く結び付くような創造的な価格設定を工夫し，購買を妨げる障壁を除去する。
⑥ 第三者による支払いの補助を得ることで，製品を顧客にとってより支払い易いものとする。第三者には，雇用主や政府などが含まれる。例えば，

ハイブリッドカーや電気自動車といった社会的に望ましい製品については，多くの政府が購入補助を行っている。
⑦　製品の種類を増やすことで，支払いの能力や意思が十分ではない顧客の期待に応える。例えば，アップルは，Mac miniやiPod Shuffleを開発し，既存機種を購入できない／購入しない顧客層に提供している。
⑧　「成果に基づく価格設定」を用いる。これは，アクセプタビリティとアフォーダビリティとを結び付けるアプローチである。この価格設定では，企業は，単純な固定料金ではなく，提供する製品やサービスの実際のパフォーマンスや成果の程度に応じて支払いを受けることになる。
⑨　隠れたコストを見直すことで，製品をよりアフォーダブルなものとする。例えば，活動基準原価計算（Activity Based Costing）を用いることで製造間接費をより適切に割り当てることができる。これに基づき，価格設定を見直すことができる。

　顧客は皆さまざまであるので，顧客に合わせてアフォーダビリティをカスタマイズすることも重要である。マーケターは，顧客に合った適切な製品をより精緻に提供できるようになっている。これと同じようにマーケターは，どのようにすれば顧客に合った適切な価格を提示できるかを学ぶ必要がある。すなわち，今日，個々の顧客の要望に合わせて仕様をカスタマイズできる製品は多いが，次なる課題は，全体としての収益性を最大化しつつ，個々の顧客に合わせてアフォーダビリティをカスタマイズすることである。もちろん，この場合，アフォーダビリティのカスタマイズが不公平と受け止められて，顧客を失うようなことがないようにせねばならない。
　顧客に合わせた価格の提示は，多元的な価格設定によって効果的に行い得る。これは，1つではなく2つないしそれ以上の価格変数を用いるものである[6]。例えば，金属容器に入れられた工業用ガスの販売企業について考えてみよう。伝統的な価格設定の下では，販売企業はガスの数量ベースで単純に価格を決めることになる。この場合，顧客企業は工業用ガス販売各社の価格を容易に比較できるだろう。これに対し，ガス価格を引き下げつつ，ガス容器の貸与料を導

入するという別の価格設定が可能である。より速いペースでガスを大量消費する顧客企業にとっては，ガス価格の引き下げは好ましいものとなろう。この価格設定では，ガス価格と容器貸与料の2つの変数を用いる。2つの変数を適切にコントロールすれば，販売企業は，総体としての利益を増加させることができるだろう。

　多元的な価格設定について，ドイツ鉄道（Deutsche Bahn）の例を見てみよう。ドイツ鉄道は，数多くの潜在的顧客に対して，単純な距離基準の運賃を提供するだけでは，自動車とは十分に競合できなかった[*3]。そのため，同社はBahnCardの制度を導入した（1年間有効で当初は300ドルと150ドルの2種があった）。BahnCardを購入した顧客は，通常の距離基準運賃から最大50%の割引を受けることができた。この価格設定上の革新は，ドイツ鉄道に自動車（及び他の移動手段）に対するより高い競争力を与えることになり，同社の収益を年2億ドル以上押し上げる効果があった。上記は，企業が，顧客の支払いの意思や能力に合わせて適切な価格を提示する時，どのような効果が得られるか示すものであろう。

＜あらゆる障害を乗り越えて：タタ・ナノ＞

　2008年10月10日，自動車ショー「ニューデリー・オートエキスポ（Auto Expo in New Delhi）」会場において，タタ・グループの会長ラタン・タタは，誇らしげに新型車タタ・ナノを運転していた。タタ・ナノの開発はこの時点から5年前に遡る。5年前，ラタン・タタは，インドで余りにも日常的な光景に改めて遭遇した。一家4人が乗った小型バイクが，雨の中，ふらつきながら他の車両の間を―車両だけでなく，水たまりや道の穴やうろつく牛を避けつつ―すり抜けるように通って行く光景である。インドは，世界で交通死者の最も多い国の1つであり，インドの平均的な人々は，自身や家族のための安全で快適な乗り物を単に購入できないでいる。ラタン・タタは，この光景を目の当たりにして，かねてより心にあったインドのこの状況を解決するという決意を新たにした。ラタン・タタにとって，車をインドの多くの人々の手の届くものとすることは，

[*3]訳注：ドイツにおいては，鉄道は，特に長距離移動でアウトバーンとの激しい競合関係にある。

単に交通の安全上の問題ではなく，人間の尊前の回復に関わる問題であった[7]。

　ラタン・タタは，技術陣に，安全・快適で信頼性があり，燃費が良く環境性能に優れた車を開発し，破格の低価格10万ルピー（約2,200ドル）で販売できるようにすることを求めた。10万ルピーは，当時販売されていた最廉価車のほぼ半額であり，バイクの平均価格と比較してもさほど変わりはなかった。競合メーカーは，ラタン・タタの構想を現実的ではないとして冷笑し，概ね「そんな車ができるというのなら，やってみればよろしい。本当に実現できたら，信じてあげます」といった論評を行った。これに対して，ラタン・タタの意思は揺るがず，「きちんと屋根の付いた車—バイクベースの車（オート・リクシャー）とか簡易な軽車両ではなく—を市場に出せれば，年間100万台の市場が見込めるはず」とビジネス論文誌「マッキンゼークォータリー」で語っている。

　新型車タタ・ナノ（タタ・グループの創業者の言語，グジャラート語でナノは「小さい」の意味である）[*4]は，まさしく実現することとなった。タタ・ナノは見た目も良く魅力的であり，世界中のメディアで話題として取り上げられると共に，50万件以上の購入予約を得た。カー雑誌も各誌が絶賛した。タタ・ナノは，車のグローバル市場を大きく変える潜在力を持っていた。設計・組み立てに関して多くの革新を実現しており（タタ・モーターズはタタ・ナノについて34の特許を申請していた），高速走行時1ガロン当たり73マイル[*5]という燃費の良さも相まって，タタ・グループの良好な技術的レピュテーションに十分に相応しいものであった。タタ・ナノは，インド経済の発展を加速化させるものと考えられ，インド自動車市場を65％増加させる可能性があるとの期待が寄せられていた。

　タタ・ナノは，自動車市場におけるアフォーダビリティの新しい標準を示すものであった。実際のところ，10万ルピーという価格は，タタ・ナノという車のアイデンティティの中核をなしていた。話題性があり，メディアによるパブリシティによって，実質的に広告を行う必要もなかった。2008年1月に行われたタタ・ナノ発表イベントは，インド中の主要メディアによって生中継で報道された。タタ・ナノの発表は，「ニューヨークタイムズ」誌の表紙を飾った他，世界中の多くの新聞で取り上げられた。さまざまな点で，タタ・ナノに対する期待感は，2007年6月のアップルiPhoneの発表の際の期待感を上回るものであ

[*4]訳注：当時，競合会社スズキ（インド市場における子会社はマルチ・スズキ・インディア Maruti Suzuki India Limited）の鈴木修会長（2008年12月からは社長兼務）が「10万ルピーの車は非現実的」と盛んに牽制のコメントをしていたことを受けている。

[*5]訳注：米ガロンで単純に換算するとガソリン1リットル当たり約31kmとなる。数値としてどうかとも思うが，原文のままとしている。

った。

　タタ・ナノは発表後，生産の遅延（直前の生産工場の変更によるもの）と品質問題に悩まされることとなった。タタ・ナノが直面したマーケティング上の興味深い課題は，収入や要求水準が急速に上がりつつある市場では，支払いの能力は，既存の顧客層の間では以前ほどは問題にならなくなるということであった。彼らは，よりサイズが大きく，より快適で豪華な車を欲するようになっている。タタ・グループは，車を初めて買うエントリー層やバイクの購買層に焦点を当てて，更に努力する必要があるだろう[8]。

4. 支払いの能力の向上

　マーケターは，歴史的に顧客の支払いの能力について十分な注意を払ってこなかった。その代りにブランド・イメージといった無形の要素によって支払いの意思を創造することに専ら注力してきたのである。結果として，マーケターは世界中の―特に途上国市場の―膨大な数の潜在的顧客を無視してきた。しかしながら，近年の「ベイス・オブ・ザ・ピラミッド（BOP）」市場に対する注目の高まりに伴って―また，高失業率による消費者の支出減が強く意識されるようになって―，企業は顧客の支払いの能力の向上を重視するようになった。

　顧客の支払いの能力は，―ビジネス市場でも消費者市場でも―顧客の「損益計算書」と「貸借対照表」によって左右される。要するに，顧客は支払うことができるだけの収入（インカム）と「自由に使える現金（フリーキャッシュフロー）」を持っているか，或いは支払いを可能にする資産を持っている必要がある。

　支払いの能力について考える場合に，必需的購買と裁量的購買を区別することは有用である。「エンゲルの法則（Engel's Law）」に基づけば，収入が増えると食費への支出割合は―たとえ食費の絶対額が増加したとしても―低下する。同様のことが，他の必需的購買についても当てはまると言えるだろう。このことは，豊かな経済社会においては，殆どの必需的購買に対する支払いの能力は，

大多数の顧客にとって特段の制約にはならないことを意味する。他方，豊かではない経済社会においては，必需的購買に対する支払いの能力がまずもって重大な制約となる。この状況においては，企業は，人々が生活の質を向上させる製品・サービスに支払うことができるよう，より一層の努力をする必要がある。

顧客の支払いの能力が向上してくると，当該の購買が，顧客の観点から見て「支出」なのか「投資」なのかを問うことが重要となる。「投資」は，（不動産のように）いずれは価値が上がる可能性があり，或いは，（工場の機械設備のように）収入を得るための手段となる。単なる「支出」はもちろん，投資が生むような利得はもたらさない。それ故，投資の意味合いを持つ製品に対する支払いの能力を生み出すべく，より多くの努力を払うことには意味がある。逆に，価値に乏しいか，ひと時の価値しかもたらさないような製品に対する支払いの能力を生み出すことにのみ終始するようでは，マーケターとしては無責任である。

顧客の観点から支払いの能力を考えるもう１つの重要点は，長期と短期とを区別することである。顧客の支払いの能力が短期的に不足してはいるが，長期的には（収入水準が向上するなどして）充足が確実視される場合は，顧客の現時点での製品購入を可能にする各種の「クリエイティブ・ファイナンシング」[*6]を工夫することには際立った意味がある。

企業が，顧客の支払いの能力を向上させるために用い得る方法としては，以下が挙げられる。

▶リース

リース（leasing）は元々，ヨーロッパ（殆どUKと言って良いが）で「ハイヤーパーチェス」[*7]として，始まったものである。ハイヤーパーチェスは，家具や

[*6]訳注：クリエイティブ・ファイナンシング（creative financing）は，非従来型の融資方法の総称。銀行融資といった従来型の一般的融資方法とは異なるものを指す。
[*7]訳注：ハイヤーパーチェス（hire purchase）は，買取選択権付賃貸借。製品は顧客に賃貸借の形で引渡され，顧客は所定の分割払いを行った後に買取選択権を行使すれば製品の所有権を得ることができる。買取選択権を行使するまでは，所有権の移転が行われない。この点が条件付売買または割賦販売とは異なる。

大型家電製品といった大きな家庭用品の支払い手段となっていたもので，顧客は，製品代金を所定の期間，分割して支払い，その間の利子も負担した。より現代的なリースは，ビジネス市場で始まったもので，それは，購買を経常経費化して，顧客企業の先行資本コストを低減ないしゼロにすることを目的としていた。多くの企業が，可能であればリースの方を選択している。

▶クリエイティブ・ファイナンシング

前述したように，顧客が短期的には無理でも長期的には支払うことのできる能力を持っている場合は，マーケターにとってクリエイティブ・ファイナンシングを工夫することには意味がある。アメリカにおいては，さまざまなクリエイティブ・ファイナンシングが行われており，借り手・貸し手の双方にとって魅力的な選択肢となっている。また，クリエイティブ・ファイナンシングは，国や地域の経済成長に大きな影響をもたらし得るような重要インフラストラクチャーの建設においても用いることが可能であり，また用いられるべきでもある。

▶第三者による支払い

人々に支払いの能力が欠ける場合は，直接のユーザーやペイヤーとは異なる第三者の活用を考えることが良い方法となる。保険はこの観点で捉えることができる。例えば，アメリカの民間医療保険「ブルークロス・ブルーシールド」[*8]は元々，医師達によって創始されたものである。大恐慌後に多くの人が支払う余裕がなくなり，病院に行くことができなくなったため，医師達は，人々が医療費をより予測し易く，支払い易くなるように，医療保険を提供する組織を創設したのである。また，1944年までは，アメリカの失業率は1.2%という記録的な低水準で推移したので，企業は他企業から労働者を引き抜くために，医療サービス制度を導入してその充実を図るようになった――当時の「賃金凍結」政策によって労働者の賃金を上げることはできなかった――。こうした経緯があって，企業（雇用主）が従業員のための医療サービスに支出することが盛んに行

---

*8訳注：ブルークロス・ブルーシールド（Blue Cross Blue Shield）は，広範な給付内容を持つアメリカの民間医療保険。ブルーズ（Blues）とも総称される。ブルークロス・ブルーシールド・アソシエーション（地域毎に運営される39の独立したグループからなる）が提供する。非常に普及しており，おおよそ，アメリカ人の3人に1人が利用しているとされる。

われるようになったのである。

▶購買層別アプローチ

　支払いの能力に乏しい顧客を惹き付けるために一律の低価格政策をとるよりも，対象市場を購買層別に細分化する方がより効果的である。例えば，シアーズ（Sears）は，「Good-Better-Best」戦略と称する購買層別アプローチを採用して，この方策に習熟していた。一般に，企業が幅広い価格帯で製品・サービスを提供すれば，より多くの顧客にとってアフォーダブルなものとなる。ホテル業においては，マリオット（Marriott International）が，ハンプトン・イン，コートヤード，マリオット・マーカスなど価格帯の異なる多種多様なホテル・ブランドの展開を創始したことで知られる。[*9] 他の多くのホテルチェーンもマリオットに倣い，多様なホテル・ブランド展開を行っている。

▶ASPモデル

　アプリケーション・サービス・プロバイダー（Application Service Provider：ASP）モデルは，製品を「サービス」へと変換するものである。ASPモデルにおいては，顧客は，製品購入ではなく，必要に応じて製品を「サービス」として利用し，支払うことができる。セールスフォース・ドットコム（salesforce.com, Inc.）は，このモデルの好例で，SFAやCRMアプリケーションをwebを介して提供しており，顧客企業は必要に応じてこれらを利用することができる。同社が提供しているのは，本質的には顧客企業が必要な時に利用することのできる言わば「ビジネス基盤設備(ユーティリティ)」のようなものである。ASPモデルは，顧客に「所有権」ではなく「利用権」を提供することで，企業の製品・サービスをより支払い易くすることができる。この種のアプローチの最近の例としては，（特に小事業主や一般顧客向けの）クラウド・コンピューティングの登場が挙げられるだろう。

▶分割所有・共有共用方式

　近年，分割所有・共有共用方式が人気を得つつある。これは，顧客が高額の製品を独りで購入するのではなく，共有する形で購入するものである。この方

[*9]訳注：現在は，コートヤード（Courtyard by Marriott）のみマリオット傘下となっている。

式は，別荘，ビジネス・ジェット機などの分野で始まったものであるが，今日では大型キャンピングカーやヨット，大型オートバイ，高級車などにも広がっている。顧客は，売り手に共有物件のメンテナンスと利用スケジュール管理とを任せ，そのコストも支払うことが一般的である。また，共有物件を数年のうちに売却して，その売却益を所有者で分けることもしばしば行われる。ネットジェッツ（NetJets）は，ビジネス・ジェット機におけるこの方式の先駆的企業として知られる。同社は，ビジネス・ジェット機「Hawker400XP」の所有権を16分割して，1単位（1/16）を406,250ドルで販売している（1単位当たり，年間飛行時間のうち50時間分を使用できる）。購入した顧客は，406,250ドルの他に「月管理料」を支払う必要がある。月管理料には，操縦士の給与，訓練費，格納費，保険料，オーナー・サポート費が含まれる。また，利用に際して「時間当たり利用料」も支払うことになる。これは，燃料費，整備費，着陸料，機内食ケータリング費といった直接の運航コストを賄うものである[9]。分割所有・共有共用方式の経済的な論理は，明確なものである。この方式によって，顧客は，単独では負担できないより高級で高価格な製品に手が届くようになる。また，この種の製品にありがちな高額な維持コストや後々の売却の困難さを軽減することも可能になる[10]。

▶マイクロ・パッケージング

先進国市場では「超徳用サイズ（スーパー）が当たり前」の消費文化があろうが，これとは対照的に，途上国市場においては，企業は小さく発想をする必要がある。例えば，ヒンドスタン・ユニリーバは，シャンプーや他の製品を小さな使いきりサイズで販売し，インド市場だけで年間10億ドル以上の売上を得ている。これらの製品は，非常に安価に販売されており，大サイズの製品を購入するだけの経済力のないインドの多くの人々にとって容易に購入できる価格となっている。

▶市場に合せた価格設定

音楽産業や映画会社は，世界の多くの国々で，音楽や映像ソフトの海賊版が出回り，ただ同然の低価格で販売されていることに長らく悩まされ続けてきた。この状況に対抗するために，これらの企業は海賊（著作権侵害）行為に歯止めをかけるべく，より強固なコピー・プロテクトを施すとか，著作権侵害対策法

のより厳格な適用を働きかけるなど，さまざまな方策を講じてきた。しかしながら，こうした対策はいずれも効果を上げ得なかった。例えば，中国では，販売されている音楽CDの90％が違法な海賊版であり，メキシコでは，合法的な音楽CDの価格は130ペソ（約12ドル）であるが，これを購入できる顧客は殆どおらず，多くは1ドルで投げ売られている海賊版の方を購入している。結局のところ，判明したのは，こうした国々の市場においては，殆どの顧客が音楽CDなりDVDソフトを正規の価格で購入するだけの経済力を持ち合わせていないということであった。今日では，幾つかの企業が，新しい方策に転換することを決断している。すなわち，途上国市場における音楽CD及びDVDソフトの正規価格の大幅な引き下げに踏み切っている。例えば，ワーナー・ブラザーズ（Warner Bros. Entertainment, Inc.）は，中国市場において，DVDソフト通常版（英語及び北京語版）を2.65ドル，特典付き特別版を3.28ドルで販売を始めている[11]。マイクロソフトのようなソフトウェア会社も同様の方策を採用し，途上国市場では破格の廉価版ソフトの販売を行っている。ソフトウェアの追加製造コストは（音楽CDやDVDソフトと同様に）非常に低いため，こうした方策をとってもソフトウェア会社は利益を出すことが可能である。上記のように市場を構成する人々の支払いの能力に合致した価格設定をすることで，人々が海賊版ではなく正規版を購入するようになることは大いに意義がある。

＜消費者信用の始まりと歴史＞

　顧客の支払いの能力の向上について議論する場合，アメリカ経済において顕著な役割を果たしてきた，功罪半ばする諸刃の剣「信用（credit）」を無視するわけにはいかないだろう。歴史学者のレンドル・カルダーは[*10]「アメリカの歴史において負債の流れは途絶えることはなかった。アメリカ人は，いつでも負債を抱えてきた。かのピルグリム・ファーザーズも負債を背負って新世界にやってきたのである」と述べている。結局のところ，ロンドンの商人達が金を貸し付けてくれたお蔭で，ピルグリム・ファーザーズは新世界への旅立ちが可能に

---

*10訳注：レンドル・カルダー（Lendol Calder）は，現在，イリノイ州のオーガスタナ・カレッジ（Augustana College）の歴史学教授。

なった。彼らは，借金を7年間で返済することを約束させられていたのである[12]。

17世紀においては，アメリカ人の信用に対する態度は，葛藤に満ちたものであった。ある種の負債は容認され，別の負債は容認されなかった。モラリスト達は，「生産的な」負債と「消費的な」負債とを区別した。例えば，農場を買ったり，事業を始めたりするための借金は，生産的な負債であり，容認されるが，個人的な消費のための借金は，―明白に道徳的な堕落であって―容認されるべきではない消費的な負債とされた。こうした負債の区分は概して，人が借金苦に陥るのを避けるための1つの理にかなった処方箋ではあった。

産業革命が進展するまでは，消費者にとっては，選ぶのに困るほどの魅力的な製品が大量に存在するわけではなかった。しかし，1910年代，20年代になると，アメリカの工場は，洗濯機，蓄音機，ラジオ，冷蔵庫といった，それまでに存在しなかった非常に多様な消費者向け製品を生産するようになる。生産は急速に効率化されつつあったが，それでも殆どの製品は一般大衆にとって簡単には手が出せない高嶺の花であった。当時は，こうした高額な製品を買うためには，消費者は何年間も積み立てをするのが一般的であった。例えば，自動車を買うには，平均的な家庭なら概ね5年間かけてこつこつと貯蓄せねばならなかった。

製品の価格と消費者の支払いの能力の不均衡に巨大な事業機会が存在している―。このことに気付いたのは，GMに他ならなかった。同社は，「クレジット・システム」を発明することで，今日の消費経済の基礎を築いた。

1919年，世界に冠たる自動車会社は，依然としてフォードであった。その象徴的なモデル，T型フォードは，低価格と高い信頼性，「ボディ塗装は黒1色のみ」というシンプルなマーケティング哲学によって，異常なほどの売れ行きを保っていた。一方，GMはオールズモビル，ビューイック，シボレーといった多様な車を製造していた。これらの車は，塗装色もさまざま選べ，T型フォードよりも洗練されたデザインであった。しかし，依然としてかなりの高価格であった。

フォードに対抗するためにGMは顧客に自動車ローンを提供するようになった。1919年，GMは，GMAC[*11]を設立し，今日と同じように顧客がローンを組んで自動車を入手できるようにした。当時の自動車ローンは，代金の35%を最初に支払い，残りを分割払いとするものであった。ヘンリー・フォードは，顧客に借金を負わせる方法で自動車のような製品を販売すべきではないとの強い信念を持っていたので，GMの動きに追随することはなかった。その代り，フォードは，

---

*11 訳注：GMACは，General Motors Acceptance Corporationの略称。現GMAC LLC。現在も，主に自動車ローンを扱う金融会社である。

第4章 アフォーダビリティのマネジメント

古めかしい「前払い式積み立てプラン」を顧客に提示した。これは，自動車の購入金額に達するまで顧客は，毎週5ドル～10ドル程度をフォードの販売店に積み立てるというものであった。言うまでもなく，この積み立てプランは失敗に終わった。

　自動車市場においてGMは，フォードをすぐに圧倒するようになった。1928年，フォードは，対抗上，遂に自動車ローンを扱う子会社の設立を余儀なくされた。GMの自動車ローンが刺激になり，消費者信用や分割払いに対する消費者の態度も急速に変化を始めていた。アメリカという国は，長らくの間，倹約を美徳としてきたが，今や製造業者達が，顧客の目の前に余りにも多くの魅力的な製品をちらつかせるようになったので，顧客はこうした魅惑にすっかり抵抗できなくなってしまった。1930年までには，多くの耐久消費財が分割払いで購入されるようになっていた―例えば，自動車の3分の2はそのようにして購入されていた。

　大恐慌期の時期を除いて，消費者信用の市場は爆発的な成長を見せた。とりわけ，第二次世界大戦後の成長は顕著であった。自動車購入者に貸し付けられた金額は，2000年までにGMAC1社だけで1兆ドルを超えていた。ローンは，住宅を初め，さまざまな分野に広がっていき，クレジットカードも大きな普及を見た[13]。

　アメリカ経済における消費者信用の歴史と役割とを考えると，企業は消費者信用をどのように用いて消費者の支払いの能力を―債務超過状態に陥らせることなく―向上させるかを改めて考えてみることが重要となるだろう。

5. アフォーダビリティとアクセプタビリティ

　製品のアフォーダビリティとアクセプタビリティは共に，企業から提示されている価値提案を決定づけることに留意せねばならない。アフォーダビリティとアクセプタビリティが共に良好なものであれば，価値提案も強力なものとなる。いずれか一方が劣弱なものであれば，価値提案も弱いものとなる。アフォーダビリティとアクセプタビリティが共に劣弱ならば，価値提案は事実上，存

在しないも同然となる。

　例えば，ハーマンカードンとマイクロソフトが1999年に市場投入したリモコン装置「Take Control TC1000」[*12]について考えてみよう。この装置は，最大15台までの家庭内機器を遠隔操作できるというものであった。Take Control TC1000には，アメリカの家庭内にある多種多様なリモコン装置をこの装置1台に集約できるという明確な訴求点があったが，完全な失敗に終わった。4Aの枠組みからこの装置の価値提案を見てみると，その失敗の理由が明確になるだろう。

- ▶アクセプタビリティ：装置は大きく，AA（単三）乾電池4本を用い，1ポンド近い重量があった。サイズは，7.5×3.4×1.8インチ（19.1×8.6×4.6センチ）であった。装備されているタッチ・スクリーン式液晶ディスプレイは，貧弱で非常に見辛かった。技術的に十分に習熟しているユーザーですら，使い始めの設定をするのに1時間以上を要した。上記の全てが，顧客をしてTake Control TC1000を敬遠させるものであった。
- ▶アフォーダビリティ：販売価格は信じ難いことに349ドルであった—当時，VCRは100ドル以下，DVDプレーヤーも200ドル以下で購入できた。

　無駄にサイズが大きく，使い勝手の非常に悪いこの装置の価値提案は，あらゆる顧客にとって躊躇なく却下するのに値するものであった。そして，実際に皆がそうしたのである。

　「支払いの意思」は，「この製品から自分が引き出せる価値は，この製品を入手するのに自分が支出する総コストよりも大きいか？」という顧客個人の価値計算に関わるものである。一方，アクセプタビリティは，価格の高低を問わず，当該の製品が顧客のニーズに沿うものかどうかに関係がある。

　製品のアクセプタビリティを向上させると，顧客の支払いの意思は高まることになる。しかし，アクセプタビリティをいくら向上させても，顧客の支払い

　[*12]訳注：ハーマンカードン（harman/kardon）は，アメリカのharman international社のグループ企業。オーディオ機器メーカーとして世界的に知られる。他に自動車及び家庭用のエレクトロニクス製品，iPod用スピーカーなどのマルチメディア製品も扱う。

の能力を高めることにはならない—支払いの能力は純粋に顧客の持つ資源量の関数である。価格を引き下げると，相対的に顧客の支払いの能力は高まることになる。しかし，価格の引き下げがアクセプタビリティに何かしらの影響を与えるわけではない。ここで銘記すべきは，価格の引き下げが顧客の支払いの意思を高める点である。これは，価格が下がれば顧客にとって価値計算の結果がより望ましいものとなるためである。例えば，ブロードウェイでの公演チケット代に価値計算の結果，100ドルは支払えないと考える顧客も，同じ公演が50ドルならば，喜んで支払うかもしれない。

顧客が，自身の支払いの能力を超える（ロレックスとかロールス・ロイスといった）高額製品を機能的にも心理的にもアクセプタブルなものと感じることはあるだろう。しかしながら，支払いたくとも支払えない—アフォーダブルではない—のであれば，いくらアクセプタブルであると感じても，顧客がこうした製品を購入することはない。

価格の十分な引き下げは，しばしば顧客の支払いの能力のみならず支払いの意思をも高めることになる。それ故，企業はこの種の価格政策で，顧客を惹き付けることが可能である。また，顧客の支払いの意思を高める方法としては，同じブランドネームの下，相対的に廉価な製品ラインを追加することが挙げられる。例えば，BMWは，その3シリーズにおいて，高級感とお買い得感とを上手く融合させている。同社は，このシリーズの投入後，3か年の内に世界での販売台数を倍増させたことが知られる。30年以上を経た現在でも，3シリーズはこのクラスで最も売れている車となっている。[*13]

6. 支払いの意思の向上

顧客の支払いの意思は，2つのレベルで捉えることができる。第1のレベルは，顧客が価格は妥当と考える場合である。顧客は，購買意思決定の前に，（同

---

*13訳注：BMW3シリーズの初代モデル（E21）は1975年に発売された。

種の）競合製品の価格，（異種の）代替製品の価格，製品に用いられている原材料，製品から得られると期待される価値といった，多くの要因を考慮に入れ，当該製品の価格の妥当性を判断する。直接の競合製品と代替製品が存在しない場合は，第1のレベルの支払いの意思は，まさしく顧客が製品から得られると考える価値（と価格）の関数となる。

　第2のレベルは，支払わねばならない価格を遥かに上回る価値を製品から得られる，と顧客が考える場合である。この場合，顧客は，提示されている価格で当該の製品を購入しないのは，全くもって賢明ではないと考える。第2のレベルにおいては，顧客は，単に支払いの意思があるではなく，「喜んで支払う意思」があることになる。

　顧客の支払いの意思を理解することの価値を示す好例として，1995年のシボレー・ルミナ[*14]の成功例について見てみよう。1993年，ルミナのセダン及びクーペの販売台数はピーク時（22万5,000台）からの落ち込みを見せていた。ルミナのマーケティング・チームは，2,000人を超える顧客に聴き取り調査を行い，セダンのターゲット顧客達が，信頼性や安全性の充実よりも，価格面に最も重きを置いていることを見出した。この調査に基づき，ルミナの販売価格をベース車15,995ドルと，フォード・トーラスよりも引き下げることが決定された。ターゲット顧客の最大の関心事に焦点を当てた結果，ルミナの販売台数は劇的な伸張をみた。

　ルミナが魅力ある車でありながら安価という点に的を絞った広告キャンペーンも行われた。これは，顧客にルミナの持つ独自のアフォーダビリティを認知させるのに役立った。こうして，1995年にはルミナ・セダンの販売台数は75％増加し，中型セダン市場における同車のシェアはほぼ倍増して12％となった。

　顧客の支払いの意思を向上させる別の例は，ファーストフード業界に見出す

[*14] 訳注：シボレー・ルミナ（Chevrolet Lumina）は，GMの販売していた中型車。ルミナのブランドは，セダン，クーペ，ミニバンに用いられており，北米市場では1990年から2001年まで（ボディタイプ及び国により異なる）販売されていた。ルミナの後継車は，以下の通り。セダン：シボレー・インパラ（2000年），クーペ：モンテカルロ（1995年），ミニバン：シボレー・ベンチャー（1997年）。

第4章　アフォーダビリティのマネジメント

ことができる。この業界は，長らくの間，食事を安価にかつ素早く食べられることに魅力を感じる人々を相手にしてきた。しかしながら，顧客は，以前にも増して健康面により高い価値を置くようになっており，業界の幾つかの企業は，健康志向の食事をより高い価格で提供する新しいニッチ市場の創出に事業機会を見出してきた。

　パネラ・ブレッドは[*15]，この良い例である。同社の売上高は，2001年から2006年の間に年33％の伸張を見せた──純利益額に至っては年50％の伸びであった。客単価は，業界平均の4.55ドルを大きく上回る8.51ドルに達し，店舗当たりの収益も競合店のそれを凌駕している。パネラの主な強みは，健康に悪いとされるトランス脂肪酸を含まない焼き立てパンとペストリー類（パイやタルトなど）を提供し，サンドウィッチやサラダなどのメニューも2か月毎に新メニューが登場するところにある。顧客はパネラに対して，より高い価格を喜んで支払うので，パネラは競合店よりも質の良い食事，より良い店内環境とサービスとを提供することが可能である。パネラ従業員の賃金は良く，さまざまな手当も支給される。そのため，離職率は業界水準の3分の1未満である。多くの親達が昔ながらのファーストフード店に子供を連れて行くことをますます敬遠するようになっているので，パネラの更なる発展は今のところ確実のようである。ある親は，「パネラの値段は他のファーストフード店と比べて少し高いけれども，高いだけの値打ちは十分にあります」と述べている[14]。

　顧客の支払いの意思を左右する要因には，顧客が自身の生活について想定している優先順位，加えて，予算（自身の可処分所得を何にどれだけ配分するかの考え方や予定），時間・労力などの資源配分先の多様性，その他の状況要因が挙げられる。支払いの意思を減退させるのは，価格について公正さや透明性に欠けると顧客が感じる時，また，予想した価格と実際の価格とが大きく食い違う時である。また，製品の価格が，顧客が想起する価格よりも大幅に低い場合も

---

*15訳注：パネラ・ブレッド（Panera Bread）は，アメリカ45州及びカナダ・オンタリオ州に1,700以上の店舗を展開するベーカリーカフェ・チェーン。パネラ・ブレッドの他に，セントルイス・ブレッド（Saint Louis Bread），パラダイス・ベーカリー＆カフェ（Paradise Bakery & Café）のブランドネームも用いている。

製品のブランド・イメージが悪化し，支払いの意思は減退することになる。もちろん，価格が顧客の想定よりも大幅に高い場合は，妥当な価値提案とは見做されず，顧客が支払うことはない。

　顧客に支払いの能力はあるが，支払いの意思を欠くという実例は数多く存在する。第1章で示したエアフォンはその好例である。近年も，フライト中のWi-Fiサービスについて，エアフォンと同様の失敗が見られるようである。例えば，エアトラン航空[*16]は，1フライト14.95ドルでこの種のサービスを提供している。同航空の殆どは，せいぜい2，3時間のフライトであり，乗客の大多数は，この間にインターネットと電子メールの利用ができることが，14.95ドルという価格に見合うものと考えることはないようである。この種の革新的ではあるが，顧客に過大な価格を要求する製品は，顧客の「支払いの意思問題」に直面しがちである。同じくこれまでの章で示したアップルのニュートンやモトローラのイリジウムも，「ターゲット顧客に支払いの能力はあるが，単に支払いの意思を欠く」が故に失敗したものである。

　マーケターは，伝統的に，価格の心理的側面に集中することでより大きな支払いの意思を創り出そうと努力してきた。例えば，日用的な製品の場合は，顧客に実際よりも割安な印象を与えられるとの期待から，1.9ドル，9.99ドルなどの端数価格を設定するなどしてきた。高級品の場合は，この逆で，ブランドの威信を損なうような低価格は望ましくなく，価格が高いほど，高級ブランドの魅力もより高まるものと長らく理解されてきた。

　顧客の支払いの意思は，顧客の「内製」能力の如何によっても左右される。これは，顧客が価値に乏しいと判断している製品の場合は特にそうである。例えば，航空会社の幾つかは，機体の整備に必要なさまざまな交換部品をボーイングから購入してきたが，法外とも言えるような高価格を要求されることが多いため，近年は自ら生産するようになっている。アメリカン航空（American Airlines, Inc.）は，小さな交換部品の自社生産を開始しているが，この部品の

[*16] 訳注：エアトラン航空（AirTran Airways）は，アメリカの格安航空会社。サウスウエスト航空の完全子会社である。アメリカ南部，中西部，東部を中心とする路線網を持つ。

社内価格は1個5.24ドルであり，ボーイングからの購入価格1個146ドルとは比べ物にならないほどの低価格となっている。この自社生産は，アメリカン航空に当該の小部品だけで年間17万ドルの節約をもたらしている。航空機は，機体を構成する部品の半数以上が，30年を超える一般的な耐用年数の間，（その多くは繰り返しの）交換を要するため，この種の節約は累積的に非常に大きなものとなることが期待されている[15]。

同種のことが，非常に高価格にして高マージンの製品カテゴリーについても起きている。この好例が，インクジェット方式プリンター用のインク・カートリッジである。インク・カートリッジは，主要なプリンターメーカーによって販売されているが，インク容量で考えると，このインクは，おそらく世界で最も高価な液体の1つであるということができよう——1ガロン当たり8,000ドル[*17]といった計算になる。顧客の多くは，こうした高価な純正インク・カートリッジは，その高価格に見合う価値に乏しいと考えているようである。そのため，安価な代替品を顧客に提供する多数のメーカーや小売業者が現れている。2002年までは，ヒューレット・パッカードは，純正インク・カートリッジの販売からその収益の全てを得ているほどであった。しかしながら，インクを再充填した代替品が60〜70セントという低コストで提供されるようになり，2004年にはインク・カートリッジ市場のおおよそ20%がこの種の代替品によって占められるようになった[16]。近年は，プリンターメーカーもインク・カートリッジの価格引き下げに転換しつつあり，例えば，コダックは，従来よりも安価なインク・カートリッジを販売するようになっている。[*18]

企業が，顧客の支払いの意思を向上させるために用い得る方法としては，以下が挙げられる。

▶提供する製品により良い価値を組み込む

---

*17 訳注：本稿作成（翻訳）時のレートで，1リットル当たり約21万円となる。
*18 訳注：コダック（Eastman Kodak Company）は，プリンター本体は高価格，インクは低価格の路線に転換したが，家庭用のインクジェット方式プリンターを事業の柱の1つとすること自体は（プリントアウトという行為そのものが縮小するとの見通しから）時代遅れと評された。その後，同社は，2012年に連邦倒産法第11章の適用をニューヨークの裁判所に申請した。その再建の途上で2013年には家庭用プリンター事業からの漸次撤退を表明している。

顧客の支払いの意思を向上させる最も強力な方法は，製品に組み込む価値を大幅に改善することである。例えば，以下の例を考えてみよう。

　歯ブラシ市場は，長年にわたって，2つの製品カテゴリーに分けられてきた。すなわち，おおよそ2～3ドルの価格で販売される安価な普通の（手磨きの）歯ブラシと130ドルといった価格で販売される充電式の電動歯ブラシである。特段，驚くべきことではないが，電動歯ブラシは，歯ブラシ市場においてごく僅かのマーケット・シェアしか得ておらず，売上高も低迷したままであった。要するに顧客の大多数が，歯ブラシに130ドルを費やすことはできなかったし，またその気もなかったのである。

　近年は，さまざまな企業が，価格と性能とが釣り合うような歯ブラシ製品を市場導入するようになっている。乾電池式の電動歯ブラシは，充電式のものと同等の機能を多く持ちながら，遥かに安価なものである。例えば，2003年にジレットは，Oral-B CrossAction Powerを6.99ドルの小売価格で市場導入した。この電動歯ブラシは，細身の防水ボディに強力なモーターが内蔵され，3,596本が3種の長さで5つの異なる方向に植毛されたブラシ，1分間7,200回の振動による歯磨き機能，といった特徴を備えていた。引き続き，当時のライバル企業P&GによってCrest SpinBrushが7.99ドルで発売された。この電動歯ブラシには，ブラシの振動方式に更なる工夫（パルス磨き方式）が加えられていた[17]。

　乾電池式電動歯ブラシのさまざまな革新は，長らく低迷していた歯ブラシ市場に新しい成長とより高い利益率とをもたらすものであった。上記は，顧客が単に「支払おう」と思うだけでなく，「喜んで支払いたい」と思える価格でより高い価値を持つ製品を提供することの意義を良く示すものであろう[18]。

　BtoBマーケティングにおいては，競合他社よりも製品なりサービスなりが高額である場合，企業は，より良い価値を提供していることについて，顧客企業を論理的に説得せねばならない。例えば，食品会社のシスコ（Sysco Corporation）は，競合他社よりも高い価格でその商品を販売しているが，これは主に，顧客企業に対して高価格に見合う価値を十分に示していることによるものである。一例を挙げると，競合他社がカットされていないそのままの玉ね

第4章　アフォーダビリティのマネジメント

ぎを50ポンド12.56ドルで販売しているのに対して，シスコは有機栽培された玉ねぎをカットし，新鮮な状態で21ポンド14.44ドルで販売している。同社の商品は割高のように感じるが，玉ねぎをカットする人件費や傷んだ部分の廃棄分などを勘案すれば，結局のところ，8オンス（16分の1ポンド）当たりのコストは競合他社の67セントに対して，シスコのそれは36セントになる。この例から言えることは，見たままの価格が，常に製品の総価値をそのまま示しているわけではない，と言うことである。

シスコと同様に，3Mも直接の価格の引き下げに頼るのではなく，顧客の問題解決の総コストを削減するアプリケーションや支援サービスを提供することで，顧客や流通業者に優れた価値を提供している企業である。3Mは，自身の製品がどのように用いられているかを精査し，顧客のコスト節約につながるような修正を加える。これが顧客に歓迎されているのである。3Mはまた，品質機能展開（QFD）[19]といった手法を用いることで，製品の持つ要素（品質要素）が顧客にとってどのような価値を持つかの評価を行っている。同社は一貫して，自社製品が，顧客のコスト節約の観点で競合製品や代替品よりも価値を持つように力を注いでいる。

▶無形のベネフィットの付与

空港の特別ラウンジやゲーティッド・コミュニティ[20]は，部外者が立ち入れない隔離性の高さによってその魅力を高めている。空港の特別ラウンジは，空港のハブ化や旅行の国際化の進展によって，旅行者の待ち時間が長くなっていることもあり，その価値を高めている。ゲーティッド・コミュニティは，単に防

---

[19] 訳注：品質機能展開（Quality Function Deployment: QFD）は，顧客の求める品質（要求品質）に基づき，設計品質を定める手法。要求品質と品質要素（製品の品質特性）からなる二元表（品質要求展開表）を用いる。元々，日本生まれの手法であり，欧米企業にも普及したものである（Quality Function Deploymentは日本語の品質機能展開の直訳とされる）

[20] 訳注：ゲーティッド・コミュニティ（gated community）は，生活の安全を確保し，土地・家屋の資産価値を保つために周囲をフェンスや塀で囲った住宅地。ゲートで出入りするが，しばしば検問所を設けたり，警備員が常駐したりしている。世界中に多数存在するが，近年，アメリカの大都市及びその近郊にも増えている。

犯上の観点からだけでなく，安心できるコミュニティの確保や容易に手の届かない高級感などの理由で増加しているものである。いずれも，無形のベネフィットを加えることで，航空サービスや住宅地の価値を高めるのに貢献している。この他，無形のベネフィットは，排他性の高い高級ブランドの付与によっても，創り出すことができる。

▶パフォーマンス保証・満足保証によるリスク軽減

どんな取引でも，幾ばくかのリスクを伴うものである。顧客にとっての知覚リスクが高いと，当然のことながら，顧客の支払いの意思は減退する。従って，顧客に，満足保証など支払い対象に関わる安心を提供できる企業は，顧客の支払いの意思を高めることができる。

▶パッケージ

企業は，クリエイティブなパッケージによって製品をより魅力的にして，顧客に支払いの意思を持ってもらうことができる。この方法について得意とする企業は多い。香水はこの例で，顧客にとっての差異を生み出すのは，しばしば香りそのものではなく，魅力的な容器である。これは高級なチョコレートについても概して当てはまる。飲料メーカーではこの方法は一般的であり，ワイン産業もようやくパッケージの持つ効果を活用するようになっている。

▶適切なポジショニング

マーケターは，価格，威信（プレステージ），或いは価値といった軸の高低で製品のポジショニングを行っている。支払いの意思の観点では，どんな製品でも「価値軸で最上位にあること」が最強のポジショニングとなっている。例えば，キャタピラー（Caterpillar Inc.）は，業界の価格リーダーであることは求めておらず，「品質リーダー」として革新的な方法で高価値を提供する存在であり続けることに注力している。

業界標準よりもかなり高い価格を設定しているのにもかかわらず，キャタピラーは，自分達は優れた経済的価値を顧客企業に提供していると主張している。すなわち，長期的に見れば，同社の重機を保有するコストは，業界で最も攻撃的な低価格戦略をとる競合他社よりも，実際には低いものとなるというのである。同社の重機の売却価格（リセールバリュー）は競合他社のものよりも高く，長年の使用後でも，

フレームが頑丈にできているために，しばしばレストアして，更に使い続けることが可能である。契約締結を促すために，キャタピラーは，直接の購買価格だけでなく，稼働コストや保守点検コスト，保険料，将来の売却価格を総合的に検討できるシュミレーション・ソフトを顧客企業に提供して，同社の重機の実際の経済的価値を判断できるようにしている。

キャタピラーは，顧客企業のニーズに合わせて多様な取引方法をとり，アフォーダビリティを最大化させている。例えば，顧客企業は，（大量の土砂の撤去といった）特定の業務目的のためにキャタピラーの重機を固定料金或いは作業日数に応じた支払いで借りることができる。所定の年数後に，キャタピラーが，顧客企業から所定の金額で，重機を買い取ることを約束するプログラムもある。買い取った重機は，再販売され，再び収益を生み出すことになる。

キャタピラーは，また，非常に革新的な「バーター取引プログラム」を実施している。これは，顧客企業が重機代金を製品や産品—例えば，テレビや鉄鋼や発電機など—で支払うことができるというものである。このプログラムのために，キャタピラーは，子会社「キャタピラー・ワールド・トレード（Caterpillar World Trade Organization）」を立ち上げている。この子会社は高収益会社となっている。バーター取引プログラムは，顧客企業とキャタピラーの双方にとってwin-winの利点のあるものとなっており，顧客企業は，資金に乏しくとも重機を購入でき，キャタピラー側も支払われた製品や産品の販売によって高収益を得ている。

▶適切なターゲッティング

適切なターゲッティングによって，マーケターは，より高い支払いの意思を生み出すことができる。例えば，かつては，野球などプロスポーツの観戦チケットの価格は，基本的に会場における座席の位置で決められていることが多かった。しかし，近年では，チケット価格は，座席の位置に加えて開催の曜日や開始時間，相手チームなどさまざまな要素で非常にきめ細かく決められるようになっている。このようにすることで，チケットの価格は多様なものとなり，最も安価なチケットは以前よりも更に安くなり，最も高額なチケットは以前よりも更に高いものとなっている。チケットの持つ価値は，（ダフ屋達が以前から

良く承知していたように）会場での座席の位置だけでなく，他のさまざまな要素によって決まる。それぞれのターゲット・セグメントにとっての価値を反映するように価格をきめ細かく調整することで，ターゲット・セグメントの顧客の支払いの意思を向上させることができる。

▶バンドリング／アンバンドリング

電話会社は，製品とさまざまなサービスを1つのパッケージ料金にまとめて提供することが多い。この種の包括的なパッケージ料金は，顧客から総合的に見て割安であると受け止められるので，顧客の支払いの意思を高めることができる。一方，市場セグメントによっては，製品とサービスを別々に提供する方が魅力的と受け止められることもある。例えば，2005年まで，ベライゾンは，同社の電話サービスの継続利用を条件に，DSL（Digital Subscriber Line：デジタル加入者線）サービスを提供していた。そのため，同社は，電話サービスは不要だがDSLは利用したいと考える多くの潜在的顧客を失うこととなった。

アップルとダウ・ケミカル（The Dow Chemical Company）は，全く異なる業種の企業であるが，両社においても，アンバンドリングは，長期的な利益を生み出している。例えば，iPodの成功は，部分的には，顧客は1曲に99セントは支払いたいが，CD1枚に15ドルは支払いたくないという事実によるものであった。ダウ・ケミカルは，同社の汎用プラスチック事業について，技術サポート・サービス，コンサルティング・サービスなど各種のサービスを別々に提供し，それぞれに異なる料金を設定して成功を収めている[19]。

▶「カミソリと替刃」ビジネスモデルの活用

「カミソリと替刃（razor-and-blade）」ビジネスモデルは，安全カミソリを発明したキング・キャンプ・ジレット（ジレットの創業者）によって，創始されたものである。ジレッドは，自分の発明した安全カミソリを使うことを人々に納得させれば，替刃をそれなりの利益を得つつ販売できることに気付いた。彼は，替刃の市場拡大を図るため，カミソリの無料配布を始めた。その後の歴史は，周知の通りで，彼の企業，「ジレット安全カミソリ会社[*21]」は創業14年目の

---

*21 訳注：ジレット安全カミソリ会社（Gillette Safety Razor Company）は1901年創業。当初は，American Safety Razor Companyという社名であった。

1915年までに，替刃商品を7,000万個以上，販売していた[20]。

「カミソリと替刃」ビジネスモデルは，その後，携帯電話産業でも応用された。携帯電話機が3,000ドルであった時代には，購入できる顧客は殆どいなかった。それが，携帯電話機を大幅に値下げし，その代わりに顧客に数年間の通話契約の締結を求めるようになった。結果，第1章でも見たように，携帯電話産業は，爆発的な成長を遂げることとなった。

企業が，顧客の支払いの意思を向上させるために用い得る方法について示してきた。方法の多様さは，支払いの意思の向上に大きな可能性があることを示しているだろう。マーケターは，この課題に対して，創造的に取り組み，努力する必要性がある。

7. アフォーダビリティの究極点：フリー（無料）

アフォーダビリティを更に推し進めると「無料（フリー）」に至る。フリーには，情報セクターを中心に多くの例がある。フリーの手法がこれまで長らく用いられてきたのは，一方の損失を他方の収益で埋め合わせる「内部補助」においてであった。例えば，顧客にカミソリや携帯電話機を無料で提供し，替刃の代金や通話料を支払ってもらうというビジネスモデルである。しかしながら，企業が，内部補助に拠らなくても，製品を無料或いは殆ど無料に近い価格で提供できる大きな変化が，多くの主要産業で生じつつある。マイクロプロセッサーやメモリーチップ，ソフトウェア，或いは薬品といった分野はいずれも固定費が膨大なものとなる。最先端のマイクロプロセッサー，OS，ソフトウェア，或いは画期的な薬品などを開発するのには，何億ドル，何十億ドルの資金を要する。しかしながら，開発が完了し，生産体制が整ってしまうと，これらの製品の追加1単位を製造するコストは，多くの場合，急速に低下し，実質的にゼロに近いものとなる。このような場合，価格設定を創造的に行うことが可能になるし，むしろそのように行うことが不可欠なものとなる。

1984年に，アメリカの作家スチュアート・ブランド（Stewart Brand）は，「情報は無料(フリー)であることを求める。情報はまた，高価であることを求める。この両端の間の緊張は排除することはできない」と述べている。このことは，web上に最も顕著に表れている。例えば，非常に多数の新聞や雑誌が，web上でその記事内容を無料で公開している。「ウォール・ストリート・ジャーナル」誌は，その有料電子版の無料化について検討したこともあった。「ニューヨークタイムズ」誌は，電子版の有料モデルを試した後，2007年には無料に戻っている。グーグルの提供するサービスは殆どが無料である。

　経済学の基本原理においては，競争市場では，限界収入は限界費用と等しくなる。競争が熾烈になれば，競争が製品価格を引き下げ，やがて製品1単位の追加生産コストと等しくなる。webの世界では，製品1単位の追加生産コストは，測定する必要もないほどに限りなくゼロに近づく。作家で「Wired」誌の編集長であるクリス・アンダーソン（Chris Anderson）は，YouTubeの経済を説明して，次のように述べている。「その映像が，限られた放送時間枠(チャンネル・スペース)を使って流すことを正当化できるほどに良いものかどうかを決定する人は誰もいない。なぜなら，限られた放送時間枠など存在しないからだ。[21]」

　ビジネス世界は，ますます「電子技術の経済(エレクトロニクス)」の影響を受けるようになっている。例えば，グーグルが，広告ビジネスをどのように変化させたかについて考えてみよう。かつてはそれは，人に大きく依存するビジネスであった。しかし，グーグルの登場によって，今では，主にソフトウェア・ベースの自動化されたビジネスとなっている。人に大きく依存するビジネス世界においては，事物の価格は値上がりや高止まりが避けられない。一方，自動化とソフトウェアのビジネス世界においては，事物の価格は，ますます安価になっていく。銀行や旅行ビジネスの分野においても，広告ビジネスで観られたのと同様の変化が生じている。

　製品の追加生産コストが減少することについて考える時，それが限りなくゼロに近づくが，実際には，決してゼロにはならないことに留意しよう。では，なぜ，無料ではなく少額でも幾ばくかの価格を設定しないのか。最近の調査研究によると，価格がゼロ，すなわち，無料になると人の行動は顕著に変わるこ

とが明らかになっている。

MITの行動経済学者ダン・アリエリー（Dan Ariely）は，ハーシーキスを1粒1セント，リンツトリュフを同15セントで被験者に提供するという実験を行った。この条件では，被験者の4分の3が，リンツトリュフを選んだ。アリエリーは次にそれぞれの価格を1セント下げ——すなわち，ハーシーキスを無料、リンツトリュフを14セントとした。すると，どちらを選ぶかの結果は劇的に変わった。今度は，69％がハーシーキスを選んだのである。この実験は，「無料」が人々に与える強力な影響力を示しているだろう。実験の結果に対する1つの説明は，2つの製品の価格比が15倍から，言わば無限大へと変化したため，というものであった。

無料の持つ力は，チョコレートやソフトウェアに決して限られるものではない。アマゾン.comの提供する無料配送サービスは25ドル以上の購入に適用されるので，非常に多くの顧客が（合計25ドル以上となるように）本を2冊以上購入する。ところが，フランスの顧客に対しては，この無料配送サービスは，手違いで20セント以上と告知されたため，本を2冊以上購入する顧客の数は激減してしまった。クリス・アンダーソンは，以下のように述べている。

「顧客にとって，安いと無料の間には大きな違いがある。製品を無料で提供すれば，そのことはwebや口コミによって急速に広まる。しかし，1セントでも価格を請求すれば，そうはならず，顧客を求めて激しくやり合ういつものビジネスの1つになってしまう。人は，需要を弾力的なものであって，価格と売上高は単純な関係にあると考えている（例えば，価格が上がればその分，売上高は下がる）。しかし，真実はそうではなく，無料が創り出す市場と，

---

[22] 訳注：ハーシーキス（Hershey's Kisses）は，ハーシー（The Hershey Company，前Hershey Foods Corporation）の円錐形の小さなチョコレート。日本では「ハーシー・キスチョコ」として知られてきたもの。ここでは大衆的で安価なチョコレートの代表例として登場している。ハーシーは，1894年創業のアメリカのチョコレート・菓子会社。

[23] 訳注：リンツトリュフ（Lindt truffle）は，リンツ（Chocoladefabriken Lindt & Sprüngli AG）によるトリュフ・チョコレート。ここでは高品質で高価なチョコレートの代表例として登場している（その意味で，実験の1粒15セントは十分に割安である）。リンツは，1845年創業のスイスの高級チョコレート・菓子会社。

価格がいくらであれ有料が創り出す市場とは全くの別物なのである。多くの場合，それが素晴らしい市場と全くそうでない市場との違いを分けるものとなる[22])。」

クリス・アンダーソンはまた，コストがゼロに近いのであれば，数ペニーの価格を請求するよりも，いっそのこと無料にしてしまう方が遥かに良いと主張している。つまり，提供される製品やサービスの価格がどんなに少額であっても，そこには，顧客にとって依然として妥当性を判断すべき価格が存在する。そして，顧客にとってはその価格は，わざわざ妥当性を検討するのには「安過ぎて，検討自体が面倒」と心理的に感じられるのである。このことは，マイクロペイメント[*24]――web上で提供されるサービスについて，顧客にごく少額の支払いを求めること――が，なかなか根付かないことの理由となっている。

「無料(フリー)」の経済は，大抵の場合，売り手・買い手間の取引に第三者――通常は広告主――を招き入れることによって機能する。第三者は，売り手が創り出した市場へのアクセスのために支払う。これは，長らくの間，メディア産業において用いられてきたビジネスモデルである。メディア企業は，顧客（例えば，視聴者）に無料でコンテンツを提供し，広告主に，彼らが顧客に売り込むための広告枠を販売する。webは，このモデルをメディア以外のさまざまな産業に拡大している。

クリス・アンダーソンは，彼の著書 *Free : The Future of a Radical Price*[*25]で，「無料(フリー)」を実践する以下の6つの方法を示している[23)]。

▶ フリーミアム：web上のソフトウェア，サービス，コンテンツについて，基本版(バージョン)は無料とする。大多数の利用者は基本版を利用する。一方，プレミアム版は有料である。少数の利用者がプレミアム版を利用し支払いを行う。プレミアム版利用者の支払いが，無料提供を含めた全体のコストを賄い，更に利益の源泉となっている。

[*24] 訳注：マイクロペイメント（micropayment）。主にweb上で行われる少額決済。ミニマム単位での商取引に対応する支払い・決済をいう。
[*25] 訳注：クリス・アンダーソン著，小林弘人監修・解説，高橋則明訳〔2009〕『フリー〈無料〉からお金を生みだす新戦略』日本放送出版協会。

▶広告：広告によって，ソフトウェア，サービス，コンテンツ，その他が無料となる。誰に対しても無料で提供される。
▶内部補助：無料の製品，但し，「顧客を他の何かに支払うように誘引する」ためのものが提供される。誰に対しても無料で提供される。
▶ゼロ限界費用：実質的にゼロ費用で流通・伝達されるものが，誰に対しても無料で提供される。オンライン・ミュージックはこの好例である。多くの音楽アーティストが，音楽は無料で提供し，コンサートやグッズ販売，音楽ライセンス供与によって収益を得ている。また，彼らの中には，音楽を創り出すことはクリエイティブな営みであって，そこに金銭が必ずしも伴う必要はないと考える者もいる。
▶労働交換[*26]：無料のwebサイトやサービス。誰に対しても無料で提供される。サイトを利用することで，利用者は価値あるコンテンツを自ら生み出している。
▶贈与経済：オープンソースのソフトウェア，ユーザー生成コンテンツといった類のあらゆるものが無料で提供される。誰に対しても無料で提供される。Wikipediaや不用品の交換を行うFreecycleなどがその例である。

伝統的な経済学は，希少性の仮定に拠っている。それ故，それは，希少資源の選択（トレードオフ）にその基礎を置いている。しかしながら，人にとって最も大きな価値を生み出す事物が，選択を要しない場合もある——例えば，ソーシャル・キャピ

[*26] 訳注：原文はそのままlabor exchangeである。つまり，webサイトやサービスは提供側の「労働」で生み出され，利用側はサイト利用がそのまま「労働」となっている。こうして両者の「労働－労働」交換が実現されている。仮想の例を挙げれば——。オンラインゲームを無料で提供すれば，利用者は無料で楽しめるだろうし，提供側は利用者達がゲーム内でどのように行動するかのデータを収集し蓄積できる。このデータ収集・蓄積が提供側にとって価値あるものであれば，ここでは「無料ゲームの提供」と「ゲームをして楽しむという（データを生み出す）利用行動」とが「交換」されていることになる。ここでのlabor exchangeは，いきなり出てくるため，訳注による補足説明抜きではなかなか訳しにくい言葉ではある（*Free : The Future of a Radical Price*の邦訳では割り切って「無償の労働」の訳を当てている）。

[*27] 訳注：ソーシャル・キャピタル（social capital）。社会関係資本（ここでは，インフラストラクチャーとしての社会資本の意味ではない）。例えば，webサイト上の人々の関係性ネットワークなど。

タル[※27]は，より多く利用されることによって更にその価値を高め得るものであり，利用によって枯渇することはない。この場合，我々は，潤沢さに基づく新しい経済学を採用する必要がある。この新しい経済学は，換言すれば，希少性ではなく，どこにでもある潤沢さに基礎を置く「無料経済学（freenomics）」と呼ぶことができる。潤沢さが当たり前の中で，供給に限りがあるのは，注目（アテンション）や評判・名声（レピュテーション）といった無形のことがらであり，これらが「新しい希少資源」となる。「無料」に基づくビジネスモデルは，先ずは，注目を集め，評判・名声を築くために，主に存在している。そうして，次にこれらの注目や評判・名声が優れたビジネスモデルを介して，金銭や他の形の価値に変換されるのである。

マーケターは，自身のビジネスにおいて，無料の経済が高い水準のアフォーダビリティを生み出すのに有効な方法か否かを良く吟味する必要がある。価格がゼロである時，顧客にとってのアフォーダビリティは最大化され得るだろう。企業にとって求められるのは，価格がゼロである時に，なお利益を最大化できる方策（アプローチ）とは何かということである。

8. アフォーダビリティと収益性

先にも主張した通り，取引においては，売り手と買い手の双方が利益を得られると感じる必要がある。アフォーダビリティの向上は，双方の利益を損ねたり，単に売り手のマージンを圧縮したりすることだけで実現されるべきではない。企業がアフォーダビリティについて，上手くマネジメントできるか否かは，顧客に高い水準のアフォーダビリティを提供すると同時に，売上高と利益目標とを上手く合致させることのできる企業の能力如何による。企業に利益をもたらすアフォーダビリティを創造する上で，主たる推進力となるのは，――シェスとミッタルがその著，*Value Space*[※28]において示したように――ターゲット・コス

[※28]訳注：バン・ミッタル，ジャグ・シェス著，陶山計介・梅本春夫・北村秀実訳〔2004〕『バリュースペース戦略――顧客価値創造への行動指針』ダイヤモンド社。

ティングとリーン・オペレーションの2つである[24]。

　ターゲット・コスティングにおいては，アフォーダビリティ目標に沿いつつ，かつ利益を生み出すことができるように，企業がその全コストをマネジメントすることが求められる。マネジメントされるコストには，製品開発，生産，流通，販売のコスト，更に，顧客サービス，製品保証・修理，間接費に関わるコスト，及び企業の収益性に影響を与えるその他諸々のコストが含まれる。コスト目標を達成するために，企業は，自身の諸活動のあらゆる側面を見直さねばならない。見直しは，製品を再設計し，部品点数を減らして，より組み立てを容易にしたりすることから，コスト効率の良い原材料を採用したり，より効率的な供給業者を見つけたりすることに及ぶ。

　ターゲット・コスティングでは，伝統的に新製品の開発と市場導入に重点が置かれてきたが，リーン・オペレーションについては，企業文化として広く行きわたらせることが必要になる。企業の業務プロセスは，生産やマネジメントも含め，全てがより効率的に遂行されねばならない。これを実現するには，取り組むべき次の4つの主たることがらがある。第1に，企業は，ビジネス・プロセスを簡素化・合理化すべきである。そのため，プロセスに不要な手順があれば排除されねばならない。第2に，企業は，可能な限り，自動化(オートメーション)を推し進めるべきである。もちろん，自動化は機能性や顧客満足を損なうようなものであってはならない。第3に，企業は，SCMを調達や保管，荷役に伴うコストを削減するための手段と捉えるべきである。第4に，企業は，生産システムを大きな追加コストを要さずに，市場の要望に柔軟に対応できるものとするために，フレキシブル生産のアプローチを用いるべきである。

　企業は，自身の活動を，過去の活動水準や，最も優れた競合他社のそれと比較評価(ベンチマーキング)することによって，効率性を向上させることができる。例えば，シスコは，業務における全体的な効率性を記録するために，おおよそ20の測定・評価基準(メトリックス)を用いている。基準には，欠品率，誤配率，配送車両当たりの積荷量，顧客企業への1回の配送量などが含まれる。

　企業は，業務効率化のための投資をすることで，顧客に良好な価格価値を提供すると共に利益を得ることができる。例えば，UPSは，顧客企業に貨物の

発送と配送状況の追跡を自分で行えるようにするソフトウェアを提供している。こうした「顧客の自動化」は，UPSの業務コストを削減することになるが，顧客企業も発送コストを削減し，配送先を管理して売掛金回収をより効率的に行うことを可能にするものである。

　企業はまた，顧客価値を損なうようなコスト削減を行うべきではない。例えば，連泊客にベッドメイクの際にシーツの交換が不要か否かを尋ねるホテルがあるが，この場合，単にホテル自身のコスト削減だけでなく，顧客の価値を高める（シーツ交換をしないことが，洗濯の水やエネルギーの節約になり，良い事と顧客が感じている）と判断した上で，これを行うべきである。

　企業は，アクセプタビリティを犠牲にせず，また，収益性に悪影響を与えることのないようにしつつ，高い水準のアフォーダビリティを提供する必要があることを決して見失ってはならない。企業は，顧客価値を向上させつつ，コストを削減するような方法や技術に投資し，磨き上げることで，アフォーダビリティとアクセプタビリティの両方で言わば「2重の勝利（ダブル・ウィン）」を得ることを追求せねばならない。このことは，或いは現実性を欠くように聞こえるかもしれない。しかし，ITに基づく解決策（ソリューション）でこの種の効果を発揮するものは少なくない。例えば，Fedexは，webによる荷物の追跡サービスを導入したが，これは，同社の業務コストを削減すると同時に顧客にとっての価値をも高めるものであった。銀行は，顧客にオンライン支払サービスとホームバンキングを提供しているが，これも同様の効果をもたらすものである。

　企業が業務効率を改善するためのもう1つの方法は，資産の活用である。UPSは，配送ビジネスにおいて，最も統制のとれた企業として長らく知られているが，同社は，その膨大な固定資産から最大の価値を引き出すことを非常に効率的に行っている。例えば，週末にはUPSの航空機は殆どフライト業務がない。そのため，同社は，毎週木曜日には，保有する航空機の多くを旅客用に整備し—貨物コンテナを機内から出し，乗客用の座席と設備を設置する—，旅客チャーター便として貸し出している。実際のところ，UPSの航空機に搭乗した乗客達は，他の殆どの航空会社の機体よりも，機内がゆったりと余裕があり快適であることに満足しているようである。UPSはまた，他のさまざま

な資産も他社に貸し出すなどして活用を図っている。例えば，空港にある同社の設備は，夜間などの同社が通常業務を行わない時間帯に他社に貸し出されている。

9. 全資源の活用によるアフォーダビリティの実現

既に我々は，製品の直接の「価格」だけが，アフォーダビリティを左右する唯一の変数ではないことを示した。ここで，企業が経済的及び心理的アフォーダビリティを高めるために，内外の多様な資源をどのようにして活用するかについてさまざまな例を見てみよう。

Product（製品）：製品の品質と信頼性の向上は，顧客の支払いの意思を高めることになる。トヨタは，高い水準の品質と信頼性を提供することで，長年にわたり，顧客の支払いの意思を着実に高めてきた。元々，トヨタが最初にアメリカ市場に参入した時は，低価格を専ら武器としていた。その後，トヨタは，長い時間をかけて，高品質の車を生産できることを顧客に示していき，それに伴い，顧客もトヨタ車に対して以前よりも高い価格—例えば，10万ドルを超えるレクサスといったように—を支払う意思を示すようになった。このやり方は韓国のヒュンダイも模倣しようとしている。

企業は，より富裕な市場で行われた投資を活用して，低所得市場に低価格の製品を提供することができる。これは，低所得市場における顧客の支払いの能力を高める方策の1つである。例えば，マグロウヒル（McGraw-Hill）のような出版社は，インドの出版社と共同して，購買力に乏しいインドの学生にも購入できる価格で教科書出版を行っている。これらの教科書は，比較的低い紙質のペーパーバックで出版されるが，アメリカ市場の16分の1の小売価格で販売されている。

Price（価格）：企業は，顧客の支払いの能力を高めるような革新的な価格戦

略を工夫することができる。例えば，インドでは，携帯電話会社のSMARTが，ワイヤレス充電の技術を開発すると共に，それまでにはなかった短い通話時間単位での課金方式を提供して，低所得層への訴求を行っている。こうした方式の導入により，同社は，10か月間の内に，1日当たり200万ドルの売上を得られるようになった。

Place（流通チャネル）：顧客は一般に，購買時により多くの情報を得られる場合は，より高い価格でも支払おうとするものである。例えば，多くの顧客が，他の小売店で格安のテレビを購入するよりも，ベストバイで有名メーカーのテレビを購入する方を選ぶだろう。これは1つには，ベストバイなら店員から十分な説明や助言を得られると顧客が考えるためである。

顧客はしばしば，彼らが敬意を払うブランドの製品なりサービスについても，より高い価格を支払う。例えば，ホールフーズ・マーケットは，自然食品やオーガニック食品を高価格で販売しているが，同社の理念と方針を支持する顧客で常に賑わっている。

Promotion（プロモーション）：企業は，製品のプロモーションのために価格差別の戦略をしばしば用いる。例えば，映画館は学生やシニアには割引をして，より高いアフォーダビリティを生み出しているし，ファイザー（Pfizer Inc.）は，低所得層に対しては，必要な医薬品を同社から割安で直接購入できるようにしている。

企業は，顧客が強い関心を持ち，心奪われていることがらに結び付いたプロモーションを行うことによって，より大きなアフォーダビリティを顧客に感じさせることができる。例えば，ジョーダンズ・ファニチャーは，アメリカの北東部に店舗を展開する家具小売業であるが，2007年にユニークなプロモーションを実施している。それは，同年3月7日から4月16日の間に同社の店舗で家具類（マットレス，ダイニングテーブル，ソファ，ベッド）を購入した顧客に対し，もしもボストン・レッド・ソックスが同年のワールドシリーズで勝利した場合には，購入代金を全額返金するというものであった。このプロモーションに対

し，実際にレッド・ソックスは勝ち，顧客は返金を受け取ることができた。返金の件数はおおよそ3万件であったが，ジョーダンズ・ファニチャーは，保険を掛けており，これら返金については保険会社が実際には支払いを行った。このプロモーションによって，ジョーダンズ・ファニチャーは同年の売上高を大きく伸張させることができた。

People（従業員）：顧客に特別なサービスを提供することで，顧客の支払いの意思を高めることができる。例えば，顧客がジェットブルー航空を選ぶのは，[*29]1つには同社の提供する優れたサービスによるものである。同社のCEOは時折，客室乗務員として旅客機に搭乗しているが，これは，顧客とやり取りする中で，より良いサービスを提供する方法を見つけるためである。

ホーム・デポ[*30]は，1979年に非常に幅広い品ぞろえをEDLPで販売する倉庫型店舗を創始し，ホームセンター業界をそれまでとは全く異なるものに変えてしまった。同社は，日曜大工や住宅リフォームに関する多数の無料講座を開講するなど，業界で最も優れた顧客サービスを提供しているとの評価を受けている。同社は，「ご自分でできますよ。私共がお手伝いいたします」という顧客に対する約束の下，日曜大工や住宅リフォームに関する用具・資材や技術・知識を顧客に提供し，顧客が自分で行い，（リフォーム業者に頼まないことで）コストを節約することを可能にしている。

従業員が，顧客の心に残る体験を提供できる時も，顧客の支払いの意思はより高まることになる。ディズニー（The Walt Disney Company）のリゾートやテーマパーク，クルーズ船で働く従業員は，「魔法のような体験」を顧客に提

[*29]訳注：ジェットブルー航空（JetBlue Airways）は，アメリカの格安航空会社（LCC）。低価格と高い顧客サービスとを両立させていることで知られる。文中のCEOは，創業者でもあるデビド・ニールマン（David G. Neeleman）についての記述（2007年までCEO）。

[*30]訳注：ホーム・デポ（The Home Depot, Inc.）は，アメリカのホームセンター最大手。但し，日本のホームセンターよりも更に本格的であり，「家1軒，建てることができる」品揃えと言われる。この点で，住宅リフォーム・建築資材小売業と呼んだ方が適切かもしれない。アメリカでは「自分の家の修理，リフォームは自分で行う」「自宅を自分好みに自分で改造する」といった傾向が強いため，このようになっている。

供できるように訓練されている。こうした体験の提供こそが，顧客が繰り返し来訪し，割高の価格でも喜んで支払ってくれる理由となっている。

　Process（業務プロセス）：顧客によるセルフ・サービスは，企業の業務コストを削減するので，企業は当該の削減分を顧客に還元することができる。今では，多くのスーパーマーケットが従来のレジの他にセルフ・レジ（精算を顧客のセルフ・サービスで行うレジ）を用意し，顧客に選ばせるようにしている。イケア（IKEA International Group）が採用している方式は，来店客が選んだ商品を自分で在庫センターで受け取り，自分でレジのところまで運ぶというものである。こうした方式がイケアのコストを削減し，また，商品を低価格で提供することを可能としている。

　便利さを高めることも，顧客の支払いの意思を直接に高める。例えば，顧客はネットフリックス[*31]の提供する価値に満足しているようである。顧客は，見たいと思う映画をいつでも自分の視聴希望リストに追加することができる。ネットフリックスからは，その優れた推奨（レコメンデーション）エンジンにより，「次はこの映画はいかがですか」との情報提供もたびたびなされる。借りたDVDソフトが顧客から返送されると，視聴希望リストの次のDVDがネットフリックスから自動的に郵送される仕組みとなっている。

　Sales（販売・営業）：直販方式は，コストを削減して，より大きなアフォーダビリティを提供できる場合がある。デルの直販モデルは，中間業者を排し，顧客自身にPCをカスタマイズしてもらうことで，低価格を実現するものである。このモデルは，顧客により大きな価値を提供し，同社の劇的な成長に大きく貢献したものである。

　[*31] 訳注：ネットフリックス（Netflix, Inc.）は，アメリカのオンラインDVDレンタル会社。1997年創業。2007年からは，ビデオ・オン・ディマンド配信事業も行っている。本文中の説明は，オンラインDVDレンタルについてのもの。本書第5章に詳しい紹介がある。

R&D：R&Dと技術革新は，アフォーダブルで有用な製品を創造することにより，顧客により大きな価値を提供する。フィリップスは，世界最大の照明器具メーカーでもあるが，省エネルギーの電球の開発において最先端の地位を保ってきた。同社の優れたLED電球は80％の省電力を可能にし，最長20年間の使用年数を誇るもので，顧客にとって非常に大きな節約になり，環境への負荷も低減させるものである。

オペレーション（生産）：効率的なオペレーションは，生産される製品やサービスを経済的にも心理的にもアフォーダブルなものとする上で有用である。例えば，トヨタのハイブリッドカーは，低燃費によって顧客にガソリン代の節約をもたらすが，ガソリン車と比較して生産コストが約5,000ドルも高いものである。同社は，ハイブリッドカーをより低コストで生産できるようにすべく，生産の効率化に取り組んでいる。部品の小型化やバッテリーの性能向上，燃料効率の改善，車の耐用年数の拡大にも取り組んでおり，これらは顧客にとってアフォーダビリティを向上させるものである。

顧客サービス：企業は，顧客サービスを効率化の犠牲にするべきではない。デルの場合は，その直販モデルについては良好に遂行してきたが，時と共に，デルの名は，お粗末な顧客サービスの代名詞のようになってしまった。コストを削減することで，同社はより安価な製品を提供できた。しかしながら，顧客が必要な顧客サービスを十分に得られないという点で，同社は，顧客が代金と引き換えに得る価値を総体として低下させてしまった。

企業が，顧客サービスについて高い水準の反応性を示すことは，顧客の以降の支払いの意思を高めることになる。例えば，ジェットブルー航空は，2007年に悪天候（暴風雪）によって大量の遅延便や欠航便を出して大混乱に陥ったが，この問題に対して直ちに対応を行っている。すなわち，顧客に多大な迷惑をかけたとして，同社CEOが謝罪の言葉と共に全ての責任を取って辞任し，サービス担当者は顧客達に個別に連絡を取って，丁寧な謝罪を行った。こうした対応は，顧客の同社に対するロイヤルティをより一層，強固にするものであった。

IT：情報技術は，サービスの提供コストを引き下げ，顧客の支払いの能力を高めることができる。例えば，報道産業は，サービスの提供コストを削減するためにITを用いてきた。「ウォール・ストリート・ジャーナル」誌の電子版は，年70ドルでオンライン購読できるが，購読料はリアルの紙版に比べてかなり安価な設定となっている。購読料がかなり安い設定にもかかわらず，実際のところ，電子版の収益性は紙版よりも高い。これは，紙版のように印刷や物流のコストがかからないためである。

　ITはまた，提供する製品に付加価値やカスタマイゼーションを追加することが可能である。このことは顧客の支払いの意思を高めることになる。ネットフリックスの成功は主に，その優れたwebサイト，DVDソフトのリアルタイムでの在庫確認システムと共に最先端の推奨エンジンによるものであった。同社は，現在は，ITを活用して，顧客のPCやスマートテレビに直接に映像配信を行うようになっていて，その価値提案を向上させている。

　良好な価値提案を行っている企業にとって，ITは，価格に対する顧客の信頼を高め，顧客の支払いの意思を向上させる強力な手段となる。例えば，自動車保険会社のプログレッシブ[*32]は，保険価格についての判断を顧客に全面的に委ねている。顧客は同社のwebサイトにおいて競合保険会社の価格も含めて，さまざまな自動車保険について価格を比較検討することができる。

　顧客：既存顧客に新規顧客を獲得する役割を果たしてもらうことで，企業は，マーケティング・コストを劇的に節約することができる。これにより，顧客により良い価値を提供することが可能となる。多くの企業が，既存顧客による新規顧客紹介プログラムを持ち，良好に機能させている。顧客はまた，他の顧客の抱える技術的な問題について解決の手助けをすることができる。これは企業の資源を節約し，企業の提供する製品・サービスのアフォーダビリティを維持

[*32]訳注：プログレッシブ（Progressive Corporation）は，アメリカの最大手自動車保険会社の1つ。自動車保険の他に，バイク，ボート，商業用車両，住宅を対象とする保険も提供している。

するのにも役立つ。例えば，シスコ・システムズは，顧客サポート・コストについて，年間5億ドル以上の節約を実現しているものと推計されるが，これは部分的には，そのサポート・フォーラム―顧客が技術的な問題について話し合ったり，助けたりする顧客コミュニティの場となっている―の存在によるものである。

小売業者：小売業者は，低金利ローンを顧客に提供することで，製品をよりアフォーダブルなものとする役割の一端を担っている。例えば，ベストバイは，薄型大画面テレビなど金額の高い商品については，しばしば0％金利ローンでの支払いプランを顧客に提供している。小売業者はまた，顧客が小売店頭で製品を実際に体験するように促している。これは当該の製品に対する顧客の支払いの意思を高める効果がある。例えば，ブルックストーンでは，販売するマッサージ機器について顧客がその心地よさを自由に体験できる。スポーツ及びアウトドア用品小売業のREI[*33]は，顧客に積極的に製品を試してもらい，同社の熟練スタッフからスポーツやアウトドア活動について教わるように促している。REIの熟練スタッフによるこうした直接的なサービスは，顧客の支払いの意思を高める効果がある。

政府：政府は，購入資金を貸し付けたり，補助金を出したりすることで，特定の製品に対する顧客の支払いの能力を向上させることができる。例えば，アメリカでは，政府は，ファニーメイ[*34]を通じて，初めて持ち家を購入する人々を資金面で援助してきた。アメリカ政府は，農家に対して補助金を延々と出し続けてきたが，これは，国の食糧安全保障の確保と農産物価格の維持という2つの目的のためであった。政府はまた，2,000ドル分の税金の払い戻し制度によ

[*33]訳注：レクリエーショナル・イクイップメント・インコーポレイテッド（Recreational Equipment,Inc.）は，アメリカのスポーツ及びアウトドア用品小売業。REI（アール・イー・アイ）は，その略称。

[*34]訳注：連邦住宅抵当公庫（Federal National Mortgage Association）。ファニーメイ（Fannie Mae）はその通称。アメリカのGSE（Government Sponsored Enterprise：政府支援法人）の1つで，住宅ローンの債権買い取りや証券化などを主な業務とする金融機関。サブプライム住宅ローン危機により経営が大きく悪化し，公的資金が注入されて政府管理下に置かれるに至った。

って，長期にわたって，燃費の良いハイブリッドカーの購入を促してきた。

政府は，業界標準を定め，採用を命じることで，アフォーダビリティの向上を助けることもできる。歴史的にアメリカの政府は，この種の役割を果たすことには消極的であった。一方，ヨーロッパの各政府は多くの場合，標準化を推進してきた——これは規模の経済による効率性の向上に寄与した。この経緯が，携帯電話について，ヨーロッパにおいてはGSM規格で統一的にまとまったのに対し，アメリカでは互換性のない複数の規格が並立したままとなった理由となっている。

産業（業界団体）：企業は業界団体を通じて，例えば，業界標準の制定，望ましい政府規制のための働きかけ，共同設備・施設の建設，共同広告など，競合他社と協働することができる。こうした共同の取り組みは，いずれも業界全体の業務の効率性を高め，顧客に対してより高いアフォーダビリティを提供できるようにする効果がある。

パートナー企業：企業間のパートナーシップは，R&Dや製品設計のコストを削減することができ，企業は削減分を顧客に還元することが可能になる。例えば，ルノーと日産は，互いの強みを合わせることで，両社の製品の強化を図った。こうした取り組みは，顧客の支払いの意思を高める効果があった。同様にフォルクスワーゲンとポルシェも新型SUVを共同開発して，コスト削減を図っている。

PRとメディア：PRは，さまざまな市場に対するプロモーションの効果を持ち，アフォーダビリティの向上に役立つ手段となり得る。PRの活用は，マーケティング・コスト——全コストの中で非常に大きな比率を占める——の大幅な削減につながる。例えば，P&Gは，「クレストホワイトストリップス[*35]」の市場導

[*35] 訳注：クレストホワイトストリップス（Crest Whitestrips）は，P&Gの歯のホワイトニング（美白）製品。シートタイプで，シートを歯に貼り付けて使用する。2000年に発売され，家庭でできるホワイトニングとして大成功を収めた製品である。文中の影響グループの件は，アメリカ歯科医師会の推奨を得たことを指している。

入に際して，先ずは主要な影響グループに対して製品を紹介し，PRを行っている。PRに際しては，影響グループの人々を集めたカンファレンスも開催され，同製品のPRキャンペーンは，メディアによっても大きく取り上げられることになった。同様に，アイロボットが，ロボット掃除機ルンバを市場導入する際も，メディアによる大量のパブリシティを得ることができた。その結果，同社は，導入のための広告費を殆ど要しなかった。

10. 途上国市場におけるアフォーダビリティ

　アフォーダビリティは，価格に見合う価値を提供することだけに関わるものではない。それは，金銭面で余裕のない市場に対して，製品やサービスをどのようにして訴求するかという方策を見つけ出すことにも関わるものである。全地球的(グローバル)に見れば，顧客にとって製品購入の最大の障害は，アフォーダビリティ，特に支払いの能力の不足にある。

　中国とインドという巨大な市場は，高い水準のアフォーダビリティを創り出すことの重要性を限界とを良く示すものである。両国の市場は，低価格が極めて重要であることを示してきたが，低価格は同時に妥当な水準の品質と機能性とを兼ね備えるものでなければならない。両国の市場では，最廉価の製品が常に勝利を収めるとは限らない。顧客は，低価格でありながらも，魅力ある外観デザイン，高い品質，広く知られているブランドネーム，入手のし易さを兼ね備えた製品であることを求めている。つまり，アフォーダビリティの高さは，4Aの他の要素もまた高い水準であることを要するのである。

　両国市場におけるノキアの取り組みについて考えてみよう。中国においては，ノキアはモトローラ，及び同国の地場企業TCLとNingbo Bird[36]の後塵を拝してきた。地場企業2社は共に，安価だが，外観デザインの良い携帯電話で市場

---

[36]訳注：TCL集団股份有限公司（TCL Corporation）は，中国の電気機器メーカー。携帯電話端末，PC，家電製品等を生産する。寧波波導（Ningbo Bird）は，中国の大手携帯電話端末メーカー。

の半分を得ている新興企業であり，非常に多数の販売員を国内に配していた。ノキアは，中国市場に合わせて，製品設計を行い，低価格のものからおおよそ500ドルの「L'amour（ラムール）」シリーズまで幅広い製品ラインを取り揃えて，市場に投入した。結果，ノキアは，中国市場の31%のシェアを得て，市場リーダーのポジションを得るに至った。

　インドにおいても，携帯電話市場は非常に急速に成長しているが，ノキアはおおよそ60%のマーケット・シェアを得ている。最も成功を収めている製品は，54ドルで販売されているシンプルで武骨な「ノキア1100」である。この非常に実用的な携帯電話は，インド市場の事情に合わせて，防塵カバー付き，滑り止め加工，懐中電灯機能といった特徴を備えている。ノキアは，モトローラが，より安価な携帯電話を投入してきた時も，そのシェアを失うことはなかった—インドでは，モトローラのブランドネームは殆ど知られておらず，流通体制も構築できていなかった—。モトローラのマーケット・シェアは，インドで6%に過ぎず，中国では10%である。同社はインド市場で35ドルの携帯電話を発売し，徐々にではあるが，ブランドの認知度を高め，流通体制を整備しつつある[25]。

　携帯電話会社は，—最初の10億に達するまでは25年間を要したが—ここ5か年で10億の新規契約加入者を得た。インドにおける加入者数は，2008年には1億増加し，2012年には6億5,000万に達するとされていた。上記から得られる教訓は，インドや中国—及びそう遠くない未来におけるアフリカ—のような途上国市場におけるアフォーダビリティ問題にまともに向き合わない企業は，何百万ドル（更に何十億ドル）もの売上の可能性を最初から放棄しているに等しい，ということであろう。

＜途上国経済におけるラディカルな革新＞

　C. K. プラハラード（C. K. Prahalad）が述べるように，インドのような途上国における企業家達は，貧しい人々のニーズに応える新しい製品やサービスを，低価格と高品質とを両立させつつ提供し，更に利益をも得るというビジネスモデルを創造している。こうした企業家達の革新は，通信，金融サービス，ヘル

173

スケア，ホテル，更には自動車製造といった産業に広がりつつある[26]。

　革新的なビジネスモデルは，資源を非常に効率的に活用していることによるものである。それが，品質の高い製品を低価格で提供し，しかも利益を得ることを可能にしている。例えば，バーティ（Bharti Airtel）やレライアンス（Reliance），タタといったインドの携帯電話会社は，先進諸国の携帯電話会社と同じ設備を備えながら，1分当たり2セントの通話料金でサービスを提供し，しかも良好な利益を得ている。

　医療の分野では，先進諸国との価格差は特に顕著である。バンガロールにある「ナラヤナ・ルダヤラヤ病院」[*37]では，心臓バイパス手術を1,500ドルで受けることができるが，これはアメリカの平均的な費用の15分の1である。同病院では幼児の手術を年間数百件も無料で行っており，その手術成功率は，アメリカの殆どの病院のそれを上回る。このように同病院は，低料金，また時に無料で医療を提供している。料金の低さは，賃金の低さによるものでは全くなく，25名いる海外で教育・訓練を受けた外科医達は，アメリカの病院で働けば得られるであろう報酬のおおよそ2分の1を得ている―この報酬額であれば，アメリカで可能になる以上の豊かな生活をすることができる。

　革新的なビジネスモデルにおいては，企業は技術を上手く活用していることも特徴である。ナラヤナ・ルダヤラヤ病院では，X線撮影装置，CATやMRIといった高価な機器を1日14時間，週7日稼働させているが，これはアメリカの病院における稼働率を遥かに上回るものである。

　ジンジャー・ホテルズ[*38]は，インドのホテル・ビジネスを変革しようとしている新しいホテルチェーンである。アメリカで，マリオットがビジネス客向けの中級ホテル「コートヤード（Courtyard by Marriott）」を始めたのと同じように，ジンジャー・ホテルズも豪華ではないが，必要かつ十分な設備を備えた部屋を提供している―部屋には，エアコン，薄型テレビ，無線インターネット・アクセス，ミニ冷蔵庫，ティーメーカーやコーヒーメーカー，温水設備，洗面・バスルーム用品が備えられており，上記全てで1泊22ドルの宿泊料金である。同系列の4つ星，5つ星ホテルの営業利益率が35〜50％であるのに対し，ジンジ

[*37] 訳注：ナラヤナ・ルダヤラヤ（Narayana Hrudayalaya）は，現Narayana Health，インドの総合病院チェーンである。カルナタカ州の州都バンガロールに本部を置く。独自の医療保険制度を導入し，貧困層にも医療の恩恵を施していることで知られる。

[*38] 訳注：ジンジャー・ホテルズ（Ginger Hotels）は，Roots Corporation Limited（RCL）の運営するホテル。インドの各都市に展開している。RCLは，The Indian Hotels Company Limited（IHCL）の子会社である。IHCLはTaj Hotels, Resorts and Palacesの運営で知られ，タタのグループ企業の1つ。

ャー・ホテルズのそれは，驚くべきことに65%に達する。営業利益率の高さは，およそ100室のホテルを僅か7名のフルタイム従業員で運営していることによるものである。殆どの業務はアウトソーシングされており，広告は行わず，専ら口コミに頼り，殆どがオンライン予約である。同ホテルの成長戦略を支える革新的な要素の1つは，土地所有者にホテルの利益分配に与らせることによって，地代の削減を実現していることである。

　C. K. プラハラードの考えでは，途上国で生み出された新しいビジネスモデルは，豊かな国々でも─とりわけ低所得者層のニーズにより良く応えることに関しては─同じように有用なものとなる。例えば，アメリカでも銀行口座を維持することができない人は少なくない。インドステイト銀行（State Bank of India）やICICI（ICICI Bank Ltd.）といったインドの銀行は，貧しい顧客に利益を得つつサービスを提供する革新的な方法を開発しており，アメリカの金融機関もこれらインドの銀行から学ぶことができるはずである。[*39]

　インドでは，オープンソースOSのLinuxが幅広く用いられている─特に州政府や公立学校などで顕著である。Linuxの利点はもちろん，無料という点にあるが，反面，動作が不安定になったり，技術的な支援が得にくいこともある。

　Linuxの脅威に対抗して，マイクロソフトは，WindowsXPの新バージョンをインド市場に導入した経緯がある。これは，Starter Editionと称するもので，僅か20ドル余りで販売され，WindowsXP通常版が英語とヒンディー語の2か国語にだけ対応しているのに対し，インドで用いられる10の言語に対応していた。Starter Editionは機能が限られており，同時に動かせるプログラムは3つまで，高度なネットワーキングにも対応不能であったが，インドの大多数の顧客にとってはこれで十分であった。マイクロソフトの役員は，「私共は，お客様に対して，更に優れた価値を提供する必要があります」と控えめに述べている[27]。実際のところ，優れた価値の提供は，途上国市場で競争する際も必須の条件となるものである。

11. 結　論

「ベイス・オブ・ザ・ピラミッド」市場の規模と重要性が多くの企業によっ

---

　*39 訳注：欧米では，口座維持手数料（口座管理料）がかかるのが一般的である。

て見出され，非常に効率的なビジネスモデルが革新的に生み出されるようになっている。我々は，アフォーダビリティをさまざまな方法でより良く実現できる時代に足を踏み入れつつある。顧客は，インターネットの登場と電子技術に基づく経済活動の伸張によって，アフォーダビリティ上の恩恵を更に得られるようになるだろう。

　魅力的な価値提案を生み出すことができたなら，マーケターは次に4Aの促進的な要素—アクセシビリティとアウェアネス—に取り掛からなければならない。続く2つの章では，これらの要素についての考察を行おう。

第5章
アクセシビリティのマネジメント

1. はじめに

　どんな企業にとっても製品を顧客のところまで流通させるのは大きな課題である。世界的な競争が繰り広げられ，製品が多様化し，小売業者の限られた陳列スペースを奪い合う。顧客は，簡便さと即座の満足をますます期待している。こうした時代においては，適切な流通システムの構築は，時間もコストもかかる課題である。この課題に対し，殆どの企業は，流通システムにこれまで以上の統制，正確さ，安定性，規律，信頼性，そして何よりも効率性を持ち込むことによって対応しようとしている。―さて，ここでの本当の問題は，その用語法そのものにあるだろう。つまり，「流通システム」の語それ自体が，「内から外へ」という企業側から製品を流すという観念に拠っていることである。

　人々は，インターネットを用いてそれぞれの個性を主張するようになり，これまでの典型的な企業-顧客間の取引も変容しつつある。こうした時代には，マーケターもどのようにして顧客に企業の製品を入手してもらうかについて自身の考え方を全く変える必要がある。すなわち，マーケターは，顧客のところに円滑に製品を「流通させる」方法ではなく，顧客が企業の製品に円滑に「アクセスできる」方法を創り出すように努力せねばならない。

　ハーバードビジネススクールでマーケティングを教えるカストリ・ランガン(V. Kasturi Rangan)教授は，「殆どの流通チャネルが，顧客側の視点ではなく，供給側の視点から構築されている」と述べている[1]。「流通チャネル」を「顧

177

客側の視点」から構築するためには，企業は，顧客が製品にアクセスする方法について十分に理解を深める必要がある。その上で，顧客のニーズだけでなく，流通チャネルを構成するパートナー企業のニーズにも合致したチャネル戦略を工夫せねばならない。このプロセスは，顧客を何よりも優先することから始まる。もちろん，これは特段，新しい考え方ではない。

1935年，トヨタ（トヨタ自動車販売）の社長を務めた神谷正太郎[*1]は，トヨタの企業理念を「一にユーザー，二にディーラー，三にメーカー」と表現している。つまり，「トヨタ車の販売から恩恵を受ける人の順番は，先ずは顧客，次にディーラー，最後にメーカーである。この一文は，顧客とディーラーの双方からの信頼を確実なものとする最善の方法を示しており，こうした信頼の結果として，最後にトヨタは利益を得るのである」と言うことである[2]。この理念は，トヨタを世界最大の売上高と利益額を誇る自動車メーカーとするのに大いに寄与してきたものである。

顧客を第一に考え，顧客の製品・サービスに対するアクセスを円滑にすることの重要性は，以下に示すように幾つかの良く知られた例に見出すことができる。

▶エンタープライズ・レンタカー[*2]は，店舗を（業界で伝統的な空港近辺だけでなく）住宅地近くの便利な場所に配置する戦略で急成長を果たし，アメリカで最大のレンタカー会社となった。顧客は，自宅や他の場所でレンタカーを受け取ったり返したりもできる。このようなサービスの提供によって，同社は，高い水準の利便性(コンビニエンス)を顧客に提供している。また，同社は，さまざまな保険会社や自動車ディーラーとパートナーシップを結んで，事故や修理の際の送迎車として車を貸し出している。これは同社にとって，大きな

---

*1 訳注：神谷正太郎（1898-1980）は，トヨタ自動車販売株式会社（現，トヨタ自動車の営業部門）の社長，会長，名誉会長を歴任した。「販売の神様」と呼ばれ，「営業のトヨタ」「販売のトヨタ」の礎を築いた実業家として知られる。

*2 訳注：エンタープライズ・レンタカー（Enterprise Rent-a-Car）は，1957年創業のレンタカー会社。Enterprise Holdings, Inc.の子会社。北米で最大のレンタカー・ブランドであり，低料金と優れた顧客サービスで広く知られる。アメリカ，カナダ，UKの他，ヨーロッパ各国で事業を展開する。レンタカーの他，カーリース，カーシェアリング事業も行っている。

収益を生む事業となっている。

▶ 顧客の自宅までピザを素早く届けるというドミノピザ（Domino's Pizza）の戦略は，同社を数十億ドルの巨大企業へと成長させるのに寄与した。「30分以内にピザを配達できなかったら，無料にします」との約束は今では撤回されているが（これは時間に間に合わせようと乱暴な運転をする配達員がいたためであった），依然として，同社の大きな成功は，店舗があちこちにあり，すぐに配達される点に依るものと考えることができる。

▶ CNN（Cable News Network）は，他のテレビ局が全国ニュース番組を30分間，ローカルニュース番組を30～60分間放送している時代に，ニュース番組を24時間提供する最初のテレビ局となったものである。CNNは，後に姉妹局CNN Headline News（当初名称はCNN2）を別に立ち上げ，最新のニュースを30分番組で24時間中断なしで放送するようになった。

▶ ウォルマートの成長は，初期の数十年間は，主に「下から上へ方式」（ボトムアップ）によるものであった。同社は，Kマートのような競合他社が無視していたローカルな小市場を特にターゲットとしていた。競合他社は，逆に大都市から始めて，その後より小さい都市や町に進出するという言わば「上から下へ方式」（トップダウン）によって成長をしてきた。ウォルマートは，競合他社の店舗が十分に進出していない市場の顧客に豊富な品揃えを低価格で提供することで成長の基盤を固めたのである。

▶ マクドナルドは，フランチャイズ方式を用いて，最も有力なファーストフード・チェーンとなった。同社は，フランチャイズ店の立地場所についての統制（コントロール）を怠らなかった。この戦略によって，マクドナルドの店舗は，市場にくまなく配置されるようになった。

▶ サウスウエスト航空が1970年代に運航を開始した時は，アメリカの一般大衆の15％しかそれまで飛行機に乗ったことがなかった。今日，この比率は，85％を優に超えるが，これにはサウスウエスト航空の努力も大きく与っている。サウスウエスト航空は，小さな都市にも路線を開き，顧客にとってより便利な空港を使い，2都市間を直接に結んで乗り換えを不要にすることで，「空の民主化」を推し進めた。こうした戦略は，同社の長年にわた

第5章 アクセシビリティのマネジメント

179

る持続的成功を支えるものであった。
- ▶グーグルはその使命(ミッション)として,「世界中の情報を整理し,世界中の人々がアクセスできて使えるようにすること」を掲げている。この使命の遂行は,同社の検索サイトを数十億人の人々を招き入れるweb世界への入口とするのに大きく寄与した。
- ▶アップルのAPP Storeは,iPhoneの魅力を保持し,更に高めてきた。10万を超えるiPhone用のアプリケーションがあり,これらは,クリック1つで殆ど即時に得られる―これはアクセシビリティの新しい標準とも言えるものとなっている。
- ▶ほんの少し前まで,世界の映像コンテンツにアクセスすることは,―不可能ではないにしろ―明らかに非常に困難であった。しかしながら,YouTubeの登場によってこうした状況は大きく様変わりした。YouTubeは,人々が簡単に映像をアップし,即座に世界中で視聴できるようにしたのである。

　上記の例は,顧客に高度なアクセスを提供することの力(パワー)を示すものである。また,上記の例はそれぞれの産業や市場で,他企業が模倣して成功を収める際の基本的な設計図(ブループリント)ともなったものであった。
　単純に業界の慣行を超えたアベイラビリティを創造するだけで,売上高に対する劇的なまでの効果が上がることもしばしばある。これには,流通チャネルに拡張の余地がある場合が挙げられる。例えば,ストッキングの売上高は,それがドラッグストアやスーパーマーケット,CVSで販売されるようになってから大きく伸張した。
　衝動買いされるような単純な製品の場合は,アクセシビリティは,必要なアウェアネスを確保することで十分ともいえる。スーパーマーケットやCVSのレジ近くに,多くの衝動買い品目が陳列されているのは,そのためである。
　「消費が購買を駆動する」のではなく,「購買が消費を駆動する」場合は,より大きなアクセシビリティを創造することが,より大きな市場規模の実現につながる。例えば,スナック食品やビールといった嗜好的な製品については,人々

の製品消費率は，それらが購入されて家にどれだけあるかの量に左右される。つまり，家にあれば，あるだけ食べたり飲んだりしてしまうわけで，この点で購買が消費を駆動していると言うことができる。一方，洗濯石鹸のような必需的な製品の場合は，仮に家に多くあっても消費が増えることはないだろう。つまり，この種の製品については，人は所与の期間においてある一定量を消費するだけであり，この点で，消費が購買を駆動していると言える。必需的な製品においても，市場全体の規模に変化がないとすれば，より大きなアクセシビリティを実現しているブランドが，そうではないブランドを差し置いて，より大きなマーケット・シェアを得る傾向があるだろう。

アクセシビリティはまた，最も抗し難い動機づけ要因(モチベーター)ともなり得る。例えば，有料道路では，多少割高のガソリンスタンドでも，その立地の良さ故に給油する車は多いだろう。同様にスタジアムの観戦客は，その場ですぐに手に入るという理由で，市価よりかなり割高のホットドッグでも喜んで購入するだろう。

2. アクセシビリティとは何か

アクセシビリティの基礎をなしている考え方は，非常に単純なものである。それは，「企業の提供する製品やサービスが，顧客の求める時と場所において，顧客ときちんと出会うようにする」と言うことである。そうすれば，顧客は，最小の努力で製品やサービスを入手できるはずである。もちろん，顧客は，より魅力を感じる（或いは必要不可欠な）製品やサービス―例えば，飛行機のフライト予約など―を得るためには，幾分かの手順を要するのも我慢することもあるだろう。しかし，顧客の忍耐は無限ではないし，現在は，ますます簡便であることを求めるようになっている。

特定の企業の製品の入手が困難な状態にあれば，競合他社は言わば，フリーハンドで取り組むチャンスを得ることになる。このことは，非耐久消費財の産業についてとりわけ良く当てはまる。P&Gの成功には，その効率的な物流ネットワークが大いに寄与したし，マクドナルドの店舗はどこにでもあり，その

ゴールデンアーチ[*3]は，郊外であっても顧客を逃すことはなかった。コカコーラが世界中で成功を収めた本当の秘訣は，その流通システムにあった—たとえ，アマゾンの奥地であっても，コカコーラが販売されており，購入することができる。

　製品を顧客に提供するプロセスは，提供側の都合を優先するのではなく，顧客の購買努力(ニーズ)を最小化するものとせねばならない。リーバイ・ストラウス（Levi Strauss & Co.）の例は良い教訓となるだろう。同社は，1980年代半ばに新しい製品ラインとして，正統派のメンズ・スーツ，「リーバイス・テイラード・クラシックス（Levi's Tailored Classics）」を立ち上げた—その結果は惨めな失敗に終わった—が，ターゲット顧客にとって馴染みのある紳士服専門店ではなく，百貨店のみでの販売としていた。これは，同社が販売量の大きさにこだわったことと，百貨店とは従来，取引関係があったが，正統派のメンズ・スーツを扱うような紳士服専門店には製品を流通させる仕組みを持っていなかったという理由によるものであった。

　既に幾度か述べたようにアクセシビリティには，次の2つの次元がある。

　アベイラビリティ：企業は，アベイラビリティについて過剰か過少のいずれかに振れることが余りにも多いようである。企業は，しばしば実体のない需要を期待して過剰に生産したり，或いは，需要喚起には成功するが，生産上の何らかの制約や単に生産能力そのものの不足，その他の障害があって，需要に十分に応えられないといった事態に陥る。好ましい状態は，もちろん，需要と供給をできる限り合致させることであり，避けるべき最悪の状態は，過剰な供給によって市場に製品が溢れ返り，大幅値引きを余儀なくされて，ブランド・イメージの低下を招くことである。

　コンビニエンス：企業が全体需要に合致した供給を行うだけでは十分とは言

---

*3訳注：マクドナルドの「ゴールデンアーチ（黄色のMの文字）」のマークは世界中で広く認知されているものである。元々，初期のマクドナルド店舗には巨大な2連アーチの装飾がなされていた（看板の大きなMの文字はそのなごりである）。

えない。顧客が適切な製品を適切な方法で，適切な時と場所において入手できるようにせねばならない。顧客にとって時間は言わば，回収不能な資源である。また，日々の生活は，ますます複雑であれこれと忙しいものとなっている。そのため，顧客は，コンビニエンスに以前よりも大きな価値を置くようになっている。結果，企業は，顧客に良好なコンビニエンスを提供する本当に革新的な方法を見つけることが求められている。

　企業はアベイラビリティ及びコンビニエンスをどのように創り出しているだろうか。また，企業は提供する製品・サービスをどのようにしてアクセシブルなものとしているだろうか。以下，3つの例を見てみよう。

(1) ザッポス：優れたサービス，アベイラビリティ，コンビニエンスの提供で大成功を収めた

　webサイトで靴を買うことはあるだろうか。今では，非常に多くの人がそうしており，それは主にザッポス（Zappos.com）の企業努力によるものである。1999年にshoesite.comとして設立されて以来，同社は劇的なまでの成長を遂げ，2009年には年間10億ドルの企業となった。ザッポスの成功は主に，世界有数の優れたサービスと共にその並外れた能力―顧客に非常に高い水準のアクセシビリティを提供できる―によるものである。

　ザッポスは，アベイラビリティの点では，膨大な数のブランドを扱い，品目（アイテム）単位でも十分な量の在庫を維持している。初期の頃は，ザッポスは現在とは異なる方式をとっており，同社は注文を受けるだけで，靴はメーカーから顧客に直接に発送されていた。しかしながら，この方式では，発送のスケジュールが確定できず，変動することが多かった。メーカーから提供される在庫情報も最新のものではなかった。同社は次の段階でサードパーティに任せるという方式をとった。すなわち，ケンタッキー州ルイスビルにあるUPSの倉庫を確保し，UPSに在庫管理と発送業務を任せた。しかし，UPSは，ザッポスが提供したい在庫量を安定的に扱うことはできなかった。

結局，ザッポスは，最新の設備を備えた自社倉庫の建設を決定した。倉庫の在庫とwebとを完全に連動させ，最新の在庫がwebサイトに常に反映されるようにした。例えば，2009年11月29日の倉庫には，1,210のブランド，トータル361万8,277品目が在庫されており，その全てが即座に出荷可能な状態にあった。顧客は，かなり個性的な好みであっても，ザッポスなら気に入るデザイン，サイズ，色の靴を必ず見つけられると確信することができた――実際のところ，膨大な在庫の中から見つけることができた。

　顧客のコンビニエンスの点では，ザッポスに対抗できるオンライン小売業者は殆どいないであろう。ザッポスのwebサイトは，品目毎に8つの画像を掲載し，リアル店舗でしか普通は得られないような詳細情報を提供している。顧客の歩き方に最適な靴を提案するといったことも行われる。顧客サービスの電話番号はwebサイトに大きく目立つように示されている。これは，ザッポスが，顧客からの電話を実際に求めており，電話を顧客とのリレーションシップを構築する重要な機会と捉えているからである。同社は，殆どの注文に対して翌日の配達（もちろん，配送料はかからない）を約束しており，365日いつでも返品を受け付けている。同社は，返品の発生を抑制するよりも，顧客にできる限り多くの靴を注文してもらい，気に入らなければ返品してもらうように促す方が良いと判断している。ザッポス以上に，アベイラビリティとコンビニエンスと活用することを上手く行っている企業は殆どないであろう[3]。

（2）レッグス：この偉大なマーケティング戦略に敵うものはない

　ヘインズ[*4]のストッキング製品「レッグス（L'eggs）」の成功は，顧客への集中マーケティング（カスタマー・フォーカス）の古典的な好例となっている。1971年，ヘインズは，殆どのユーザーに合うようにデザインされたワンサイズの製品，斬新で人目を引く卵形のパッケージ，回転式の独立陳列台，小売店舗へ直接配送する新流通システム，といったさまざまな新しい要素を組み込んだマーケティング戦略と共にレッグスを市場導入した。

---

　*4 訳注：ヘインズ（Hanes Corporation）は，1901年創業の衣料品メーカー。現在は，ヘインズブランズ（Hanesbrands Inc.）の傘下にある。ヘインズのブランドネームは，アンダーウェア，アウターウェア，ストッキング他，さまざまな衣料に用いられている。

レッグスは，スーパーマーケットやCVS，ドラッグストアで販売されるようになった最初の全国的なストッキングのブランドとなった。レッグスが，ストッキングを他のアパレル製品と同じような位置づけにするまでは，殆どのストッキングは百貨店で販売されていた。そのため，ストッキングは顧客にとって計画購買されるものであって，顧客は街中や郊外の百貨店までわざわざ出かける必要があった。1960年代の中頃になると，広告もされないようなマイナーなブランド群がスーパーマーケットやドラッグストアで売られるようになった。1969年までには，この種のブランドはストッキングの総売上高の18％を占めるようになっていた。しかし，どのブランドも4％を超える売上高を単独では得てはいなかった。また，店頭での欠品（品切れ）は当たり前であった。

　ストッキングのブランドが一般的になるにつれて，顧客も気に入りのブランドをわざわざ出かけて購入するというよりも，目に付いたものを購入することが多くなった。当時の調査によれば，顧客はスーパーマーケットやドラッグストアでストッキングを購入できる便利さ(コンビニエンス)を好んでいたが，欠品が多いためこの点に大いに不満を持っていた。そのため，再び百貨店や専門の衣料品店でストッキングを購入するようになる顧客も多かった。結局，顧客はコンビニエンス（近所で手軽に買えるが欠品のリスク）とアベイラビリティ（確実に買えるがわざわざ出かけるのが面倒）のどちらかを選ぶことを余儀なくされていた。

　ヘインズも顧客調査を行い，それに基づき，新しいストッキング製品の開発を行い，特徴的なマーケティング戦略を実施した。ヘインズの新しいストッキング製品は，覚え易いブランドネーム「レッグス」と個性的なパッケージ（卵形をしたプラスチック容器）を与えられた。小売業者の陳列棚に新たに割り込ませる必要のないように専用の独立陳列台も用意された。レッグスそのものは，ワンサイズの製品であり，伸縮性が高く，多くの女性の足に合うようになっていた。ワンサイズであることは，在庫を大きく削減しつつ，アベイラビリティを高めることを可能にした。

　ヘインズのマーケティング戦略は，十分に練り上げられたものであった。同社は，昔馴染みの売り口上を借用して「レッグスに敵うものはない」[*5]というキ

[*5] 訳注：原文は "Nothing beats a great pair of L'eggs." で，女性の脚線美を称賛する昔ながらの謳い文句 "Nothing beats a great pair of legs."（もちろん，ストッキングの宣伝口上でも用いられていた）をそのまま借用したもの。

ャッチフレーズを用いた。パッケージのコンセプトは明確であり，売り場で目立つ華やかさがあった。特徴的な卵形パッケージの中には，さまざまな色やスタイルを示す，色分けされた円筒形の内パッケージが入っていた。卵形パッケージは，店内に置かれた専用の独立陳列台に並べられた。この陳列台は，回転式でブランド・アイデンティティを反映して「レッグス・ブティック」と称していた。

　ヘインズのマーケティング戦略の仕上げとなるのは，流通における革新であった。レッグスの営業担当者は，陳列台を積んだ配送車で各店舗を巡回した。陳列台の内容は，過去の販売状況に基づき，地域毎にカスタマイズされていた。また，ヘインズは，小売店に対し，レッグスを委託方式で販売していた。そのため，小売業者は在庫を買い取る必要はなかった。

　1974年までに，レッグスはストッキング市場を代表するブランドとなっていた。ヘインズのマーケティング戦略のそれぞれは，疑いもなく，このブランドの成功に寄与したが，その各要素が互いに強化し合うものであったことも明らかである。例えば，盛んに行われた広告は，顧客の試買を促したが，同時に小売業者の取り扱いも促進するものであった。また，店舗への直接配送により，レッグスの欠品は殆どなく，これは，満足顧客に定期的に繰り返し購入する購買習慣を生み出した。ヘインズは，（コンビニエンスとアベイラビリティの両方を確保することで）極めて優れたアクセシビリティを提供することができた。これは，レッグスの成功に不可欠な要素であった[4]。

(3) ネットフリックス：DVDレンタルビジネスを革新する

　ネットフリックス（Netflix, Inc.）は，アメリカにおけるビデオ・DVDのレンタルビジネスを大きく変えてしまった企業である。それは，1,200万人を超える会員顧客に対し，前例のないような高い水準のアベイラビリティとコンビニエンスとを提供することによるものであった。同社は，国中に58か所の物流センターを持ち，会員の97％以上に対して，貸し出すDVDを翌日には届けることができる体制を実現した。同社は，1997年に郵便によるDVDレンタル事業会社として創業され，以来，毎年64％の驚くべき成長率で会員数を増やしてき

た。

　ネットフリックスの会員は，月8.99ドルという低料金で，PCやスマートテレビに配信される映画及びテレビドラマ（17,000を超えるドラマがある）を無制限で視聴でき，DVD（10万を超える本数がある）を無制限で借りることもできる。DVDは，アメリカ合衆国郵便公社（United States Postal Service：USPS）の郵便で会員の自宅に郵送されるようになっている。

　ネットフリックスが登場する前は，この業界の支配的企業は，ブロックバスター（Blockbuster LLC）であった。ブロックバスターはリアル店舗でのビデオ・DVDレンタル事業を展開しており，同社は常日頃，アメリカの人口のおおよそ7割がその店舗から車で10分以内に居住していることを誇っていた。しかしながら，車で10分というのは，実際のところ，ビデオを借りるのに計40分（借りる際と返却する際の往復）を要するかもしれないということであった。借りて返すために必要になる時間と労力，更にはガソリン代は，いつでも思い付いた時にビデオを借りることができる「便利さ(コンビニエンス)」を大きく損なうものであった。

　ネットフリックスの利用料金は，当初はリアル店舗に倣うもの（DVD1枚でいくらといった料金）であった。しかし，1999年には固定料金方式（借り放題，延滞料金なし）へと転換した。この転換により，同社の今日に至る爆発的な成長が始まった。同社のサービス提供サイト（Netflix.com）は，2005年以来，8回を超える継続調査で顧客満足最高点を連続で得ているwebサイトとして有名である。また，ネットフリックスの会員の90％以上が，親兄弟や友人にも会員になるよう推奨していることが明らかになっている。

　ネットフリックスは，最初はリアル店舗と同じような伝統的なDVDの推奨方式をとっていた。すなわち，ネットフリックスのサービス提供サイトでは会員全員に向けた新作のお勧め作品が示されていた。そのため，こうした作品のDVDはすぐに大方，借りられてしまった。その後，同社は世界的水準とも言える推奨システム（特許で防衛されている）を開発した。これは，会員登録の際に，顧客に好みの作品のタイプなど簡単な質問をし，これに基づき，個々の顧客向けの作品推奨をきめ細かく行うというものであった。結果，貸し出しの70％以上が旧作の作品となった。同社は，インターネットを活用して，会員毎

にカスタマイズされたDVDレンタルを提供することに成功した――これはリアル店舗でのレンタルでは望むべくもないことであった。

ネットフリックスは，郵便方式のDVDレンタル事業から，ビデオ・オン・ディマンド（VOD）配信事業へと積極的に軸足を移していった。同社は，PCやスマートテレビにビデオコンテンツをストリーミング配信する事業Rokuを立ち上げた。Rokuはその後，別会社としてスピンアウトしたが，ネットフリックスは，現在，インターネットに接続されたゲーム機やiPhoneのようなスマートフォンに向けた配信事業を行っている[5]。

ネットフリックスは，レンタルできる作品数の多さ，リアルタイムのDVD在庫情報の提供，革新的な固定料金方式と共に，顧客に高水準のコンビニエンスを提供した。同社の例は，こうした取り組みからもたらされる驚くべき力（パワー）を示しているだろう[6]。

3. アベイラビリティの向上

買い手（バイヤー）としての顧客は，製品がまずもって入手できることに価値を置くものである。しかしながら，企業はアベイラビリティを購買そのものに限定すべきではない。アベイラビリティは，購買前・後の助言や援助といった付帯サービスについても適用される。例えば，購入後の顧客サービスが不良・不十分であれば，顧客を大いに失望させることになる。2005年，デルの技術サポートに電話した顧客は，長時間待たされるのが通常であり，結果，多くの顧客がデルから離れていった。デル自身も，ihatedell.net（私はデルが嫌い）といった嫌デルサイト群が多く現れており，ミシガン大学の顧客満足調査でも，評価ランクがトップ水準から中位に落ち込んだことを認識していた[7]。

マーケターは需要の刺激については上手く行うが，供給は不十分なままという事態に陥ることも多い。これは耐久消費財では頻繁に発生している。トヨタ・プリウス，或いはかつてのフォルクスワーゲン・ビートルやミニクーパーといった人気車種では，顧客が何か月も待たされるのは良くある話であった。

Nintendo Wiiのように人気製品の供給が，顧客の需要に追い付くまで長期間かかるといったことも多い。発売の際に，何とか手に入れようと，大勢の顧客が徹夜して並んでいるという光景も珍しくはないだろう。アベイラビリティが不足する原因は，お粗末な販売予測，不十分な生産能力，主要部品の不足，物流上の障害などであり，良く知られたものである。一方，供給過剰もやはり大きな問題となる。在庫が積み上がれば，大幅値引きせざるを得ず，こうした価格プロモーションに大きく依存すれば，製品の知覚価値の低下を招くことになる。もちろん，理想的には供給が需要に限りなく合致すれば良いが，これはそう簡単な課題ではない。

　企業は，大きな在庫量を要さずに，製品を必要な時と場所において提供する「リーンな流通システム」を稼働させる必要がある。そのためには，リアルタイムの販売データが必要になる。企業が，どの製品がどこでどれだけ販売されたのかのデータを知れば知るほど，在庫を無駄に積み増すことなく，より良く需要を満たすことができるようになる。自動補充方式は，小売レベルで得られたPOSデータが納入業者へと送信されることで可能になる。この仕組みは，多くの産業で企業がJITベースで需要に対応するようになる上で役立つだろう。つまり，不正確なものとならざるを得ない販売予測によって在庫補充を行うのではなく，実際の販売実績に基づいて即時の在庫補充を行うわけである。

　在庫の適切な管理に加えて，企業はサプライヤーをより上手く管理することを学ぶ必要がある。今日，価値創造の80％以上が，サプライヤーから生み出されている―サプライヤーは，製品設計，生産技術，部品製造，物流の提供者である。企業（アセンブラー）は，以前にも増して，多数のサプライヤー群のコーディネーターとなっている。サプライヤーからの部品のどれか1つが欠ければ，最終製品の出荷の障害となり得る。幸いなことに，企業はサプライ・チェーンを以前よりは効率的に管理できるようになっている。そのため，製品のアベイラビリティもより最適化されるはずである。

　十分なアベイラビリティを創造するには，企業が既存のインフラストラクチャーを上手く利用するか，自身で新たに構築するかを要する。新たにインフラストラクチャーを構築するのには，莫大な費用がかかるため，それが妥当とさ

第5章　アクセシビリティのマネジメント

れることは殆どなく——とりわけ，企業が単独で取り組む場合や特定の製品のためだけに構築される場合はそうである——，既存のインフラストラクチャーを活用する方が遥かに効率的である。既存インフラストラクチャーの活用においては，競合他社と協力し合うこともしばしば求められる。例えば，インドでは多くの企業が，ヒンドゥスタン・ユニリーバによるProject ShaktiやITCによるe-Choupalを製品を流通させるためのインフラストラクチャーとして利用するようになっている。[*6]

＜インド農村市場への浸透＞

インド農村市場における革新は，アベイラビリティの活用による力(パワー)を示すものであろう。インドのような途上国では，これまで都市部の中間層がマーケティング上の主要ターゲットとされてきた。都市部中間層は，その所得水準，ライフスタイル，地理的集中の点で，一般消費者向けパッケージド・グッズを扱う企業，特に多国籍企業にとっては，魅力的な市場であった。しかしながら，現在は，多くの企業が所得の低い農村部に目を向けるようになり，状況は急速に変化しつつある。顧客の絶対数の多さや家計所得が増加しつつある点，競合企業の参入がまだまだ少ない点が評価されて，農村部はますます重要なものとなっている。その際の主たる課題は，農村部の顧客達にどのようにしてアクセシビリティを提供するかということである。

インドでは，農村部は人口の70％以上を優に占めている。農村マーケティング調査会社のMARTによれば，インドの農村市場は，インド全土に対して，ソフトドリンクの46％，バイクの49％，たばこの59％の売上比率を既に占めている。口紅については，おおよそ11％が農村部の女性達によって購入されているものと推計される。売上高の伸び率の点では，多くの製品で農村部が都市部を上回っている。例えば，コカコーラの売上高の伸び率は都市部24％に対し，農村部では37％である。2000年から2005年の間で，カラーテレビの売上高は農村市場で200％，バイクは77％の伸び率であった[8]。

---

*6 訳注：ITC Limitedは，インドの巨大多角化企業。西ベンガル州コルカタに本拠を置く。元々はインドの国営たばこ会社（Indian Tobacco Company）であった。民営化後は，たばこの他に日用品，ホテル経営，板紙，紙製品・梱包材，アグリビジネスの5分野を基軸に発展している。

高い売上高の伸び率を示す製品がある一方で，農村部はまだまだ多くの製品カテゴリーで十分な開拓を見ていない。これは，所得上昇の停滞，なかなか変わらないライフスタイルといった原因もあるが，おそらく最も大きな阻害要因は，—特に人口1,000人以下といった小さな村々に—製品を提供するのに十分な流通インフラストラクチャーを欠いていることによるものである。しかし，ここ10年ほどの間に，次の2つの興味深い取り組みが，インドの広大な農村部に点在する村々に対して行われてきている。

（1）Project Shakti
　ヒンドゥスタン・ユニリーバによるProject Shakti（プロジェクト・シャクティ）は2001年に開始されたものである。Shaktiは「女性の力」の意味であり，このプロジェクトは，農村部の女性に対して（健康・衛生に関する教育と共に）起業機会を提供し，また，ヒンドゥスタン・ユニリーバ自身は自社製品の流通チャネルを構築することを目的としていた。同社は，農村の自助グループと共同してプロジェクトを進め，女性達を教育し，また，同社製品の流通ネットワークに参加させていった。女性達は，石鹸や歯磨き，シャンプーや洗剤といったユニリーバ製品を農村の家々に販売し，届けるディストリビューターとなった。結果，今では，ディストリビューターによる売上高は，インド農村部でのヒンドゥスタン・ユニリーバの売上高の15％超を占めるようになっており，農村部における一種の流通インフラストラクチャーとして機能するようになっている。

（2）e-Choupal
　インド農村部における取り組みのもう1つの成功例は，ITCによるe-Choupal（イー・チョウパル）である。これは2000年に開始されたものである。e-Choupalは，元々は，ITCが中間業者を排し，農民から大豆を直接に買い取るために創られたものであり，農民が価格情報に直接アクセスできるようにPCとインターネット接続機能を備えた「ITキオスク」を農村に提供したところに特徴があった。その後，e-Choupalは普及し，農民達に農業資材・機材や関連サービスを販売する流通システムとしても機能するようになっている。ITCはまた，農村部における小売流通も拡大していった。すなわち，Choupal Sagar（チョウパル・サガール）と呼ばれる小売店舗を展開し，農産品や消費者向け製品を販売するようになっている。

　Project Shaktiとe-Choupalの例は，変革することの力(パワー)を良く示すものであろ

う。いずれも，伝統的な観念の制約から抜け出して発想し，組織的で綿密な努力によって，これまで無視されていた市場に取り組むものであった。

4. コンビニエンスの向上

　企業及び顧客にとってコンビニエンスはどのようなことがらを意味するであろうか。先ず，これを理解せねば，顧客に対するコンビニエンスを向上させることはできないだろう。また，コンビニエンスは，顧客毎にそれぞれの購買経験や期待水準が異なるため，その意味するところはさまざまである。しかし，一般的に言って，コンビニエンスは，顧客にとって都合の良い時間・場所（もちろん，合理的な範囲での制約はある）において，顧客が最小の労力で製品やサービスにアクセスできることを意味する。顧客が一度，高い水準のコンビニエンスに慣れ親しんでしまうと，この水準を下回る形で製品を提供することは不可能でないにしても，非常に困難なものとなる。

　今日の生活においては，人々は強い時間的圧力（プレッシャー）に晒されている。この傾向は，今後も更に強まっていくものと考えられる。例えば，アメリカでは労働力の半数以上を女性が占めており，家事労働に費やすことのできる時間を不足がちにしている。マーケターは，顧客により高い水準のコンビニエンスを提供して，顧客が時間や労力を節約できるようにすることを追求せねばならない。これを上手く行う企業は，市場においてますます支持を得るであろうし，これに失敗する企業は市場からの退出を余儀なくされるだろう。

　顧客に余計な時間・労力を使わせてしまう主たる要因として，時間の制約，場所の制約，形態の制約の3つが挙げられる。顧客に高い水準のコンビニエンスを提供しようとする企業は，これら3つの要因について良く理解し，対処する必要がある。

　▶時間の制約
　顧客は，製品についての情報を探索し，製品を入手できる店舗を見つけ，店

内で製品を探して購入し，持ち帰り（或いは配達されるのを待ち），製品を使用する。顧客は上記の行為に多大な時間を費やしている。マーケターは，顧客の製品使用に至る行為のそれぞれを効率的に行える（もしも可能であれば削減する）ようにして，顧客が費やす時間を短縮化する必要がある。マーケターはまた，顧客が製品やサービスにアクセスできる時間帯に関わる制約も取り除く必要がある。例えば，銀行は，以前は非常に限られた時間帯でのみ営業していたが，今では，顧客志向に立つ銀行が，長時間営業や週末の営業も行うようになっている。こうした銀行のATMもますます機能が上がっており，顧客が素早く便利にさまざまな取引を行えるようになっている。

▶場所の制約

製品やサービスが限られた場所でのみ提供される時，場所の制約が生じる。コンビニエンスを向上させるために，今では多くの企業が，顧客に製品やサービスを買いに来させるのではなく，企業の方から顧客の下にこれらを直接に届けるようになっている。例えば，食に関わる多くの企業が食事や食料品を顧客の家庭に配達している——先に見たようにドミノ・ピザはこの方法で大きな成功を収めた。自動車保険会社のプログレッシブは，事故現場に直接，業務車両を派遣し，保険請求手続きを迅速に進めるようにしている。その場で手続きを行い，顧客に修理費用のための小切手を発行することもある。かつては，多くの製品やサービスが，家庭まで直接に届けられていたものである（例えば，食料品を売りに来たり，洗濯物の御用聞きが巡回していた）。我々は実は，こうした時代に回帰しつつあるのかもしれない。

どのような店舗をどこにどれだけ配置するかは，どんな小売業でも大きな課題であろう。店舗を配置する上で，小売引力モデル[*7]といった良く知られた手法が活用されてきた。この手法は，顧客が製品購入に費やしても構わないと考える距離がどのくらいかを決定するのに有用であった。しかし，コンビニエンスは，店舗の配置のみならず，店舗内での製品の適正配置にも依存するものであ

[*7]訳注：小売引力モデル（Retail Gravitation Model）は，ウィリアム・ライリー（W. J. Reilly）の「小売引力の法則（Reilly's law of retail gravitation）」に代表される都市や商業施設の小売引力（買い物客を吸引する力）に関わるモデルの総称。店舗の適正配置や売上高予測，買い物移動距離の算出に用いられる。

る。店舗内での適正配置は，製品によっては言うほどは単純ではない。例えば，製品に複数の用途がある場合や製品特徴が複合的で複数の製品カテゴリーに入れることができる場合がある。こうした製品を相応しい売り場や陳列棚にそれぞれ配置して，顧客のコンビニエンスを高めるように工夫せねばならない。

メーカーと小売業者とは，陳列棚上で絶え間ない戦いを繰り広げているようなものである。メーカーは陳列棚上のスペースを可能な限り多く確保したい──とりわけ，顧客が見つけ易い高さの陳列場所を確保したい──と望む。一方，小売業者は全ての製品に等しく良い陳列場所を提供することはできない。この場合，小売業者は，スロッティング・フィー[*8]などに先ず拠るのではなく，顧客にとってのコンビニエンスの観点から製品の陳列場所を決定するようにすべきである。

▶形態の制約

形態の制約は，顧客が製品を受け取る際の状態(モード)に関わるものである。例えば，顧客が限られた大きさや容量でしか製品を入手できない時，形態の制約が生じる。

今日，企業は，ワンサイズでの提供ではなく，小サイズ，使いきりサイズから特大サイズまで，さまざまな大きさ・容量で製品を提供することをますます求められるようになっている。スーパーマーケットも，さまざまな製品について量り売りの形で顧客に提供するようになっている。

形態に関わる他のバリエーションとしては，企業が製品ではなくサービスを提供するようになっていることが挙げられる。例えば，カーペットメーカーのインターフェイス[*9]が提供しているのは，carpetの販売ではなく，carpetingである。carpetingとはカーペットのリースを意味する。インターフェイスの顧

[*8] 訳注：スロッティング・フィー（slotting fee）は，小売業者に製品を扱ってもらう際に，初回導入費としてメーカー（納入業者）が小売業者に支払う料金。「棚代」と説明される。アメリカの小売チェーンにおける商慣習。

[*9] 訳注：インターフェイス（Interface, Inc.）は，レイ・アンダーソン（Ray Anderson）により1973年，ジョージア州アトランタで創業。商業用及び住居用カーペットメーカーである。特にタイルカーペットの世界シェアトップ企業として知られる。サステナビリティへの取り組みを経営の基本においていることでも有名である。

客企業はカーペットを使うが，その所有権を得ることはない。リース期間が終われば，カーペットはインターフェイスによって回収され，適切なリサイクルが行われる。こうした製品をサービスとして提供する傾向は，消費者市場にも広がりつつある。

顧客のコンビニエンスを向上させるための基本原則として以下の4つが挙げられるだろう。

▶製品の使用と共に廃棄についてもコンビニエンスを創造すること

製品は顧客にとって，開封し易く，使用に際して時間を要したり，組み立てが複雑なものであってはならない。また，簡便で直感的に使用できるように製品設計されている必要がある。同様に製品の廃棄の際にも，余分な手間がかからないようにすべきである。例えば，ソニーは，顧客が古いソニー製品を下取りに出し，引き換えにソニーの新製品購入の際に使える買い物クーポンを受け取ることのできる簡便な方法を顧客に提示している。同社は，顧客に対し，引き取った古い製品を適切にリサイクルすることを約束している。

▶製品・サービスを取りまとめて提供することで，顧客の取引費用を削減すること

関連する製品やサービスを取りまとめて提供し，顧客の「ワン・ストップ・ショッピング」の購買を可能とすることで，企業は，顧客の費やす時間や労力を大きく縮小できる。こうすることで企業側も，関連製品・サービスを別々に提供することで発生するコストを削減できる。例えば，多くのCATV会社が，テレビ放送サービスと共にインターネット接続サービス，CATV電話サービス，携帯電話サービスなど関連するサービスをセットにして提供するようになっている。

▶顧客の生活のマネジメントの手助けをすること

今日の暮らしはますます複雑さを増しており，あれこれと考えたり，検討したりするコストが増大している。やらねばならなかったこと，やろうと思っていたことが，失念されたままになっていることも珍しくない。顧客は暮らしの中のさまざまなことがらを「マネジメント」せねばならず，企業はこの手助け

することができる。今日，大きな成功を収めた2つの企業，コンテナ・ストア[*10]とグーグルが，人々の生活のマネジメントの手助けの提供に専心していることは決して偶然ではない。コンテナ・ストアは，人々のリアル生活における収納や整理整頓の手助けをし，グーグルは「世界中の情報を整理し，世界中の人々がアクセスできて使えるようにすること」を通じ人々のネット生活に大きな利便性をもたらしている。

▶時間，場所，形態の制約をなるべく排除すること

これには，（可能であれば）24時間週7日年365日のオンライン・アクセスを可能にすること，製品を顧客の下へ直接に届けること，顧客がサービスを自宅に居ながらにして得られるようにすること，が含まれるべきである。企業は，自動化できることは自動化し，頻繁に購買される品目については自動補充方式を導入するなどして，顧客がいつでも支障なく購入し，消費できるようにすべきである。

＜日本の自動販売機＞

高度なコンビニエンスを実現している興味深い例として，日本における自動販売機の普及について考えてみよう。日本の例は，製品を顧客に提供する方法が今後どうなっていくかを展望する上でも興味深い。

非常に多様な種類の製品について，これほどの数の自動販売機がある国は日本以外にはないであろう。日本は，島国であり，人口密度が極めて高く，自動販売機などの破壊行為（ヴァンダリズム）[*11]が殆どない国である。人々は，徒歩や自転車で買い物に出かけることが多い。23人に1台の割合で自動販売機があるので，日本は1人当たりの自動販売機台数で群を抜いてトップに立っている。

日本における自動販売機の歴史は長く，おおよそ80年前に菓子の自動販売機が設置されて普及が始まった。1967年になって100円硬貨が登場すると急速な普

[*10]訳注：コンテナ・ストア（The Container Store, Inc.）は，収納用品の専門小売チェーン。1978年創業。テキサス州に本社を置く。全米各地に店舗を展開している。企業ロゴには，the original storage and organization store（オリジナル収納・整理整頓用品店）との表示がある。

[*11]訳注：vandalismは，自動販売機など街中の設備・施設の破壊行為の他，公共物の汚損・破壊行為，文化・芸術の汚損・破壊行為を指す。

及をみた。今日，日本の自動販売機はデジタル化されており，例えば，電子マネーでの支払いができたり，未成年者のたばこの購入を防ぐためのスマートカード*12が導入されたりしている。

　自動販売機で扱われる最も一般的な品目は，ソフトドリンク，コーヒー・紅茶，栄養ドリンクなどお馴染みのものであるが，日本では，他にもさまざまな品目が販売されている。これらには，たばこ，ビールや日本酒など酒類，カップヌードルや他の食品，アイスクリーム，米，揚げ物類，牛乳，精肉，卵，生花，野菜，鉢植えの植物，使い捨てカメラ，乾電池，CD，おみくじ，新聞，雑誌，マンガ，ビデオ，玩具，生理用品，テッシュ，傘，ネクタイ，スニーカー，下着，iPodなどがある。

　他の国々―とりわけ都市部で人口密度が高い国々―も日本の例から学ぶことができるだろう。ロサンゼルスのような皆が車で移動する都市では，ドライブスルー型の自動販売機システムが上手く機能するかもしれない。また，破壊行為が懸念される地域では，これに対応した追加的な安全対策が施されねばならない。

5. 全資源の活用によるアクセシビリティの実現

　他の4A要素と同様に4Pの特定のP，すなわちPlace（流通チャネル）だけがアクセシビリティを左右すると考えるのは誤りである。企業は内外の多様な資源を活用することで，アベイラビリティとコンビニエンスとを向上させることができる。以下，さまざまな例について見てみよう。

　Product（製品）：製品のサイズや外観デザインが，そのアベイラビリティを左右する。例えば，30年前は，コンピュータはサイズが大きく，広い業務用スペースにしか置かれなかった。その後，コンピュータは小さくなり，より買い

---

　*12 訳注：taspo（タスポ）。未成年者の喫煙防止のための成人識別ICカード。2008年から順次導入されている。

197

易く，運び易く，使い易くなり，さまざまなところで販売されるものとなっていった。同様に，テレビも液晶になり，より薄く，軽くなるにつれて，人々にとって，より買い易く，家に持ち帰り易いものとなった。

Price（価格）：製品の価格が安くなると，高いままの競合製品に比して，より幅広く入手できるようになることがしばしば生じる。例えば，デジタルカメラは，かつては高価格製品であり，専門的な小売店でしか販売されていなかった。しかし，価格が低下するにつれて，顧客はさまざまな小売店でデジタルカメラを購入できるようなった。

Promotion（プロモーション）：ボクシングの世界ヘビー級チャンピオンであったジョージ・フォアマン[*13]は，テレビショッピング専門チャンネルのQVCテレビで彼の名を冠した調理器「ジョージ・フォアマン・グリル」[*14]のプロモーションを始めた。視聴者は，QVCテレビを通じ，この調理器がどんなものなのかを詳細に知ることができた。ジョージ・フォアマン・グリルは，最初は電話注文でだけ購入することができたが，フォアマン本人のプロモーションもあり，すぐに大人気となった。結果，多くの小売店で扱われて，顧客はさまざまな場所で購入できるようになった。

People（従業員）：従業員は企業の提供するサービス全般において極めて重要な役割を果たしている。良く訓練された熟練の従業員は，顧客にとっての購

---

*13 訳注：ジョージ・フォアマン（George Edward Foreman：1949-）は，一度引退した後，10年のブランクを経て現役に復帰し，1994年に45歳10か月で世界タイトル奪取を果たした世界的に有名なボクサー（97年に引退）。アメリカでは知らぬ人のいない有名人である。

*14 訳注：ジョージ・フォアマン・グリルは，George Foreman Lean Mean Fat-Reducing Grilling Machineの通称で，余分な脂が下に落ちるようになっている電気式卓上調理器（グリル＝焼き器）。1994年に発売。ジョージ・フォアマンは，チーズバーガーが大好物であるが，健康的な食生活を心掛けて，この調理器で調理したものをいつも食べていたことから，彼の名を冠して発売されたもの，とされる。価格の安さもあって，アメリカでは有名な大ヒット製品となった。今日，製品にはさまざまなバリエーションがある。

買を簡便で手間のいらないものとする。また，スターバックスのような企業は，非正規の従業員に対しても良い処遇をすることが広く知られており，そのため，同社は従業員の採用と配置を比較的容易に行うことができる。これは，同社の店舗とサービスとがさまざまな場所で幅広く提供されることに役立っている。

　Process（業務プロセス）：革新的な業務プロセスは，製品やサービスを顧客にとってより簡便で入手し易いものとする。例えば，スーパーファストピザ（Super Fast Pizza）というウィスコンシン州の宅配ピザ企業は，調理設備を備えた配送車両を用い，注文を受けたピザを焼きながら顧客の家に向かうという業務プロセスを採用している。

　Sales（販売・営業）：販売・営業も製品・サービスをより簡便で入手し易いものとすることができる。例えば，住宅ローン会社や銀行，保険会社の担当者は，しばしば見込み顧客宅を訪問して，提供するサービスについての説明を行っている。

　R&D：数多くの優れたR&Dによって，顧客にとっての利便性を高める製品が生み出されている。例えば，ライゾールは，非常に簡便に使えるウェットタイプの除菌シートを開発している。同様の製品には，プレッジ家具磨きシートやウィンデックス窓用シートがある。簡便さと入手のし易さを大きく高めたサービスが，CATV会社やDVDレンタル会社によってオン・ディマンド方式で提供されている。

---

　*15 訳注：ライゾール（Lysol）は，イギリスの家庭用品メーカーであるレキットベンキーザー（Reckitt Benckiser plc）の洗剤・除菌及び関連製品のブランド。
　*16 訳注：プレッジ（Pledge）は，アメリカの家庭用品メーカーであるSCジョンソン（S.C. Johnson & Son, Inc.）の家具用クリーナー，ワックス及び関連製品のブランド。同社の製品は，日本ではカビキラーが良く知られている。
　*17 訳注：ウィンデックス（Windex）は，現在は，SCジョンソンのガラス用及び家庭用クリーナー製品のブランド。

顧客サービス：製品を簡便に入手できることと同じく，製品についての明確で信頼できる情報を容易に入手できることも重要である。製品購入に先立ち，顧客に製品についての正確な情報を提供すること，また，購入後にも適時かつ効果的な顧客サービスを提供することが，成功の鍵となっている。ルータ及びネットワークスイッチの世界最大級の事業者の1つ，リンクシスについて考えてみよう[*18]。殆どの人にとっては，ルータのセットアップは簡単な作業ではないが，同社は良く構成されたwebサイトでその手順をユーザーに分かり易く示している。また，同社は電話による直接サポート体制を整え，ユーザーが容易にサポートを受けられるようにしている。

IT：ITは，情報ベースの製品・サービスをより入手し易いものとしてきた。例えば，多くのラジオ局が今では，web上でストリーミング放送を行っている。これは，放送コンテンツを全地球的(グローバル)に提供し，モバイル機器がwebにつながりさえすれば，どこであっても聴取を可能にするものであった。ITはまた，顧客が非常に大量の製品情報にアクセスすることを可能にしている。これは，顧客の購買選択をより容易なものする。アマゾン.comのようなオンライン小売業者は，リアル店舗を展開する競合他社（オフライン小売業者）よりも遥かに幅広い品揃えと選択の幅を可能にしており，「ロングテール効果」をそのビジネスモデルの基礎に置いている[9]。

ITがアクセシビリティを向上させる可能性を評価するために音楽CDについて考えてみると良いかもしれない。webが登場する以前は，音楽CDは小売店（リアル店舗）かせいぜい通信販売(メール・オーダー)でだけ購入可能であった。ところが，今では，どんな音楽の趣味であっても，全てはクリック1つである。アップルのiPodの成功は，主としてiTunesミュージック・ストアによるものである。iTunesは音楽の購入を実に簡便なものとした。加えて，顧客は，好きな曲だけを選ん

[*18] 訳注：リンクシス（Linksys）は1988年創業。小事業主，家庭向けのネットワーク関連機器を製造販売する企業であった。2003年に買収され，シスコ・システムズ（Cisco Systems, Inc.）傘下となった。以降，Linksys by Ciscoのブランド名が用いられ，手厚いサポート体制も維持された。その後，2013年3月にベルキン（Belkin International, Inc.）に他のネットワーク機器事業と共に売却された。

で購入することが可能となった。もはや，聴きたい数曲のためにCDをまるごと1枚購入する必要はなくなったのである。

小売業者：小売業者は，店内における陳列を通じて，製品をよりアクセシブルなものにできる。例えば，店内の最も良い場所に特別な陳列をしたり，エンド陳列を行うことで，製品をより買い易くすることが可能である。

政府：連邦政府及び州政府は，製品やサービスのアベイラビリティとコンビニエンスに対して大きな影響を与え得る。政府は，道路や橋，トンネルなどさまざまなインフラストラクチャーに投資をし，整備を行う。また，通信衛星のような情報インフラストラクチャーへの投資や整備も同様である。こうしたインフラストラクチャーの整備は，製品やサービスを生み出し，流通させ，提供する上で不可欠の要件となる場合がある。例えば，今日，民生用に広く用いられているGPS（Global Positioning System）は，GPS衛星からの信号受信によって稼働しているが，これらのGPS衛星群は，元々はアメリカ政府が国防・軍事用に打ち上げたものであった。

政府はまた，食品の規格制度を定めている。これによって，消費者はさまざまな食品の品質について容易に評価することができる。政府の行う各種の農業振興策は，農家により良い栽培法などを指導することを通じ，農産物のアベイラビリティ向上の大きな助けとなっている。ADA（Americans with Disabilities Act：米国障害者法，障害を持つアメリカ人法）の制定によって，政府は，障害を持つ人も支障なく利用できるアクセシビリティを備えた公共・商業施設の建設を促進している。高速オンライン・ネットワークについては，多くの国々で政府が，主たる投資主体となって整備を進めている。

産業（業界団体）：業界の競合他社と協働することで，業界全体の効率性を向上できる大きな可能性がある。例えば，携帯電話会社は，共同で携帯電話の中継塔を設置してきた。これにより，各社独自の中継塔を建てる必要がなくなり，重複投資と政府規制とを回避することができた。同様にCATV各社も共

同して高速ケーブル・ネットワークの整備を行ってきた。これにより，より多くの人々に高画質の映像コンテンツと高速インターネットのサービスを提供できるようになった。

パートナー企業：異なる製品ライン間での相乗効果が見込める場合，企業間のパートナーシップは，アクセシビリティを良く高めることができる。例えば，街のベーカリー店は，焼き立てのパンと共に同じような地場生産者のジャムやスプレッドも扱うことができるだろう。これは，顧客にとってのアクセシビリティを高める効果がある。

オペレーション（生産）：製品の生産工程の無駄を省き，迅速な出荷を可能にすることは，コンビニエンスを向上させるだろう。例えば，殆どの家具会社は，特注品のソファを顧客に届けるまで12週以上を要するのが通常である。これに対して，テネシー州のイングランド[*19]といった企業は，特注品のソファや椅子を3週間以内に顧客に届けることができる。同様に，バーモント・テディベア・カンパニー[*20]は，顧客からの注文を受け，その日の内にテディベアを生産し，翌日には発送できるシステムを稼働させている。

企業は，顧客にとってのアクセシビリティを最大化する上で，多様な方策を用いることができるだろう。上記に示したさまざまな例は，用い得る方策の豊かな可能性について気付かせてくれるものと，我々は考えている。

[*19]訳注：イングランド（England, Inc.）は，1964年にチャールズ・イングランド（Charles England）と2人の息子ユージン（Eugene）とドワイト（Dwight）により創業された家具会社。特注家具の迅速な生産・配送システムで広く知られる。高品質で長持ちの家具との評判も得ている。

[*20]訳注：バーモント・テディベア・カンパニー（Vermont Teddy Bear Company）は，テディベアの製造・販売を行う企業。通信販売及びインターネットによる販売を行う。テディベアの製造・販売では最大級の企業の1つ。ジョン・ソルティノ（John Sortino）により1983年に創業された（と言っても，当初はバーモント州バーリントンの青空市で手作りテディベアをカートに載せ，手売りしていた）。

6. インターネットのアクセシビリティへの影響

　インターネットがアクセシビリティに与える影響について評価する上で，情報へのアクセスと製品・サービスへのアクセスとを区別して捉えることが有用である。インターネットが与えた最も大きな影響は，世界中の情報や知識への即座の，また，普通は無料かつ自由なアクセスを可能にしたことである。今日，このアクセスは，ますますモバイル機器を通じて行われるようになっている。モバイル機器は，デスクトップ型PCよりも速いスピードで普及しつつあり，既に地球上のかなりの割合の人々がこの種の機器を使うようになっている。

　情報ベースではない製品（つまり，物理的な実体を持つ製品）の場合，インターネットは製品についての情報の入手を可能にし，また，webで当該製品を注文することも可能にした。ザッポスの例で示されたように，webによる注文システムによって，企業は在庫を顧客の需要とより良く適合させることができる。ザッポスのwebサイトで顧客が目にする製品は，全て在庫があり，100％のアクセシビリティが保証されていた。同様にネットフリックスのwebサイトでそれぞれの会員に推奨されるDVDも全てが貸し出す在庫が確保されているものだけであった。

　企業は，自身が提供する製品やサービスをよりアクセシブルなものとするために，インターネットをどのように活用できるかを継続的に探究し続ける必要がある。とりわけ，スマートフォンの爆発的な普及と無数のスマートフォン向けアプリケーションの登場を考えると，企業が顧客により大きなコンビニエンスを提供することを可能にする創造的な方法は尽きることはないものと思われる。

7. 結 論

　アクセシビリティが確保されていないと，製品は市場でその力を十分に発揮できないままになる。第2章の冒頭で示したコカコーラ社の目標，「欲しい時にいつでもどこでも手に入る」を思い起こしてもらいたい。企業は，この目標をコスト効率良く，どのようにして実現していけるかを決定する必要がある。そのためには，今日の目覚ましい発展を見せている技術資源を創造的に活用すること，他企業とのwin-win関係の構築を図ること，そして，顧客が製品をより容易く入手でき，生活をより豊かに楽しむことができるようにするという重要な目標を決して見失なわないこと，が求められるだろう。

# 第6章 アウェアネスのマネジメント

1. はじめに

　本章では，我々は，企業がどのようにして，高い水準のアウェアネスを創造し，維持し得るかについて議論する。高い水準のアウェアネスは，もちろん，安定した売上高を保持する上で不可欠である。広告は，アウェアネスを得るために最も一般的に用いられているが，いつでも最善の方策とは限らない。例えば，グーグルやフェイスブック，そしてスターバックスといった企業は，広告に殆ど依存せずに，非常に高い水準のアウェアネスを得ている。

　4Aの各要素の内，アウェアネスは，改善の余地が最も大きい領域である。それは，多くの企業の現行の取り組みが，一般に効果的ではなく，非効率であるためである。殆どの企業が，効果的に広告を行っていないし，アウェアネスを生み出す他のさまざまな方策も的確には利用できていない。

　アウェアネスの創造と維持について考えるために，車で旅をする旅行者のための宿泊施設，モーテル6の例を先ず見てみよう。

2. モーテル6:「あなたのために灯りはつけたままにしておきます」

　ポール・グリーン (Paul Greene) とウィリアム・ベッカー (William Becker) は，1962年，カリフォルニア州サンタバーバラに「モーテル6」という何の工

205

夫もないような名前のモーテル・チェーンを創業した。グリーンは，かねてより家族連れの旅行客が低予算で宿泊できる安価なモーテル・チェーンの構想を持っていた。彼は，計算の結果，1泊6ドルで宿泊を提供でき（これがモーテル6の名前の由来となっている），しかも利益を上げ得るものと考えた。こうして設立されたモーテル6は，堅実な旅行者のための最初の格安モーテル・チェーンとなり，「モーテル業界のサウスウエスト航空」とも称されるようになった（良く考えてみれば，サウスウエスト航空の方こそ「航空業界のモーテル6」と呼ぶ方が正確ではある）[1]。

1985年までは，モーテル6は，依然としてモーテル・チェーンの中で最廉価のチェーンであった。しかし，同社の業績は幾年にもわたって低下し続けていた。この年に，企業買収専門会社のKKR[*1]は，モーテル6を買収し，業績の立て直しを図る計画を発表した。モーテル6の新しいCEOとなったジョセフ・マッカーシー（Joseph McCarthy）は，広告会社のザ・リチャーズ・グループ[*2]を雇い，彼の新目標—低下しつつある客室稼働率(オキュパンシー)の回復，新しい顧客層の開拓，設備の改善—に対する助言を依頼した。

ザ・リチャーズ・グループは，市場調査を行い，旧来のやり方を改めるべきとして，以下の3つの助言を行った。

▶第1に，モーテル6には，部屋備え付けの電話はなく，要望があれば宿泊客に有料の電話機を貸し出すのみである。宿泊客の言によれば，部屋に電話がないのは，放置され孤立しているように感じるとのことである。このようなやり方は改めるべきである。

▶第2に，モーテル6は，部屋備え付けのテレビを有料としている。使用料金は1.49ドルである。宿泊客の80%がこの料金を支払い，テレビを観ている。調査によると宿泊客の殆どは，このように少しずつ追加料金を取られるのは不愉快だし，面倒であると感じている。更に悪いことに，タオルな

[*1]訳注：KKRは，コールバーグ・クラビス・ロバーツ（Kohlberg Kravis Roberts）の略称。投資・買収ファンド。
[*2]訳注：ザ・リチャーズ・グループ（The Richards Group）は，アメリカの独立系大手広告会社。1955年創業。テキサス州ダラスに本社を置く。

どの追加を頼むとまた料金を取られると考え，気軽に頼めず我慢をしている。このようなやり方は改めるべきである。
- 第3に，モーテル6は，モーテル毎に予約を受け付けているが，これを止め，集中予約システムを開発すべきである。集中予約方式は，モーテルの場所が分からない不慣れな旅行客にとっては，便利で魅力的なものとなるはずである。

モーテル6は，ザ・リチャーズ・グループの上記の助言を受け止め，一連の改善を行った―例えば，第1の勧告に従い，直ちにAT＆Tと契約し，425施設，45,000の部屋の全てに電話を備え付けた。その結果，低下気味であったモーテル6のアクセプタビリティは改善した。

モーテル6の次の課題は，アウェアネスの改善であった。同社は，全国的な広告キャンペーンによる知名度とブランド認知の向上に取り掛かった。他の多くのホテルチェーンが，テレビと新聞・雑誌を用いて広告を行っているのに対して，ザ・リチャーズ・グループはモーテル6にラジオを用いることを助言した。「モーテル6の見込み顧客の殆どは，事前に宿泊の計画を立てているのではなく，車での移動中にその日，どこに泊まるかを決めている。宿をどうするかを考えている移動中の顧客に対しては，ラジオがより到達力のある広告媒体である」というのがその理由であった。

ザ・リチャーズ・グループはまた，作家のトム・ボデット[*3]をモーテル6の広報担当者(スポークスマン)とすることを助言した。ボデットは，ナショナル・パブリック・ラジオ[*4]のラジオ・パーソナリティを務めており，ザ・リチャーズ・グループは彼の実直でユーモアのある語り口を高く評価していた。当時，ボデットは，どちらかと言うと有名ではなかったが，ザ・リチャーズ・グループは，モーテル6

[*3]訳注：トム・ボデット（Thomas Edward "Tom" Bodett：1955-）は，アメリカの作家，声優，ラジオ番組司会者。本文中にあるようにモーテル6のラジオCMのフレーズ "I'm Tom Bodett for Motel 6, and we'll leave the light on for ya." で良く知られる（yaは，youの口語表現）。

[*4]訳注：ナショナル・パブリック・ラジオ（National Public Radio）は，アメリカの公共・非営利のラジオネットワーク。2010年にNPRに名称変更した。

のキャンペーンには，ハリウッドスターなどを使うよりも，庶民的なボデットの方が顧客からよほど信頼を得られると判断していた。ボデットを起用した新しいキャンペーンは，「スマート・チョイス」と名づけられ，スポットCMの最後に必ず付け加えられる一言，「あなたのために灯りはつけたままにしておきます」は有名なフレーズとなった（実際のところ，この今日良く知られているボデットの名セリフは，スポットCMの尺が僅かに余ったために彼がアドリブで入れたものであった）。このキャンペーンは，モーテル6に宿を取ることが，安宿に単に泊まるのではなく，賢明な選択(スマート・チョイス)であることを顧客に伝えようと意図するものであった。

「スマート・チョイス」キャンペーンは，すぐに大成功を収めた。最初のラジオCMは1986年11月に放送され，その後，5年の間に100通り以上のバリエーションで放送された。モーテル6の知名度とブランド認知は劇的に向上し，客室稼働率も改善した。売上高は，3か年で60％を超える増加をみた。モーテル業界では，このような急速な業績向上はこれまで殆どなかった。2000年には，「Adweek」[*5]誌は，「スマート・チョイス」を過去100年間で最も成功を収めた広告キャンペーンの1つと論評していた。

ザ・リチャーズ・グループのとった最も巧妙な方策の1つは，運転中のドライバー達に一連の公共広告[*6]を提供するようにしたことである。これはトム・ボデットがナレーションを担当し，BGMはモーテル6のラジオCMと同じものを用いていた。ザ・リチャーズ・グループは，モーテル6のCMが流れている全てのラジオ局にこの公共広告の放送を依頼した―ドライバー達に有益な情報を提供したいとのボデットの手紙も添えられていた。依頼を受けたラジオ局のおおよそ30％が，この放送を受け入れた。これらの公共広告は，ドライバー達に灯りのともったモーテル6のイメージを何となく思い起こさせるものであっ

[*5] 訳注：Adweekは，アメリカの広告業界誌（週刊）。広告，マーケティング，メディアの実務家を読者層としている。現在はPrometheus Global Mediaが発行。

[*6] 訳注：原文は，PSA（public service announcement）である。PSAは文脈によっては，公共サービス情報の告知，或いは政府広報や行政からの情報告知を指すこともあるが，ここではpublic service ad（公共広告）として訳出している。公共広告は，メディアに広告料金を支払うことなく放送・掲載される公共的内容を持った情報告知を言う。

た。こうしてモーテル6は数年間にわたり，数百万ドルかけた広告露出に匹敵するような効果を無料で得ることができた。

1990年になって，KKRはモーテル6をフランスの企業，Accor[*7]に売却した。Accorは，1993年に6億ドルを投じてモーテル6の施設・設備の大改修を行った。今日，モーテル6は格安モーテル・チェーンの中で主導的な地位を保持しており，その宿泊料金は，競合チェーンと比して，20〜30％安く，モーテル・チェーンのアメリカ全土の平均料金のほぼ半額という安さである。モーテル6のこうした低価格ポジションは，厳格なコスト管理と高度な標準化によるものである。宿泊料金は，以前は全国一律であったが，現在は地区毎に多様な料金体系となっている。今日のモーテル6は，「格安」（ノーフリル）チェーンでありながら，17歳以下は無料，ペット可といった多くの追加的なサービスを提供している。部屋備え付けのテレビでHBO[*8]やESPN[*9]の番組を無料で好きなだけ観ることもできる。

モーテル6の例は，マーケティングに対する優れた取り組みを示すものであった。それは，4Aの各要素に対して，賢明かつコスト節約的に取り組み，顧客に大きな価値を提供すると同時に高い収益性の保持も可能にした。とりわけ，トム・ボデットを起用した一連の取り組みは，高度に飽和したモーテル市場において，モーテル6のアウェアネスを大きく高めることに成功した。

3. アウェアネスとは何か

「アウェアネス」は，既に定義したように，製品及びブランドを知り，理解することに関わる。第2章で示したように，製品知識とブランド認知というア

[*7] 訳注：Accor（アコー）は，パリに本拠を置くホテル会社。Accor Hotelsとして，ソフィテル（Sofitel），メルキュール（Mercure），ノボテル（Novotel）といったグレード別のホテル・ブランドがある。ヨーロッパを中心に世界各国にホテルを展開するが，北米市場はやや手薄である。

[*8] 訳注：HBO（Home Box Office）は，アメリカの大手CATV会社。

[*9] 訳注：ESPN（Entertainment and Sports Programming Network）は，娯楽スポーツ専門のテレビ放送ネットワーク。

ウェアネスの2つの次元は共に重要なものである。しかしながら，殆どのマーケターが，製品知識の次元を軽視する傾向がある。彼らは，ブランド認知の次元を重視して，高水準のブランド認知を創造し，保持することに専ら力を注いでいる（図6-1を参照）。その注力は，実質的に全てのマーケティング予算を投入していると言っても良いほどである。

図6-1　アウェアネスのパフォーマンスの評価

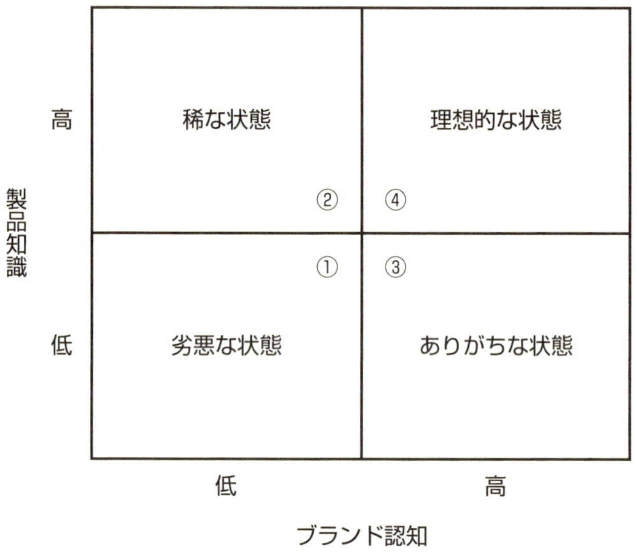

	ブランド認知：低	ブランド認知：高
製品知識：高	稀な状態 ②	理想的な状態 ④
製品知識：低	劣悪な状態 ①	ありがちな状態 ③

留意すべきは，アウェアネスには，提供される製品についての顧客の評価は含まれないことである。評価は，アクセプタビリティの領分である。顧客が，ある製品について非常に良く知っているが，同時に当該製品が自分のニーズには全く合わないことも良く理解している場合，良く知っていることはアウェアネスに関わり，ニーズ不適合の理解はアクセプタビリティに関わることがらである。広告は，殆どの場合，アウェアネスの向上だけでなく，見込み顧客の製品に対する態度に正の影響を与えることを目的としてなされている。態度への正の影響は，「心理的アクセプタビリティ」において扱われるべきことがらで

ある。

　実際のところ，殆どの顧客は，提供される製品についてさほど高い水準のアウェアネスを得ているわけではない。製品について良く知らされないままに購買が行われていることも多い。顧客は製品のブランドネームを知っていて，或いはブランドのサウンドロゴなども覚えているかもしれないが，製品の詳細については特に知らされないままである。これは特段，驚くべきことではないかもしれない。顧客に製品についてより詳しく知らせることが，自社にとって利点にはならず，むしろダメージになると考えている企業も少なくないからである。もちろん，このような企業の姿勢は正しいものではない。本書が基本的な前提としているのは——我々が良きマーケティングの基本と信ずることでもあるが——，企業が，顧客に対して競合他社よりも優れた価値提案を行う時にのみ，持続的な成功が得られる，という考え方である。従って，優れた価値提案を製品に組み込み，価値提案の詳細を適切に知らせることが企業と顧客の双方にとって大きな利点となるようにすべきである。

　我々は，深いアウェアネスと浅いアウェアネスとを区別することができる。

　深いアウェアネス（deep awareness）：顧客は，製品の評価（レビュー）や製品について教えてくれる情報源を「能動的」に探し求める。これは，当該製品が含まれる製品カテゴリーに対して，顧客が高い関心を持っているためである。顧客は，製品知識とブランド認知を広告やマスコミ報道，小売店頭，各種イベント，顧客間の口コミを通じて得ていく。アウェアネスのそれぞれの経路は，顧客の知識量を高めるのに役立つ。満足顧客が，「製品の伝道者（エバンジェリスト）」のように振る舞い，他の人に当該製品について教え，推奨して回ることもある。

　浅いアウェアネス（shallow awareness）：顧客は，主に広告を通して製品知識とブランド認知を「受動的」に得るだけである。ブランドについての情報は顧客の短期的な記憶に留まるだけである。そのため，繰り返しの広告によって，顧客に情報を与えて，継続的に強化し続ける必要がある。強化し続けなければ，製品についてのアウェアネスは，知らず知らずのうちに自然と忘れ去られてし

まう。

<アフラック・ダック>

　アフラックのトーキング・ダック（しゃべるアヒル）・キャンペーンほどの成功を収めたマーケティング計画は，近年では殆どないであろう。このキャンペーンは，以前は余り知られていなかったアフラックの名を誰もが良く知っているものへと変えるものであった。アフラックは，医療保険を販売するが，このキャンペーン以前にも10年間にわたって広告を行ってきた。しかし，行われてきた広告は他の保険会社の広告と見分けがつかないほどの陳腐なものであり，殆ど効果を上げることができなかった。

　同社は，主たる問題は，殆どの人が単にアフラックの名を覚えていないし，そもそも知らないことにあると判断していた。そのため，トーキング・ダック・キャンペーンは何よりアフラックの名を覚えてもらうことを目的とした。キャンペーンの広告では，常に同じ表現テーマが描かれた。それは，①幾人かが医療保険について話している，②傍らにアヒルがいて，無視されたことに苛立つ，③普通のアヒルのように「クワックワッ（Quack）」とは鳴かずに，「アフラックアフラック（Aflac）」と繰り返し叫んでアピールする，というものであった。

　トーキング・ダック・キャンペーン，は最初から大きな成功を収めることができた。最初の広告「公園のベンチ編」は，オーディエンス・サーベイ社（Audiences Surveys Incorporated）の指標でかつてない最高点27ポイントを得た―通常の広告であれば平均して12ポイント，それまでの最高点は17ポイントであった。続く一連の広告シリーズでは，更に上昇し，35ポイントから49ポイントの指標点を得た。キャンペーンの直接の成果としては，アフラック・ブランドの認知が，以前はせいぜい10％だったものが，92％にまで急上昇したことが挙げられる[2]。業界としては全体市場が殆ど成長しない中，アフラックの売上高は，キャンペーンが開始された2001年には28％の伸張を見た。続く2002年は29％の伸びであった。また，調査によれば，ターゲット市場の90％の人がこの広告を「面白くて楽しい」と受け止めており，73％が「アフラック・ダックが好き」と回答していた。

　トーキング・ダック・キャンペーンは大成功であったが，それがそのまま利

[*10]訳注：アフラック（Aflac：アメリカンファミリー生命保険会社）は，American Family Life Assurance Company of Columbusの略称。アメリカの保険会社。生命保険，医療保険を扱う。Aflac Incorporatedの完全子会社である。

益を伴うことを保証するものではなかった。アフラックは，高水準のブランド認知を得ることに成功したが，アメリカ人の実に92％がアフラック・ブランドを知っている一方で，10％だけがアフラックの提供するサービスについて理解しており，更に実際に顧客となるのは6％に満たないという状況であった。この状況を改善するため，アフラックは広告の最後に「詳しくはこちらでご案内します」との告知を追加して，提供する保険の詳しい説明をすると共に問い合わせてきた顧客のフォローアップを行うようにした。

　ここで特に注目すべきは，多くの顧客が提供される製品（医療保険）について余り知らないのにもかかわらず，アフラックの売上高は増加したことである。もしも，顧客が提供される製品についてもっと知るようにできれば，売上高の増加は更に大きいものとなったはずである。

4. 広告とアウェアネス

　今日，人々は莫大な量の情報に晒されているため，広告によって提供される製品のアウェアネスを創造するのは，以前にも増して難しい課題となっている。広告は，的確に行われれば，目覚ましい効果を上げ得るが，そうでないなら，企業の資源を浪費するばかりの存在となる。マーケターが，適切なメディアを選び，適切なメッセージを工夫することで，広告の成功率は劇的に改善されることになるだろう。

　アウェアネスを向上させれば，その分，売上高も伸びるであろうが，これが成り立つのは，「元々のアウェアネスが低い水準であった」「他の4A要素も良好な水準である」という2つの条件においてである。より多くの広告を行っているのに売上高が反応を示さないのであれば，「元々のアウェアネスが既に十分に高い水準である」以外に，考えられるのは次のどちらか或いは両方である。①行われている広告が，アウェアネスの向上や顧客の関心の喚起に効果的なものではない，②他の4A要素に何らかの問題がある。

　広告キャンペーンには効果があると考えられているので，実に大量の広告が，

とりわけアメリカにおいては行われている。平均的なアメリカ人は，膨大な量の広告メッセージに晒されながら日々の生活を送っているが，これらの広告メッセージの内，ごく少数だけが顧客に意識され，意識された内の僅かが，顧客の幾分かの関心なり興味を引くだけである。更にそのごく僅かが，顧客の製品に対する認知に直接の影響を与えることになる。

余りにも多くの企業が「とにかく広告が必要である」という意識に囚われている。しかし，企業は本来，「顧客の製品に対するアウェアネスを高めることが必要である」という認識に立脚すべきである。アウェアネスの向上を追求する企業は，単に製品のプロモーションを図るだけの企業とは大きく異なる。広告中心の思考枠組み「広告マインドセット」では，結局，売り込みに傾斜しがちである。一方，アウェアネスに立脚する「アウェアネス・マインドセット」では，顧客の言わば「エデュケーション」が中心となる。エデュケーションとは，顧客に製品についての十分な情報を与え，顧客が製品を購入するか否かを決めることができるようにすることである。企業が4Aの他の諸要素について高い水準を確保しているのであれば，「広告マインドセット」による売り込みに頼る必要性は何もないはずである。

我々が，第1章で示したように，強引な売り込み(ハード・セル)に頼ることは，しばしば企業資源の投入先を見誤ることにつながる。我々がさまざまな企業のマーケティング活動について調べたところでは，マーケティング資金の大部分が広告を中心とするプロモーション活動に投じられていた。企業は広告に頼りがちであるが，広告に拠らずに高水準のアウェアネスを確保するさまざまな方法がある。

アメリカで非常に大きな成功を収めているグルメ・スーパーマーケット，「トレーダージョーズ」[*11]について考えてみよう。同社は，カリファルニア州を初めとして全米で良く知られており，顧客から大きな信頼を得ていることでも際立

[*11] 訳注：トレーダージョーズ（Trader Joe's）は，アメリカのグルメ・スーパーマーケット。特にオーガニック食品に強みがある。1958年創業。カリフォルニア州を初め，全米に店舗を展開する。店舗運営は個性的であり，店内は明るく，気さくな雰囲気にあふれている。店員は乗組員，ストア・マネジャーは船長(キャプテン)と呼ばれる。同社は，顧客に素晴らしいショッピング体験を提供することを何より重視している。

った存在と言える。

同社は，非常に高い顧客ロイヤルティを得ているが，広告は殆ど行っていない。代わりに同社は，「大胆不敵のチラシ」*12 という名前の一種のニューズレターを発行している。「大胆不敵のチラシ」は，販売する商品についてユーモアを交えた文章で詳しく紹介するものである。トレーダージョーズは，顧客に素晴らしい体験をいつでも一貫して提供することを店舗運営の基本としており，そのため，「大胆不敵のチラシ」のような広告に頼らない控え目のやり方の方が，むしろ良好に機能している。

同社のマーケティング担当副社長パット・セイン・ジョン（Pat St. John）は，「たとえ大量の広告を行ったところで，我々が顧客に提供しようとするものを創造できるわけではない」「広告では，体験は創造できない。顧客のロイヤルティは，素晴らしい体験を通じた顧客との関係性から得られるものである」と述べている[3]。

（1）広告は良好に機能しているか

「広告は良好に機能しているか」との問い掛けに対しては，マーケティングの実務家や専門家から，確実に強い反応が寄せられるだろう。先ず，「広告の大量投下を欠いては，どんなマーケティング・キャンペーンも成功できない」と強く主張する人々がいる。殆どの広告会社が，この主張に与するのは特段，驚きべきことではない。これに対して，「殆どの広告は，真実を語るわけでもなく，感動も与えない。顧客は，広告ばかり大量に行う企業は信用できないと感じている」と主張する人も多い。「広告の効果が薄いのは，まさしく広告が大量に行われ，溢れ返っているせいである」との意見もある（コラム「広告と共有地の悲劇」を参照されたい）。

---

*12 訳注：「大胆不敵のチラシ（The Fearless Flyer）」は，チラシ（flyer）という名前が付いているが，20頁超にもなる小冊子的な印刷物である。年5回程度発行される。扱い商品の特徴，原材料，製法だけでなく，時には歴史的・文化的なエピソードなども詳しく紹介し，その魅力を伝える内容となっている。印刷の字は割と小さく，情報量はかなり多い。

第6章 アウェアネスのマネジメント

コラム　　広告と共有地の悲劇

　広告が抱える基本的な難題は，経済学者が「共有地の悲劇(コモンズ)」と呼ぶものと似ている。共有地の悲劇とは，多数の人が対価を支払うことなく，共有資源を利用できる時，資源は過剰に利用され，やがて枯渇してしまうことをいう。例えば，農民達が，共有地である牧草地で牛を放牧する場合を考えてみよう。農民達は皆，自身の利益の最大化を図る人々であり，共有地に追加の牛をどんどん送り込むことができるものとする。この場合，農民は，共有地に送り込む牛の数を増やすことでのみ，自身の取り分を最大化できる。*13 こうして全ての農民が共有地で放牧する牛の数を増やし続けることになる。過放牧の結果，やがて牧草は全て食べ尽くされ，共有地は，もはや放牧などできない荒れ果てた土地になってしまう。

　共有地の悲劇を広告へ当てはめると，消費者の有限の「注意範囲(アテンション・スパン)」が共有地に当たる。マーケター達は，各々が大量の広告を行うことで，結果として共有地（消費者の注意範囲）を極端な「過放牧状態」にしている。そのため，消費者がたとえ必要としている情報であっても，錯綜する大量の無関係情報の渦の中を通り抜けて，当該の消費者の「注意」を得ることは，非常に困難になっている。

　高名な政治学者・情報科学者ハーバート・サイモン（Herbert Alexander Simon）は，かつて「情報が消費するものは明らかである。情報は，その受け手の注意を消費している。従って，情報の豊富さは，受け手の注意の不足(ポバティ)を生み出す」と述べている。

　消費者は，マーケティング情報の過剰な「豊富さ」に直面しているため，彼らは自身にとって有益な情報にすら注意を割くことができなくなっている。このような状態になっているのは，1つにはマーケティング情報の提供に関わるコストが人為的に引き下げられていることによるものである。例えば，アメリカ合衆国郵便公社は，第一種郵便料金を割高に維持することで，「くず郵便物(ジャンク・メール)」の安価な郵便料金を言わば内部補助している。「電子メールによるマーケティング」も同様であり，企業は1,000万通もの電子メールを極めて低い費用で一斉送信することができる。かくして，大量の「くず郵便物」や「迷惑メール」が，消費者の下に届けられることになるが，安価・低費用であるが故に，これらは，ますます過剰使用され，濫用されている。

　「過剰(オーバー)マーケティング」による「過放牧」状態は，人々をして無関心に陥らせる。これは治療薬の過剰投与と似通っているだろう―過剰投与を続けていると耐性ができてしまい，身体が治療薬に反応しなくなる。過剰マーケティングを続けることは，これと同じようなものである。

---

　*13訳注：遠慮して自分が放牧する牛の数を増やさないと，他の農民が牛を増やすだけなので，より多くの牛を共有地に送り込むことだけが，自分の取り分を増やす（減らさない）唯一の手段となる。

我々の主張は単純なものである。つまり，—モーテル6やアフラックの例で示されたように—広告は，的確に行われれば，良好に機能する。ここで留意すべきは，広告は，高い水準のアウェアネスと心理的アクセプタビリティとを得るのに用いられる方法の1つに過ぎないことである。アウェアネスと心理的アクセプタビリティのどちらもコスト効率良く達成できないのであれば，その広告は，企業の資源の浪費であり，直ちに取り止めるべきである。アウェアネスばかり高めて，心理的アクセプタビリティの方は生み出さない広告もまた資源の大きな浪費となる。

　アウェアネスと心理的アクセプタビリティを共に高い水準で達成できる広告であっても，提供される製品の機能的アクセプタビリティ，アフォーダビリティ，或いはアクセシビリティのいずれかもしくは全てで低水準である場合は，やはり貴重な資源を無駄遣いすることになる。

　広告は方法の1つに過ぎないとの見方は常に保持されるべきである。調査研究は，これが賢明な態度であることを示している。例えば，ベイリーズ・アイリッシュ・クリーム[*14]についての調査では，人々がこのリキュールを初めて知ったのはどのような経路であったかを調べている。その結果は，48%が友人から，17%が親族から，30%がその他による，との回答であり，広告を通じて知ったというのは僅か5%に過ぎなかった[4)]。

　ジョン・ワナメーカー[*15]—アメリカで最も古い百貨店の1つ，「ワナメーカーズ」を設立した人物—が語ったものとされる広告についての古い格言がある。それは「私が行っている広告の半分は無駄だと分かっている。問題は，どちらの半分が無駄なのか分からないことである」というものである[5)]。しかしながら，（ほぼ確実に言えることだが）ワナメーカーの言は，まだ楽観的である。あ

---

*14 訳注：ベイリーズ・アイリッシュ・クリーム（Baileys Irish Cream）。アイリッシュ・クリームは，アイルランド原産のリキュール（混成酒）。クリームと蒸留酒（アイリッシュウイスキー，中性スピリッツ）が主原料である。Baileysは，そのブランドネーム。

*15 訳注：ジョン・ワナメーカー（John Wanamaker：1838-1922）は，フィラデルフィア生まれ。アメリカの政治家・行政家にして実業家・商人。アメリカ合衆国郵政長官を務めた。ワナメーカーは，本文中にもあるようにアメリカで最も古い百貨店の1つ，ワナメーカーズ（Wanamaker's）を設立した。「現代広告の父」「マーケティングの先駆者」などと呼ばれることがある。

る調査研究によると，調査された広告キャンペーンの内，3分の1だけが短期的に売上高を増やす効果が認められ，また，売上高を維持する効果を認められたのは，広告キャンペーンの4分の1に及ばなかった[6]。広告費についての大規模調査では，大量に広告費が投じられた場合，調査対象となったブランドの内，既存ブランドでは33%，新規ブランドでは55%が売上高を増やす効果が認められた[7]。一般消費者向けパッケージド・グッズのような成熟市場では，広告から得られる効果は急速に減衰するものと思われる。

南カリフォルニア大学のジェラルド・テリス（Gerard J. Tellis）教授は，広告効果についての最近の調査研究において，以下のように述べている（括弧内は我々によるコメントである）。

「260を超えるケースについて推計した結果，次のように一般化できる。広告が1%変化すると，売上高或いはマーケット・シェアは，約0.1%変化する—すなわち，広告の弾力性は0.1である。広告の弾力性は，ヨーロッパの方がアメリカよりも大きく（これはヨーロッパの方が広告飽和度が低い水準にあるためである），非耐久財よりも耐久財の方が大きく（これは耐久財の方が一般に製品差別化の程度が高いためである），製品ライフサイクルの初期段階の方が後ろの段階よりも大きく（これはアウェアネス水準が初期段階の方が低いためである），テレビよりも印刷媒体の方が大きい（これは印刷媒体の方が情報をより多く盛り込み易いためである）。[8]」

5. ブランド認知の向上

ブランド認知については，一般的に用いられる3つの測定尺度がある。すなわち，「トップ・オブ・マインド」「純粋想起」「助成想起」である。トップ・オブ・マインドは，特定の製品カテゴリーが示された時に，最初に想起されるブランドであることをいう。例えば，スープならキャンベル，フィルムならコダック，コピー機ならゼロックスといった具合である。トップ・オブ・マインドは，消費者のブランド選択の強力な予測指標である。純粋想起は，消費者が

提示なしでブランドネームを想起することをいい，助成想起は，ブランドネームが提示されて，当該ブランドネームを想起する（知っていると思う）ことをいう[9]。

　調査研究によると，これら3つの測定尺度は，状況が異なるとその重要度も異なる。消費者が購買時に多くの選択肢を示される場合（例えば，スーパーマーケットの陳列棚に多数の製品ブランドが並んでいる場合）は，助成想起が最も妥当な尺度である。選択肢が示されない状況では，純粋想起を追求する方が良い。ブランド群の中から素早く選ぶ場合は，トップ・オブ・マインドがより適切になる。これには，例えば，ガムやキャンディなどを急いで買う時のような低関与の衝動購買状況が典型的に当てはまるだろう。

　結局のところ，研究者達は，これら3つの測定尺度は「顕著性（サリエンス）[*16]」という構成概念に集約されると結論づけている。顕著性とは，ここでは，購買状況において，ブランドが消費者から注意を向けられる可能性（見込み）を言う。3つの測定尺度の相関は高いので，それぞれを厳密に区分することは重要ではない。重要なのは，消費者に対するブランドの全般的な顕著性を測定すること，また，顕著性を高めることである[10]（もちろん，「どうやって」と言うのが問題ではあるが）。

　高水準のブランド認知を得て，保持するためには，企業は市場において，明確で一貫したブランド・アイデンティティ（或いはポジショニング）を実現する必要がある。ブランドが一貫したアイデンティティを欠き，或いは上手くポジショニングされないなら，見込み顧客に対するメッセージは，高い水準の顕著性をもたらすことに失敗するだろう。

　企業は伝統的にテレビ広告に大きく依存してきたが，ブランド認知の向上のためにはこの姿勢を改めるべきである。テレビ広告は，インターネットやソーシャル・メディアの成長によって，その効果を失いつつあるし，相変わらず媒体料も非常に高額である。企業は，カスタマー・タッチポイント（顧客と接触する機会）の全てを活用して，ブランド認知を向上させるように努力すべきである。例えば，銀行にとっては，カスタマー・タッチポイントは，支店，

　　[*16] 訳注：顕著性（salience；saliency）は，外界からの刺激が目立ち，人から注意を向けられ易いことを言う。顕現性とも言う。

ATM，キャッシュカード，webサイト，コールセンターなどである。タッチポイントの活用には，創造的に工夫できる大きな余地がある。例えば，レッドブル（Red Bull）は，屋根に巨大なレッドブル缶を載せたデザインの車を走らせ，ブランド認知と理解の促進を図っている。

　企業は，アウェアネスが過剰・過大であり，マーケティング資源を浪費している場合もあることに注意すべきである。例えば，市場の小さなセグメントを対象としている製品であるにもかかわらず，見込み顧客に効果的にアプローチできないという理由で，幅広く一般向けに広告を行っているような場合である。しかしながら，今日の企業は，データベース技術と入手できる大量情報とを用いて，個々の顧客—個人であろうと顧客企業であろうと—について以前よりも多く知ることができるはずである。アメリカの世帯についての詳細な情報—例えば，社会・経済的状況，居住地域の特性，持ち家か否か，購読している雑誌，視聴しているテレビ番組など—を把握し，データベース化している調査会社もある。企業はこうした詳細情報を用いて，ターゲット・マーケティングやデータベース・マーケティングをより的確に行うことができる。

　企業は，既存顧客を活用して，そのブランドと提供する製品についてのより大きなアウェアネスを見込み顧客の間に生み出すことができる。これを上手く行うには，影響力のある顧客にブランドの推奨者（アドボケイト）になってもらう必要がある。口コミ（word-of-mouth：WOM）は，かねてよりマーケティングを成功に導く重要な要素の1つとされてきたが，今日では口コミを巡る手法はより定式化されたものとなっている。

　マーケターが口コミを活用する上で，逸脱や濫用がないようにすることが極めて重要である。見込み顧客に対して既存顧客が行う推奨は，偽りがなく，心からのものでなければならない。推奨は，企業が報酬を支払って「購入」されるものであってはならない。推奨者としての信頼性が損なわれると，誰もその言には耳を傾けなくなる。

　口コミ（WOM）を巡るマーケティングについては，詳しくはコラム「WOMマーケティング」を参照されたい。

コラム　　WOMマーケティング

　WOMマーケティング協議会（The Word of Mouth Marketing Association：WOMMA）は，口コミを「顧客が他の顧客に情報を提供すること」としている。WOMマーケティングの具体的手法は全て，顧客の満足，双方向の対話，嘘・偽りや隠し事のない透明性あるコミュニケーションに基づく。
　以下は，WOMマーケティングの基本要素である。
□人々に製品やサービスについての情報を提供する。
□意見を他者に発信し，伝える可能性が最も高い人々を見つけ出す。
□発信された意見が情報としてより容易く共有されるようにするための仕組み・ツールを提供する。
□意見がいつ，どこで，どのように発信され，伝えられるかを解明する。
□意見に対する支持者（サポーター），批判者（デトラクター），中立者（ニュートラル）の言い分をそれぞれ良く聴き，適切な対応をする。

　WOMマーケティングには，一般に以下の類型がある。
□バズ・マーケティング（Buzz Marketing）：人目を引くエンターテインメントやニュースを利用して，目的とするブランドが人々の話題となるようにする。
□バイラル・マーケティング（Viral Marketing）：指数関数的な勢いで伝播するように工夫された娯楽的なメッセージ或いは有益なメッセージを創り出す。伝播は，しばしばPCまたは電子メールを介して行われる。
□コミュニティ・マーケティング（Community Marketing）：目的とするブランドについて関心や興味を持つことが期待されるニッチなコミュニティ（例えば，ユーザーグループ，ファンクラブ，ディスカッション・フォーラム）を創り出す。或いは，そのようなコミュニティを支援する。コミュニティ支援のためのツールやコンテンツ，情報を提供する。
□草の根マーケティング（Grassroots Marketing）：自発的に取り組んでくれる人々を組織化し，動機づけ，個人として，或いは地域レベルで（メッセージの伝播や口コミの活性化のための）活動してもらうようにする。
□エバンジェリスト・マーケティング（Evangelist Marketing）：目的とするブランドにとって有益な口コミを活発に伝播する上で，指導的な役割を果たしてくれる人々，すなわち，エバンジェリスト（伝道者），アドボケイト（推奨者），或いは自発的に取り組んでくれる人々を育てる。
□プロダクト・シーディング（Product Seeding）：製品がタイミング良く，適切な人の手に渡るようにする。影響力のある個人に製品についての情報を提供し，或いは製品を見本として進呈する。
□インフルエンサー・マーケティング（Influencer Marketing）：製品について

話題にし，他の人々の意見に影響を与える力を持つと目される重要なコミュニティやオピニオンリーダーを見つけ出す。
- □コーズ・マーケティング（Cause Marketing）：社会的な運動や取り組み（ソーシャル・コーズ）に対する支援をすることで，当該の運動や取り組みに強い関心を持つ人々からの敬意と支持を得る。
- □カンバセーション・クリエイション（Conversation Creation）：広告，電子メール，キャッチフレーズ，エンターテインメント，或いは他のプロモーション活動を興味深く，或いは楽しいものとすることで，口コミの対象となるようにする。
- □ブランド・ブロギング（Brand Blogging）：目的とするブランドに関わるブログを開設し，ブロゴスフィアに参加する[*17]。ブランド・ブロギングは，オープンで，嘘・偽りや隠し事のない透明性あるコミュニケーションの精神に基づく。ブログコミュニティで話題とされる可能性のある価値ある情報を提供する。
- □紹介プログラム（Referral Programs）：製品に満足した顧客が，友人達に当該製品を紹介できるようにする仕組みやツールを提供する。

新ブランドを幾つも立ち上げようとして，多大な資源を費やしている企業も多い。これでは，投入される資源が分散し，コスト効率も悪いため，結局は，どの新ブランドも長期的な成功に必要な水準の認知を得ることが困難になる。それ故，企業は可能な限り既存ブランドの活用を図るべきである。その方策の1つは，力のある既存ブランドをアンブレラ・ブランドとして，サブ・ブランドの形で新ブランドを展開することである。

理想的には，アンブレラ・ブランドには，企業ブランドが用いられるべきである。そうすれば，企業は企業広告を行うことで，マーケティングの生産性を全社的に高めることができる。例えば，GEは，長年にわたって，同じテーマで企業広告のキャンペーンを行い，GEという企業ブランドの認知を強固なものとしてきた。同社は，殆ど全ての事業分野においてGEという企業ブランドネームをアンブレラ・ブランドとして製品に付与しており，その強固なブランド認知を上手く活用している。

[*17]訳注：ブロゴスフィア（blogosphere）。ブログ圏。インターネット上の全てのブログ及びその関係性によって創出される全体空間ないし共同体ネットワークを指す。blog + sphereの造語だが，logosphere（言語圏）との連想がしばしば語られる。

コスト効率の観点では，別の方法として「共同マーケティング（co-marketing）」によるブランド認知の向上が挙げられるだろう。企業は，ブランドネームや提供する製品についてのアウェアネスを高めるために，他企業とのパートナーシップを活用することができる。例えば，アップルはiPodについて，ペプシ及びフォルクスワーゲンと共同マーケティングを行ったことがある。これら3社は同じような顧客層をターゲットとしていた。

コスト効率を確保しつつ，ブランド認知を向上させる上で重要なのは，広告会社との取引方法を再考することである。企業は，媒体料の固定割合（通常は15%）を支払うという伝統的な慣行から脱し，ブランド認知目標をどれだけコスト効率良く達成できるかによって，広告会社に報酬を支払うようにすべきであろう。

6. 製品知識の向上

アウェアネスの第2の次元は，製品知識である。これは，顧客が，特定の製品及び当該の製品が含まれる製品カテゴリーについて持っている情報と理解の度合いに関わることがらである。高い水準の製品知識を達成することは，顧客にとって大きな重要性がある革新的な製品の場合に特に必要である。逆に，ありふれた成熟製品や低関与製品の場合は，製品知識にことさらに力を入れる必要はない。

製品がさほど複雑ではない場合は，顧客が製品について理解することはより簡単になる。マーケターは，製品の複雑さを削減して，顧客の生活を簡便なものとすることを追求せねばならない――例えば，アップルは，単純で直感的に操作できる製品を生み出すとの評価を長らく得てきた。しかしながら，相変わらず，多くの企業の製品が性能・機能面で過剰であり，顧客が理解し，操作するのを困難にしている。

これまで数多くの企業がマーケティング上の挫折を味わってきたが，顧客に製品を理解してもらえなかったのが原因というものも多い。例えば，ソニーが

第6章 アウェアネスのマネジメント

223

1992年にMD（MiniDisc）プレーヤーを静かに市場導入した時，顧客は，未知の目新しい製品カテゴリーの登場として受け止めた。顧客のこの反応は極めて深刻な事態であった。革新的な新製品の場合は特に，多数の企業が新製品の機能や価値について顧客に情報を提供し，理解してもらうことが有効である。しかしながら，MDプレーヤーを販売する企業はソニーただ1社であった。MDは，大規模市場を創り出して成功を収める（唯一，日本市場ではそうであったが）こともなく，ごく小さなニッチ市場を形成するだけの結果に終わってしまった。

　もう1つの例として，手堅いマーケティングとの評価を歴史的に得てきた企業，IBMについて見てみよう。同社は，1980年代の終わりから90年代の初めにかけて，OS/2の手痛い失敗に苦しめられたことが知られている。技術的には優れていると広く認識されていたが，IBMのOS/2はマイクロソフトのWindowsOSの支配的地位を切り崩せなかった。OS/2の失敗には，IBMの戦略上の重大な誤りやマイクロソフトの巧妙な駆け引きを初めとして，多くの複合的な原因が見出せるが，より重要な原因の1つとして，IBMがこの製品のアウェアネスを創造しようとした方法が極めて不適切であったことが挙げられる。

　IBMは，小売店頭で大規模なプロモーション活動を展開し，数多くのイベントにも協賛した。加えて，一般のWindowsユーザーに向けて，4,000万ドルを投じた大規模なテレビ広告キャンペーンを行った。しかしながら，業界の専門家達に言わせると，テレビ広告は，大企業ユーザー――その殆どはOS/2について既に知っている――に専ら訴求する内容となっていた。一般の消費者からすると，広告は幾分かは興味をそそられるが，この製品がどんなものなのか，また，なぜWindowsからOS/2に乗り換えるべきなのかは示されていなかった。既存のWindowsユーザーにとっては，OSを換えるべきという主張は，説得力を持たなかった。IBMはまた，PCメーカーに働きかけ，PCのプリインストールをWindowsからOS/2に変更するように説得することにも失敗した。結局のところ，OS/2はこの時代の最も大きな失敗の1つとなってしまった。

（１）顧客エデュケーションの価値

　製品知識は，陳腐化し得る。とりわけ，急速に進展する技術に基づく製品の場合はそうである。顧客に単に情報を提供するだけでは不十分であり，マーケターは，継続的に顧客をエデュケーションする必要がある。

　今日の技術的に発展し，変化の速い社会においては，顧客は多くの製品カテゴリーで迷いや混乱に陥りがちである。また，今日の製品には，大多数の顧客が理解したり，使いこなしたりできる以上の高度な機能を備えているものも多い。殆どの顧客は，製品の取扱説明書から必要な情報を見つけるのが難しいと考えており，大抵は説明書を開いてみることもしない。かくして，顧客の多くは，製品に本来，備えられている機能を十分に利用できず，それ故に，製品に高い価値を見出すことができないままである。

　企業は，顧客をさまざまな方法でエデュケーションする必要がある。例えば，銀行や証券など金融サービス会社は退職者向けの無料講習会を開催している。こうした講習会は，顧客獲得のための強力なツールにもなるが，本来の目的は顧客エデュケーションであるべきと言える。企業はまた，学校や大学と良好な関係を保つことで，提供する製品についてより大きなアウェアネスや知識を得てもらうようにすることもできる。幾つかの企業は，学校にゲスト講師を送り込んで，消費者（買い手）教育の手助けをしている。企業は，無料の講座を提供することもできる。例えば，ホームセンター業界では多くの企業が，さまざまな無料講座を開講している。顧客は，これらの講座を通して，日曜大工や住宅リフォームを自分でできるようにするための知識や技術を学ぶことができる。

　顧客エデュケーションに習熟している企業としては，アップルが挙げられるだろう。同社は直営の小売店舗「Apple Store」で，提供する製品について顧客が十分に理解できるようにするための優れた取り組みを行っている。Apple Storeの展開は，今では，最も成功した小売進出事例の１つと見做されている。同社の担当役員は，Apple Storeを単に製品の販売場所ではなく，「地域社会（コミュニティ）への贈り物（ギフト）」であると表現している。店舗従業員の訓練は，販売よりも，顧客の手助けとエデュケーションに重点が置かれている。店舗では，既存顧客，見

込み顧客双方を対象にさまざまな無料講座が定期的に開催されている。顧客は，年間99ドルの料金で1対1での訓練講座を受けることもできる（毎週1回受けることができる）。アップルの顧客の中には，同社及びその製品に対する非常に高いロイヤルティを持つ人も多い。Apple Storeにおける顧客への手助けとエデュケーションは，こうした顧客のロイヤルティを更に強固なものとする効果を持っている。

　上記の優れた取り組みもあり，Apple Storeは大きな成功を収めることができた。Apple Storeは，今では観光ディスティネーションの1つと見做されるようにもなっており，多くの観光客を惹き付ける特別な場所となっている。2006年のニューヨーク，マンハッタン店の開店は，メディアによって何日間も繰り返し報道され，観光客を含め多くの人が訪れる様子が映し出されていた。

7. 全資源の活用によるアウェアネスの実現

　他の4A要素と同様に，内外の多様な資源が，ブランド認知と製品知識とを高めるために利用できる。内外のマーケティング資源，非マーケティング資源をどのように活用して，アウェアネスを向上させることができるか。以下，さまざまな例について見てみよう。

　Product（製品）：同じブランドネームを付与されている製品が皆，同じ価値を有している場合は，ブランド認知と製品知識の双方が高い水準となる傾向がある。例えば，ディズニーのブランドはさまざまな製品群に付与されているが，ブランドの付与は極めて長期間（何十年にも及ぶ）にわたって保持されている。顧客は，ディズニーのブランドが付与された製品なら，品質水準が高く，子供達が喜ぶものであることが分かるだろう。ディズニーは一貫したメッセージを発しているので，ディズニー・ブランドは消費者の心にしっかりと根付いたものとなっている。

　革新的な製品を続けて世に出せる企業は，その度に顧客を呼び戻すことがで

きる。この種の企業として，アップルは長年に渡って，顧客から注目され，関心を寄せられてきた。アップルの提供する製品が大のお気に入りで，アップルの新製品についての情報をあれこれと探して回る顧客も多い。彼らは，新しいびっくりするような新製品が発売になるのではとの期待を抱いているのである。

製品が飛び抜けて革新的であると見做された場合も，メディアが取り上げたり，口コミの対象になったりしてアウェアネスを高めることがある。日本の時計メーカー，セイコーがキネティック・シリーズ（腕の動きによって発電するクォーツ腕時計）を登場させた時，その革新的な機構は，セイコー・ブランドの世界的なアウェアネスを向上させるのに寄与した。

Price（価格）：製品に付けられている価格は，製品がどんなものか，製品に何を期待できるかを顧客に示すものである。それ故，価格はアウェアネスの向上に役立つ。ベントレーは，高級車ブランドとして高品質，気品，そして高価格の代名詞となってきたが，価格の高さだけでもブランド認知の向上に寄与してきたと言い得る——ベントレーを良く知らない人でも，価格を示されれば，それがどんな車であるかは，容易に推測できたであろう。

価格にニュース価値がある場合は，メディアを通じてアウェアネスを大きく向上させることができる。サウスウエスト航空がダラス－ヒューストン間の航空運賃を9ドルにした時は[*18]，メディアが盛んに取り上げたので，同航空のブランド認知は大きく高まることとなった。

Place（流通チャネル）：製品が適切な陳列をなされれば，売り場で目に留まり易いので，アウェアネスを向上させることになる。良く知られた（アウェアネスが高い）製品ほど，良い場所に陳列される傾向があるので，この言い方は，幾分かは循環論法的である。小売業者自身も，PBについては特別の陳列棚を設けて，アウェアネスの向上を図り，売上増に結び付けている。

---

*18 訳注：共にテキサス州の都市。所要時間は70分前後である。因みにダラス・ラブフィールド空港（Dallas Love Field Airport）は，サウスウエスト航空の本拠地となっている。

高い水準のアクセシビリティが達成されている場合は，アウェアネスもまた高い水準となる。例えば，スターバックスの店舗はさまざまな場所で目にするため，スターバックスのブランドネームも非常に良く知られているようになっている。同様のことは，マクドナルドやサブウェイ（Subway）についても言えるだろう。Apple Store は，大きな成功を収めているが，多くの人が集まる交通要所に非常に目立つように立地している。売り場面積当たりの売上高は，同種の製品を扱うどの小売店舗よりも遥かに大きく，高級ファッション・ブランド店の最上位クラスのそれをも上回るものとなっている。Apple Store は登場後の最初の数年間だけで，6,000万ドル分の広告を行ったのに匹敵するほどのブランド認知を生み出したものとの評価を得ている。

　Promotion（プロモーション）：広告を始めとするプロモーション活動は全て，アウェアネス向上に直接の効果がある。しかしながら，効果の程度はプロモーション活動によって大きく異なる。具体的なアウェアネス目標に緊密に結び付いた特徴あるプロモーションは，そうでないプロモーションよりも遥かに大きな効果を上げ得る。
　ブランド象徴（アイコン）としてのブランド・キャラクターの創造もアウェアネスを向上させる効果的な方法である。アフラック・ダックと同様に，ガイコの「ガイコ・ゲッコー」はテレビCMでお馴染みのキャラクターとなり，「2005年アメリカ好きな広告キャラクター」に選出されている[*19]。ガイコ・ゲッコーは同社のwebサイトでブログも開設している。

　People（従業員）：従業員は，顧客の体験の創造を手助けすることができる。これは，ブランド認知の向上に役立つ。例えば，ニューバランスは，有名人を使って製品のプロモーションをするのではなく，従業員を活用している。従業

[*19] 訳注：ガイコ（Geico）はGovernment Employees Insurance Companyの略称。社名は「公務員保険会社」であるが，普通の民間保険会社である。自動車保険など一般の人も加入できる。ガイコ・ゲッコー（Geico Gecko）は同社の緑色のヤモリ（Gecko）のキャラクター。後脚で直立し，人のように振る舞って人語を話すが，何も着ておらず，割とリアルな姿である。

員は同社の企業価値と提供する製品の伝道者(エバンジェリスト)のように振る舞う。同社はまた，余り有名ではないが実力のあるアスリート達（同社は彼らをtrue starと呼んでいる）とパートナーシップを結んでいる。アスリート達が行うのは，ニューバランス製品の直截の推奨ではなく，顧客達に製品のフィット性（履き心地）と機能性について伝えることである。

Process（業務プロセス）／オペレーション（生産）：業務プロセスや製品・サービスの生産過程を顧客や他の人々に見えるようにすることでブランド認知を向上させることができる。例えば，厨房(キッチン)が来店客から見えるようになっているレストランは，徐々に増えてきている。クリスピー・クリーム・ドーナツ（Krispy Kreme Doughnuts, Inc.）の店舗では，ドーナツが作られる様子をじっくりと見ることができる。これは，顧客の興味を惹き付けると共に，ブランド認知と製品知識の双方を高めるのに役立っている。

　熱心な顧客を工場に招待して，製品の生産工程を見せることも，ブランド認知と製品知識の双方を高める効果がある。例えば，最上級の高級車ブランド，マイバッハ（Maybach）は，顧客にこの種の招待プログラムを提供していた。顧客は，ドイツ旅行をプレゼントされ，ドイツの工場で自分が注文した車が生産される様子を見学することができた。こうした特別な体験の提供は，顧客の愛着の感情を深めると共に，口コミを通じて，他の見込み顧客のブランド認知を高める効果もあった。

Sales（販売・営業）：十分に訓練された販売・営業担当者は，顧客（顧客企業）のエデュケーションを行うことができる。例えば，ボストン・ビール・カンパニー[20]の営業担当者は，ビールを販売する酒販売店やスポーツバーを巡回しているが，試飲のための無料サンプルを提供すると共に，商店主やバーテンダーに同社ビールの特徴的な原料・醸造法について分かり易く説明している。こうし

---

　　[20]訳注：ボストン・ビール・カンパニー（The Boston Beer Company, Inc.）は，その名の通り，ボストンに本拠を置くビール醸造会社。ビール・ブランド「サミュエル・アダムズ（Samuel Adams）」で知られる。

第6章　アウェアネスのマネジメント

229

た巡回訪問は，ブランド認知と製品知識の双方を高めるのに役立っている。

R&D：R&Dの過程を顧客に見せることで製品知識を高めている企業もある——顧客に意見を述べてもらったり，β版の体験者になってもらったりすることもある。遊園地を運営するシックスフラッグスは，[*21]計画中の新しいローラーコースターについて，web上で設計と開発活動を公開している。顧客は，新しいローラーコースターがweb上で造られていく様子を見ることができる。こうしたやり方は，顧客の製品知識を高めるのに役立つ。

顧客サービス：顧客サービスは，顧客の製品知識を高めることができる。新製品のアウェアネスを生み出すこともできる。大きな企業であれば殆どの場合，顧客サービスのための無料電話窓口（toll-free line）を持っている。顧客は電話をかけ，例えば，企業の新製品についてあれこれと教わることができる。

IT：ITは，ブランド認知と製品知識の双方を生み出す上で非常に有用である。マーケターは，webサイトを通じて，顧客それぞれに合った製品を推奨できるようになっている。例えば，アマゾン.comは，顧客の購買履歴・表示履歴に基づき，「お客様へのおすすめ商品」「チェックした商品の関連商品」などを表示する仕組みを持っている。企業は，検索エンジン最適化（サーチ・エンジン・オプティマイゼーション）ツールを用いることで，自社のwebサイトが検索され易くすることができる。これは，どんな製品があるのかを探して検索する顧客に対して，より大きなアウェアネスを生み出す上で役立つ。ITはまた，顧客がweb上でパーツや色，デザインを選べるなど，製品のより高度なカスタマイゼーションを可能にしている。こうしたカスタマイゼーションは，顧客の製品知識を向上させることができる。

[*21] 訳注：シックスフラッグス（Six Flags Entertainment Corp.）は，アメリカの遊園地運営会社。アメリカを中心に18の遊園地を展開している（アメリカ16，カナダ1，メキシコ1）。遊園地のアトラクションは，絶叫系ローラーコースターなどの乗り物が殆どである。

小売業者：小売業者は，さまざまな方法でアウェアネスを高めることができる。店頭でのサンプル配布やデモンストレーションはその例である。コストコ（Costco Wholesale Corporation）では，店舗の食料品売り場で簡単な調理をして買い物客に試食をさせながら商品紹介を行っている。Nintendoやソニーのようなゲーム機メーカーは，ベストバイやゲームストップといった小売業者の協力を得て，店頭で新しいゲーム機を紹介し，顧客に体験させている。[*22]また，小売業者は，顧客に製品知識を分け与えることもできる。ボストン・ビール・カンパニーの創業者達は，「サミュエル・アダムズ」ビールの発売に当たって，バーテンダー達に試飲してもらい，この新ビールがなぜ高品質なのかを説明して回った。こうして知識を得たバーテンダー達は，今度は自分の店の来店客にこの新しいビールを紹介し，説明をしたのである。

パートナー企業：他ブランドとの共同マーケティングは，双方のブランドのアウェアネスを高めることができる。例えば，ディズニーは，しばしばファーストフード・チェーンとパートナーシップを組んで，子供向けメニューにディズニー・キャラクターのおもちゃを付けて，映画のプロモーションを行っている。このパートナーシップは，ファーストフード店とディズニー映画の双方に相乗的な効果をもたらしている。企業は，サプライヤーとの間で「共同ブランディング（co-branding）」というパートナーシップを結ぶこともできる。企業自身のブランドネームに加えて，サプライヤーのブランドネームを表示することは，Intel Insideキャンペーン[*23]の例に見られるように，双方にとってしばしば大きな利点がある。

他企業とのパートナーシップにおいては，企業は，顧客に製品知識を伝える活動に，サプライヤー，小売業者，その他の企業を参画させるようにすべきで

[*22] 訳注：ゲームストップ（GameStop, Inc.）は，世界最大のゲーム販売小売業者。テキサス州ダラスの小さなソフトウェア販売店にルーツを持つ。合併を繰り返して今日に至る。現在の社名になったのは2000年末からである。2014年初め時点で，15か国に6,650店舗を展開している。

[*23] 訳注：PCに「Intel Inside（インテル，入っている）」の表示がなされる。1991年から継続して行われている。

ある。例えば，企業は，小売業者に対して，製品のデモンストレーションや顧客サポートを行って，顧客の製品理解を助けるように求めるべきである。サプライヤーに技術者の派遣を要請して，製品の詳細な技術情報を顧客（顧客企業）に説明してもらうということもある。企業はまた，業界の他企業と協働して，顧客の製品知識の向上に取り組むべきである―同時に全体需要の喚起を図ったり，業界共通の問題に対処したりもできる。

政府：企業は，それが可能であれば，政府の持つ資源を活用すべきである。例えば，難しい製品やサービスについて教えてもらおうと，関係の政府・行政機関に問い合わせをする顧客も多いだろう。企業は，こうした政府・行政機関に協力して，その提供する情報が，正確で分かり易く，また，容易に得られるようにすべきである。企業はまた，顧客が政府・行政機関の提供する情報を見つけられるように手助けすべきである。顧客は，しばしば企業が提供する情報に加え，公的でより信頼の置ける情報を得たいと望んでいる。我々の基本的な考え方は，顧客が提供される製品についてもっと知るようにできれば，企業と顧客の双方にとって大きな利点となる，というものである。政府は，そのための重要な役割を果たし得る。例えば，連邦取引委員会[*24]は，そのwebサイトで，自動車，PC，金融サービスやその他の産業についての非常に詳細な情報を消費者に提供している。

産業（業界団体）：「Pork, The Other White Meat」[*25]や「Got Milk？」といった業界団体が主導する共同キャンペーンは，より大きなアウェアネスを生み出している。業界団体はまた，提供する製品や業界の課題について，規制当局

[*24]訳注：連邦取引委員会（Federal Trade Commission：FTC）は，アメリカ合衆国の政府機関。連邦取引委員会法により設置される独立規制委員会で，反トラスト法／消費者保護法の運用を行う。日本の公正取引委員会のモデルとなったもの。

[*25]訳注：「Pork, The Other White Meat（ポーク。もう1つのホワイト・ミート）」は，全米豚肉委員会（National Pork Board）が1987年から行っているキャンペーン。牛肉が赤肉（red meat）であるのに対し，鶏肉や魚肉は白肉（white meat）であり，健康に良いとされていたため，「豚肉も白肉。健康に良い豚肉をもっと食べよう」として，その需要拡大を図ったもの。

者や一般大衆に知らせ，より理解してもらう上でも役割を果たし得る。

　パブリック／メディア：ブランド認知を高める上で，公共(パブリック)キャンペーンや地域プログラムを役立てることができる。例えば，ウォルマートは，地域の優秀な教師を表彰する「Teacher of the Year」プログラムに協賛しているが，これは同社のブランド認知とレピュテーションを高めるのに役立っている。メディアもまた，ブランド認知と製品知識とを高めるのに役立てることができる。例えば，オプラ・ウインフリー・ショーは，さまざまな製品についてブランド認知と製品知識を生み出す上で絶大な影響力を持っている。特に書籍は，このショーで取り上げられれば，即座にベストセラーになるほどである。

8. インターネットとアウェアネス

　インターネットは，アウェアネスの2つの次元の双方に大きな影響を与え得る。インターネットは，適切な顧客に届けられるよう注意深く配置されたメッセージを通じて，企業がブランド認知を生み出すのに有用である。インターネットはまた，企業自身及びサードパーティのwebサイトを通じて，製品知識についての事実上，無限の供給源として機能し得る。

　webは，製品知識について伝える非常に強力なメディアである。例えば，車の購入者の70%が先ずはwebから情報を得ている。企業は，顧客が，企業のwebサイトから正確で分かり易い情報を直接に得られるようにせねばならない。

　ますます多くの企業が，webサイトで製品に直接関わる情報を提供するだけでなく，顧客に製品カテゴリーや購買の手順に関わる情報を伝えるようになっている。例えば，トヨタとホンダは，ハイブリッドカーの生産・販売における主導的地位を互いに主張し合っているが，両社のwebサイトは，ハイブリッド技術について学ぼうとする人にとって有益な情報源となっている。

　webサイトは，顧客が互いに結び付き，交流する基盤(プラットフォーム)としても機能するはずである。企業は，顧客がコメントを投稿し，質問ができ，問題解決のヒン

233

トや秘訣を提案できるよう，必要なインフラストラクチャーを整えるべきである。また，web上に顧客コミュニティが形成され，多くの人が活発に参加できるように努めるべきである。重要なのは，企業は，こうしたコミュニティを自分の思い通りにしようとして歪めてはならないことである。企業は，顧客達と対等の立場で参画すべきである。賢明な企業は，顧客コミュニティを有用な情報を得られる一種の「情報収集拠点(リスニング・ポスト)」*26として捉えている。得られた有用情報は，社内のしかるべき担当者に伝えられ，提供する製品の手直しなどに役立てることができる。

顧客間の交流の促進に加えて，企業は，習熟顧客が彼らの得た専門知識や技能を「収益化(マネタイズ)」できるように援助すべきである。習熟顧客の製品知識が専門知識・技能へと深化した場合は，企業は，専門知識・技能を評価・認定したり（これは習熟顧客にとっては心理的な報酬となる），活用したりする積極的な役割を果たすべきである。アマゾン.comの書籍や映画のトップレビュアーは，その実力を十分に認められて，当該の分野で仕事をし報酬を得ることもできるようになっている。シスコ・システムズは，「シスコ認定システム・エンジニア」という制度を維持しており，習熟顧客の持つ専門知識・技能を認定している。この認定資格制度は，資格保持者のキャリアアップに役立つだけでなく，習熟顧客を同社ブランドの「伝道者」へと変える効果を持っている。同様の制度は，SAP（エスエーピー）*27にもあり，同じくIT熟練者の資格認定を行っている。

企業は，webの持つ柔軟性を活用して，顧客それぞれに合った方法で製品の情報を提供するようにすべきである。顧客には，文章で読むのが好きな人もおり，音声での説明を好む人もいる。映像やスライド方式のプレゼンテーションで製品の使用方法などを示してもらうのを好む人もいるであろう。従って，多様な方法で情報提供がなされるように工夫すべきである。

インターネットは，適切なメッセージを適切な顧客に，タイミング良く知ら

---

*26 訳注：原文のlisting postは，元々，聴取哨，聴音壕の意味。聴取哨は，敵航空機の接近を爆音及び目視で察知する監視所。
*27 訳注：SAP（SAP AG）は，ヨーロッパ最大級のソフトウェア企業。1972年創業。ドイツのバーデン・ヴュルテンベルク州ヴァルドルフに本社を置く。

せる方法をマーケターに与えた。しかも，マーケターは，これをコスト効率良く遂行できる。インターネットは，上手く用いれば，マーケティング活動の効率性と効果の双方を向上させることができる。とりわけ，アウェアネスの領域についてはそうである。

しかしながら，インターネットはマーケターにとって諸刃の剣でもある。良い製品を適切なターゲット顧客に提供している賢明な企業にとっては，インターネットは極めて有用なものである。しかし，手を抜こうとしたり，顧客の判断を誤らせたり，見せかけの顧客サービスを提供しようとする企業にとっては，インターネットは，極めて効率的な「評判の破壊装置(レピュテーション・デストロイヤー)」として大きな脅威となり得る。

顧客は，インターネットによって，他の顧客の製品評価や体験談に即座にアクセスできるし，競合製品の情報も容易に入手できる。結果，アウェアネスのための活動の在り様も変わりつつある。広告も含め，企業のコミュニケーション活動は，購入の説得ではなく，情報提供に重点が置かれるべきであり，このことはかつてないほど求められるようになっている。情報が十分に提供されている市場においては，顧客は提供される製品やサービスについてのアウェアネスを得れば，知覚したアクセプタビリティとアフォーダビリティといった諸要因に基づいて，自分自身で（企業からの説得ではなく）購入するか否かの判断をするようになっている。

9. 結　論

　我々は本章までで，マーケターが4Aの各要素を最適化する方法について見てきた。続く最後の章では，4A分析の適用について検討を加えよう。

– 第**7**章 –

4A枠組みの適用

1. はじめに

　本書において，我々は最初の2つの章で，4Aの枠組みを導入し，詳細に説明した。続く4つの章では，4Aのそれぞれの要素について順に見てきた。これら4つの章では，企業は，各要素の2つの次元をどのようにして創造的かつ効率的に高めることができるのかについて，主に力点を置いて説明した。本章では，4Aの枠組みの適用について，更に詳しく検討しよう。4Aの枠組みがどのように適用され，拡張され得るかについて示すと共に実施上の重要な諸課題についても説明する。

2. 4A：資源配分と配分最適化の強力なツール

　余りにも多くの企業において，マーケティング部門は，上級マネジメント層がマーケティング資源を適切に配分する能力を欠いていることに，悩み苦しんできた。上級マネジメント層は，何がマーケティングの成功をもたらすのかをまるで理解できないままでいることも多い。そのためにマーケティング予算の決定はしばしば，その場しのぎで，恣意的とすら言い得る方法で行われてきた。或いは，マーケティング予算（及び広告などのマーケティング活動のサブセットの予算）が，過去の踏襲と現在の支出可能額に基づいて，硬直的・機械的に決

定されている場合も多かった。加えて，予算決定は，マーケティングとは全く異なる基準を持ち，マーケティングに対する理解にも乏しい財務部門からの圧力に常に晒されていた[1]。

　もう1つの問題は，マーケティング予算が，投資というよりも単なる支出と見做されてきたことである。短期的視点にのみ焦点を当てるのであれば，単なる支出と考えるのも或いは正当化できるかもしれない。と言うのは，SPのようなマーケティング活動の殆どは，確かに長期的な効果を望めないからである。しかしながら，このように短期的視点でのみマーケティングに取り組んでいれば，マーケティングの生産性は低く，長期的な財務成果も乏しいという，いつもの通りの結果となってしまうだろう。

　4Aの枠組みが適切に活用されれば，マーケティングの予算決定から，恣意的な当て推量の多くを取り除くことができる。4Aの枠組みは，資源配分を誤る危険性をマネジャーが容易に理解できるようにする。例えば，ある製品について，4Aの1つの要素で水準が極端に低ければ，他の要素をいくら向上させようとしても，投入される資源は無駄になるばかりである。4Aの枠組みを用いて，企業の資源を顧客の求める価値実現に振り向けることは，企業とマネジャーが，ますます失敗原因に拘泥していくという事態を回避すること可能にするだろう[2]。

　4Aの枠組みは，マーケティング計画の強みと弱みがどこにあるかを指し示すものである。ある製品が，ほんの少しのマーケット・シェアしか得ていない場合，ありがちな反応は，単に価格の引き下げか，より広告支出を増やすことであろう。しかし，このいずれも正しい対処ではない。4Aの枠組みを用いれば，マーケティング活動のどこに問題があるのかが明確になるので，企業は，遥かに正しい対処，すなわち，資源を再評価して，ターゲット市場から最も良い成果を得られるように再配置することができるようになる。

　4Aの枠組みはまた，マネジャーが資源をマーケティング計画の最も弱い部分へと差し向けることができる明確な手段を与える。例えば，ターゲット市場がその製品について十分に知らないのであれば，より多くの資源（人員と資金の双方）が広告を初めとするアウェアネス向上に資する諸活動に投入されるこ

とになるだろう。これらを実施してもなお，製品がターゲット市場によって無視されているか，知られていない場合は，根本的な問題は，アウェアネス向上に投入される資源量ではなく，資源がどのように使われているかの方法にある。例えば，よりコスト効率の良いメディアに資源をシフトさせることによって，マネジャーはより少ない資源で，アウェアネスを向上させることができるだろう。

　実際のところ，マーケティング上の問題点を是正しようとして，企業はしばしば的外れなことがらにより多くの資金を投入するようである。例えば，「実際には製品のアフォーダビリティに問題があるのに，品質向上にますます注力する」「売上の減少に対して，製品のアクセプタビリティを向上させるべきであるのに，広告支出を増やすことで専ら対処する」といった具合である。

　不幸なことに資源配分のアンバランスは，例外的というよりも良くあることである。例えば，我々の経験では，技術力に自信のある企業は，4Aの他の要素を犠牲にして，アクセプタビリティの向上に過剰な資源を投入する傾向がある。他方，販売とプロモーションによって駆動されている企業は，製品の開発や改良に十分な資金を投入しないで，広告に過剰に資源を投じる傾向がある。一定の水準を超えて，追加的に資源を投入しても，利益は減少するばかりということも多いが，余りにも多くの企業が，このことを認識しないままである。

（1）支出に見合う効果を最大化する

　マーケティング活動が成功するためには，全ての4A要素を十分に活用する必要があるだろう。しかしながら，幾つかの要素における不足は，他の要素よりも改善がより容易である。例えば，アフォーダビリティの向上は，アクセプタビリティよりもかなり容易である（例えば，低金利などの好条件を提示するなど）。このことは，個々の要素への追加的支出（または支出の削減）に対する反応の弾力性が，要素によって大きく異なることを示している。支出の生産性の最大化を求めるマネジャーは，この基準—4Aの要素によって支出への反応弾力性が異なること—に基づいて，資源配分をすべきである。

　一例として，100万ドルの追加支出が，アクセプタビリティ向上に投じられ

れば20％，アウェアネス向上に投じられれば5％，それぞれ効果を上げ得るとしよう。この場合，アクセプタビリティが，アウェアネスよりも既に高い水準にあったとしても，アクセプタビリティ向上に追加支出が投じられるべきである。それは，アクセプタビリティを20％向上させる方が，アウェアネスの向上5％よりもMVC（Market Value Coverage：市場価値充足率）への効果がより大きいものとなるからである。

　4Aの枠組みで簡単な分析を行うことで，マーケティング資金を4Aのどの要素で節約して，どの要素に投入するべきかを示すこともできる。例えば，現行，4Aのある要素が十分に高い水準にあるとしよう。この場合，この要素に投入されているマーケティング資源をある程度，引き上げて，他の低い水準の要素に投入して，その水準の向上を図ることができるだろう。図7-1では，十分に高い水準にあるアウェアネスに資する諸活動から資源を引き上げて，アクセシビリティ，アフォーダビリティ，そしてアクセプタビリティの順にそれぞれ適正な配分で投入することが示されている。

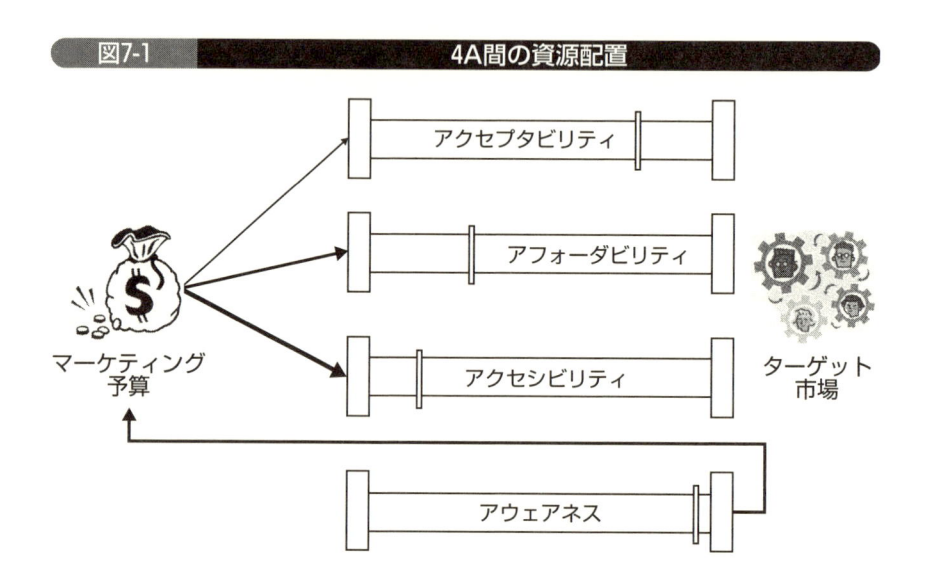

図7-1　4A間の資源配置

（2）平準化の重要性

　MVCを高めるという観点では，4Aの各要素の水準が高低バラバラであるよりも，平準化されている方がしばしば望ましい。例えば，4つの要素がそれぞれ100％，50％，100％，50％の時はMVCは25％となり，要素が全て75％の時は31.6％となる。この点について，我々は以下の指針を示そう。

- ▶マネジャーは，4A各要素の全てで等しく高い水準を達成するように努めるべきである。
- ▶4A各要素の水準が高低バラバラな場合，最も高い水準の要素を低くすることで，資源の節約が可能になるのであれば，最も高い水準の要素から資源をある程度，引き上げて，最も低い水準の要素に投入すべきである。
- ▶4A各要素の水準が高低バラバラな場合，最も高い水準の要素を低くしても，さして資源の節約にならないのであれば，最も低い水準の要素をできる限り向上させるべく，資源効率のより良い方法を探し求めるべきである。
- ▶追加資源を投入する場合，4A各要素に機械的・総花的に割り振ってはならない。先ずは最も低い水準の要素に重点投入すべきである。4A各要素の水準が概ね等しい場合は，追加資源は4Aを横断的に等しく高めるような活動に投入されるべきである。
- ▶既に高い水準にある要素に，資源を優先的・重点的に投入する。このやり方が唯一，意味を持つのは，低い水準にある他要素に資源投入するよりも，遥かに高い資源効率が達成できると期待される場合のみである。
- ▶資源配分の要諦は，結局のところ，MVCを向上させる効果が最も高くなるように資源を投入することである。

3. 市場セグメントの画定と選択

　4Aの枠組みは，市場セグメントを画定する手段としても活用し得る。例えば，企業は，先ず，その提供する製品を非常にアクセプタブルであると受け止めて

いる顧客を見つけ出すことから始める。次に，こうした顧客について精査して，利益を確保しつつ製品を提供できる，より具体的な顧客セグメントを決定する。この手順は，予め決められた何らかの顧客分類基準によって市場セグメントを画定するのではない。それは，どの顧客が，企業が提供する製品をアクセプタブルでアフォーダブルと受け止めているかという基準に単純に依拠して，市場セグメントを画定するものである。資源を潤沢には投入できない企業にとっては，この手順は，マーケティング活動を最も見込みのある顧客層に集中できるコスト効率の良い方法となるだろう。

　4Aの枠組みはまた，市場セグメントを選択したり，優先順位を決めたりするための有用なツールとなる。マネジャーは，4Aの枠組みを用いて，さまざまなターゲット市場の魅力度を評価することができる。一般的に言って，製品を高いMVCで導入できる市場を―たとえ市場規模が他の市場よりも相対的に小さいと判断される市場であっても―ターゲットとする方がより望ましい。図7-2に示されるように，個々の市場ないし市場セグメントは，①企業が追加的

図7-2　市場セグメントの選択

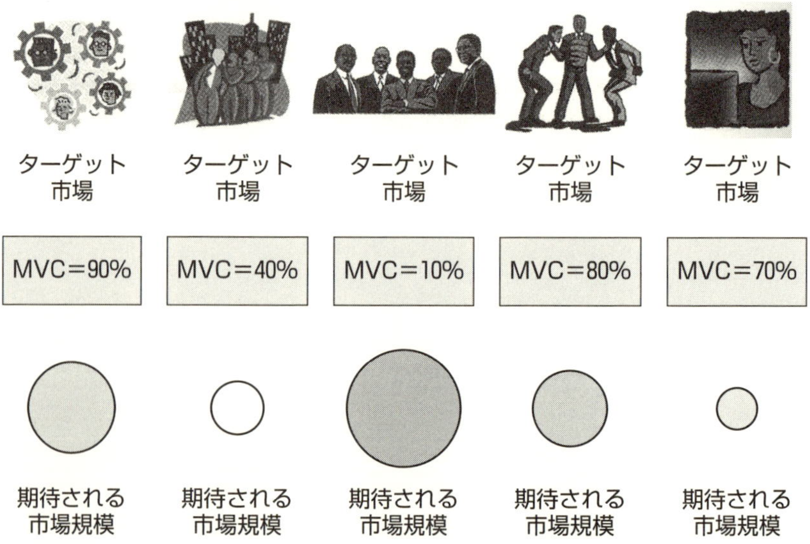

ターゲット市場	ターゲット市場	ターゲット市場	ターゲット市場	ターゲット市場
MVC=90%	MVC=40%	MVC=10%	MVC=80%	MVC=70%
期待される市場規模	期待される市場規模	期待される市場規模	期待される市場規模	期待される市場規模

242

な投資を要さずに，現状，達成できるMVC，②期待される市場規模の2点から評価されるべきである。企業にとっては，期待される市場規模は巨大であるが，非常に低いMVCしか見込まれない市場セグメントよりも，期待される市場規模は相対的に小さいが，高いMVCが見込まれる市場セグメントの方が通常は，望ましいものとなるだろう。従って，図7-2で言えば，市場規模が最も大きいと目される中央の市場セグメントではなく，左端の市場セグメントが第1のターゲット市場として選択されるだろう。この市場セグメントを選択することで，企業は市場導入後，すぐに売上高を確保することができるだろう。企業はその後，幾ばくかの時間経過を経て，この市場セグメントから得られた収益を投入して，より大きな規模が見込める市場セグメントに対する製品のMVCを向上させることもできるだろう。

4. 既存マーケティング計画の診断と問題解決

　4Aの枠組みは，マーケター（マーケティング・マネジャー）が既存の製品，特に市場で苦戦を余儀なくされている製品について問題点を見つけ出す上で役立つ，強力な診断ツールとなる。マーケターは，4Aの枠組みを用いて，製品の不振の原因を正確に理解することができる。また，失敗状況を成功へと転換していくことも可能となる。

　4Aの枠組みは，提供する製品に関わる変更を迅速に評価することも可能とする。例えば，マーケターが，価格をxだけ下げることで，アフォーダビリティを$y\%$上げることの是非を検討する場合，4Aの枠組みを用いて，この方策が売上高，マーケット・シェア，収益性にどのように影響を及ぼすかについて予測することができる。このようにして，企業は，最も高い効果を期待できる方策を見つけ出し，採用することができる。

　4Aは，マーケティング活動の成果（パフォーマンス）状況を数量化して把握するための出発点となる。また，成果の思わしくない要素・次元にマーケティング努力を集中する上で助けとなるものである。4Aの枠組みは，企業が，かつてリーバイ・ス

トラウス（Levi Strauss & Co.）を苦しめたような無分別な意思決定をすることを回避する上で有用である。

＜リーバイ・ストラウス：「リーバイス・テイラード・クラシックス」＞

1980年代半ば頃，リーバイ・ストラウスは，これまで同社が扱ってこなかったアパレル分野である，スリーピースやツーピースの正統派のメンズ・スーツに進出することで業容を拡大しようと試みた。ブルー・ジーンズではアメリカ国内で抜きん出た存在である同社は，大規模な市場調査を行い，未だ十分に開拓されていない新しい男性顧客層—当時，「ヤッピー（yuppie）」と呼ばれるようになっていた人々—を見出した。同社は，この新しい顧客層について，好きな衣服の種類やどこで衣服を購入するか，リーバイス・ブランドについてどのようなイメージを持っているかなど，必要と思われることをあれこれと調べ上げ，その上で新しいメンズ・スーツの市場導入を行った。

リーバイ・ストラウスの新しいメンズ・スーツ，「リーバイス・テイラード・クラシックス（Levi's Tailored Classics）」は，機能面では優れたものであった。100％ウールかウール混紡の生地を使い，伝統的な色柄とデザイン，カットを用いていた。唯一，新機軸と呼べるものは，スーツでありながら，上下別々に販売されていたことであった。顧客は，ジャケット，スラックス，ベストを別々に購入することができた。

結局のところ，リーバイス・テイラード・クラシックスは惨めな失敗に終わった。何が問題であったのかを4Aの枠組みから考えてみよう。

▶アクセプタビリティ：グループ・インタビューの結果，ターゲットとされた顧客達は，リーバイスのブランドの付いているスーツは購入したいとは思わない，と感じていることが明らかになった。

▶アフォーダビリティ：顧客達は，リーバイス・テイラード・クラシックスの価格は妥当なものと受け止めていた。しかし，百貨店は価格設定が高すぎると判断しており，結果として多くの百貨店がこのスーツを取り扱わなかった。

▶アクセシビリティ：リーバイス・テイラード・クラシックスは，一部の百貨店でのみ販売されていた。一方，ターゲットとする顧客層は，正統派のスーツを扱うような紳士服専門店に出入りし，スーツを購入していた。しかしながら，同社は，このような店舗に製品を流通させる仕組みを持っていなかった。

▶アウェアネス：広告は，ニューヨークタイムズの日曜版で1回，行われただけだった。

リーバイス・テイラード・クラシックスの売上は低迷したので，同社は対策を講じたが，問題の最も重要な点に対処するのに失敗した。本来なら，ブランドネームを変更するなどしてアクセプタビリティの改善を図り，紳士服専門店で販売するようにしてアクセシビリティを改善すべきであった。しかし，リーバイスは，余りにも予想通りに反応した―つまり，単に価格を引き下げたのである。4Aの枠組みに従って軌道修正すれば，おそらく同社は成功を手にしていたことであろう。現実にはそうはならず，リーバイス・テイラード・クラシックスは惨めな失敗に終わり，同社はこの事業から早々と撤退することを余儀なくされてしまった[3]。

　4Aの枠組みは，提携(アライアンス)やパートナーシップがどの程度の効果を生むかを評価する上でも非常に有用である。例えば，図7-3に示すように企業Aがアクセプタビリティとアフォーダビリティ，企業Bがアクセシビリティとアウェアネスにそれぞれに強みを持っている場合，両社が協働することで大きな相乗効果を実現できるだろう。

　企業は，4A上の補完が期待できないような相手企業とパートナーシップを結んだり，事業統合にまで進んだりすることが余りにも多いようである。4Aの枠組みは，補完の可能性と程度について企業が評価する助けとなる。例えば，製品開発や生産に秀でている企業は高い水準のアクセプタビリティとアフォーダビリティを備えた製品を生産できるだろう。こうした企業は，良く知られたブランドを持ち，流通チャネルも確立されている企業とのパートナーシップを目指すべきである。

（1）流通チャネルのマネジメント

　4Aの枠組みは，顧客だけでなく，流通チャネルにも適用することができる。それ故，流通業者を通じて顧客（エンド・ユーザー）に製品を流通させている企業は，4Aの枠組みを2回―流通業者と顧客に対して―，用いることになる。マネジャーは，4Aの枠組みで分析することで，どの流通チャネルがターゲット市場に対する最も高いMVCをもたらすかを決定することができる。例えば，

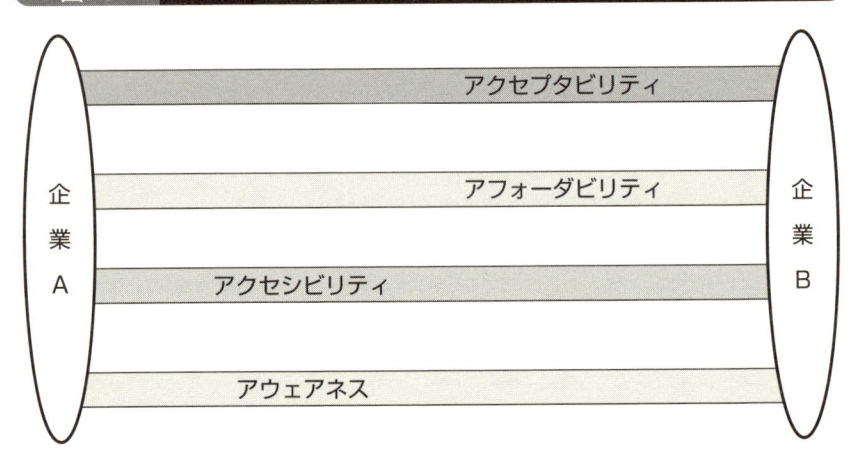

図7-3　パートナーシップによる4Aの補完と相乗効果

企業A ─ アクセプタビリティ ─ 企業B
企業A ─ アフォーダビリティ ─ 企業B
企業A ─ アクセシビリティ ─ 企業B
企業A ─ アウェアネス ─ 企業B

　上質さを特徴とする製品の場合，廉価イメージのある小売店舗は，当然，この製品に合致しない。もしも，こうした店舗で販売されれば，当該製品のアクセプタビリティは低下することになるだろう。或いは，イメージ上は合致していても，小売店舗が当該製品のターゲット市場を上手くカバーできていない，といった場合もあるだろう。この場合も，当該製品はこの小売店舗で販売されるべきではない。

　1990年代，ベストバイといった郊外型の大規模小売業者[*1]が大きく伸張して，アメリカにおける家電製品の小売状況を大きく変えてしまった。この種の大規模小売業者は，幅広い品揃え，全国展開による規模の経済性，攻撃的な低価格設定，買い上げ品の迅速な配送といった特徴を備えており，街の多数の小規模家電店にとって大きな脅威となっていた。小規模家電店はその多くが，家族経営店であり，大規模小売業者には到底，抗しえなかった（例えば，アクセシビリティについては，幅広い品揃えは無理であり，迅速な配送もできなかった。アフォーダビリティについては，規模の経済性を欠くために価格は割高であった）。

---

*1訳注：郊外型の大規模小売業者。原文は，big box retailerである。平屋建てで陸屋根（平屋根）を持つ郊外型大規模店舗を構える小売業者の意味。

街々の小規模家電店は競合に晒され，消えゆくかに思われたが，GEは，これらの小規模店に対して，win-winとなる関係を結ぶことを提案した。この提案は，「ダイレクト・コネクト・プログラム」（図7-4参照）と称するもので，参加する小規模店にとっては，次の２つの大きな利点があった。①小規模店は在庫を持たないが，GEの地域倉庫にある在庫の全てを実質上，取り扱うことができる（各小規模店は一種の「仮想在庫(バーチャル・インベントリー)」を持つことになる），②GEは，顧客が小規模店で購入した家電製品を顧客の家まで直接配送する（配送は，郊外型の大規模小売店のそれと同じ迅速さである）。小規模店は，そのままでは幅広い品揃えは実現できず（仮にできても，コスト面から価格を大きく引き上げざるを得ない），買い上げ品の素早い配送も不可能であった。GEのこの提案は，小規模店の抱えるこうした構造的課題を解消するものであった。

　ダイレクト・コネクト・プログラムによって，街の小規模店は競争力を再び取り戻すことができた。とりわけ，地元の顧客との長年の関係性(リレーションシップ)や顧客の自

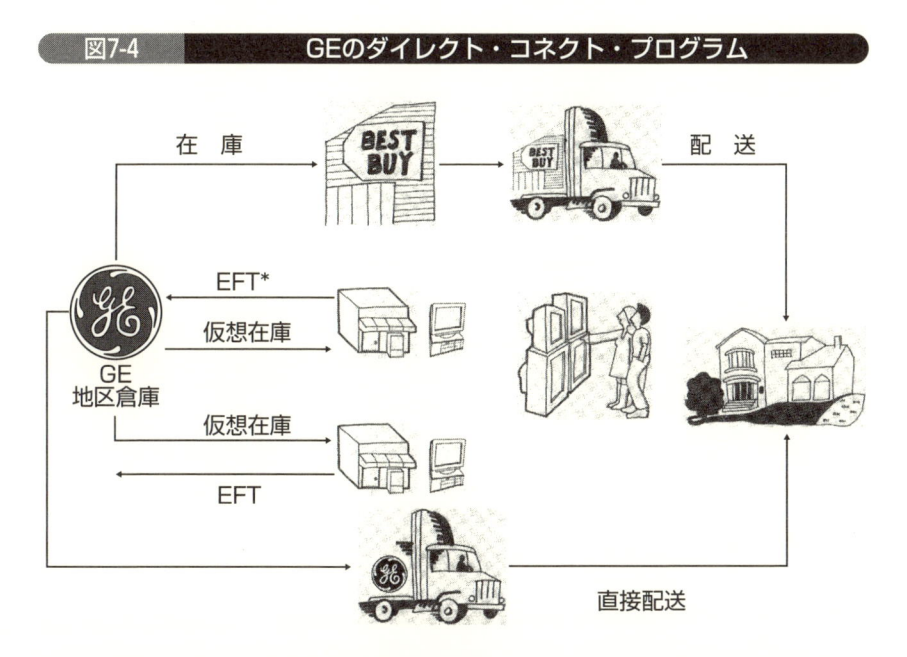

図7-4　GEのダイレクト・コネクト・プログラム

*EFT (electronic funds transfer)：電子口座決済

宅に近い店舗立地とが再び活用されるようになった。小規模店は，ダイレクト・コネクト・プログラムに参加するのと引き換えに，その売上高の50%以上をGE製品の販売から得ることを求められた。このプログラムの導入によって，以下の成果が得られることとなった。すなわち，GEのマーケット・シェアは純増し，顧客をより満足させ，そして，数千の小規模店の経営が安定し，GEに対して高いロイヤルティを持つようになった。

5. 需要のマネジメント

　4Aの枠組みは，単に需要を増加させる（これはマーケティングの伝統的な関心事である）だけでなく，需要をどのようにコントロールするかを考える上でも，非常に有用な方法である。更に広く，需要の主体，発生タイミング，程度(レベル)をコントロールするために，4Aの枠組みを用いることができる[4]。換言すれば，4Aの枠組みは，誰が，いつ，どのくらい購入するかを決定づけるのに役立ち得る。需要のマネジメントは，供給は固定化されているが，需要は季節的に変動する場合に（例えば，航空会社やホテルなど）特に重要である。

　ここで，社会が大きく削減したいと望んでいるたばこ需要について考えてみよう。マサチューセッツ州は，たばこ依存—特に十代の若者の—に対する戦いの世界的な先導者(リーダー)となっている。CDC[*2]の喫煙問題・健康オフィスの副所長であるテリー・ペカシック（Terry Pechacek）博士は，以下のように述べている。

　「マサチューセッツ州の経験は，我々が何ができるのかの代表的なモデルケースとして世界中で用いられるものである。同州は，我々が危機を脱することができることを示している。我々はたばこ依存の蔓延を止めることができる。同州から学ぶことは，世界中の何百万人という人々の生命を救うことになる可能性を持っている。」

[*2]訳注：CDC（Centers for Disease Control and Prevention）は，アメリカの感染症対策に関する総合研究機関。保健福祉省所管の連邦機関である。疾病対策予防センター，疾病対策センター，疾病予防管理センターなどさまざまに和訳され，現状，日本語での呼称は1つには定まっていない。

マサチューセッツ州における公衆の健康についての積極的な取り組みは，長い歴史を持っており，かのポール・リビアがボストンの初代公衆衛生局長を務めていた18世紀にまで遡る。アメリカがん協会の象徴的なキャンペーン「全米大禁煙大会」[*3]も1971年に同州のランドルフで行われたあるイベントに端を発するものである。[*4]

マサチューセッツ州の取り組みが，4Aの枠組みを用いてどのように捉えられるのかを見てみよう。

▶ アウェアネス：マサチューセッツ州は，喫煙による健康被害をありのままに描いた一連の公共広告をテレビで放送した。広告では，24歳で肺気腫を発症し，闘病の末，31歳で死亡した女性パム・ラフィン（Pam Laffin）といったヘビー・スモーカー達の姿が描かれていた。MTVは，これらの広告を編集して，「私は息ができない」というタイトルのドキュメンタリー番組を作成し放送した。[*5]同州はまた，喫煙の予防と禁煙を呼びかけ，啓蒙する役割を担うために数千人のヘルスケア専門家を重点的に養成している。

▶ アクセプタビリティ：カリフォルニア州と並んで，マサチューセッツ州は，喫煙に対する人々の認識を「社会的に容認された行為」から「死を招く危険な習慣」へと変えるための強力な社会的メッセージを発信する努力の最前線に立ってきた。結果，人々の喫煙に対する態度は，大きく変わってきており，全米たばこ協会やフィリップ・モリスといった最も頑なで強大な敵対者達ですら，世論の高まりには勝てず，今では「マサチューセッツ州

---

*3 訳注：ポール・リビア（Paul Revere:1735-1818）は，ボストン生まれの銀細工師。歯科治療の道具を製作している。アメリカでは，独立戦争時の熱心な愛国者として非常に良く知られている。特に「レキシントン・コンコードの戦い」前夜にイギリス正規軍の動きを独立派に伝えた「真夜中の騎行」で名高い。のち，金属鋳造所・精錬所を経営し，実業家としても成功を収めた。

*4 訳注：全米大禁煙大会（The Great American Smokeout）は，毎年11月の第3木曜日に行われる社会的イベント。アメリカがん協会（the American Cancer Society）が主催。喫煙者にこの日だけ24時間禁煙し，可能ならばそのまま喫煙習慣から脱しようと呼びかけるもの。

*5 訳注：MTVは，音楽番組専門CATV放送。文中にあるドキュメンタリー番組「私は息ができない（MTV True Life：I Can't Breathe）」は，youtube上でも視聴できる。

*6 訳注：全米たばこ協会（Tobacco Institute, Inc.）は，アメリカのたばこ産業の業界団体。1958年設立。たばこ会社とアメリカ合衆国の46の準州及び州との間で取り交わされた基本和解合意（Master Settlement Agreement）により，1998年に解散。

第7章 4A枠組みの適用

たばこ規制プログラム」条項の多くについて同意を表明するに至っている。
- ▶アフォーダビリティ：マサチューセッツ州は，1992年11月，たばこの増税条例案を可決した。増税分はたばこ価格に上乗せされ，増税による税収の一部は，禁煙の取り組みに割り当てられた。
- ▶アクセシビリティ：マサチューセッツ州は，喫煙及びたばこ購入の場所についても厳しい制限を課している。喫煙は，職場，飲食店，市庁舎，学校，大学，美術館，駅やバスターミナル，健康関連施設，保育所などで禁止されている。未成年者に対する販売規制も厳格に実施されている。

「子供をたばこから守る運動（the Campaign of Tobacoo Free Kids）」代表のマット・マイヤーズ（Matt Myers）は，「マサチューセッツ州におけるマスメディアの活用，地域への資金提供，学校での禁煙プログラムは，禁煙への取り組みがどのようにすれば上手くいくのかを示す好例となっている。人々は忘れてしまっているかもしれないが，ほんの10年前には，十代の若者の喫煙を減らすためにできることなど何もない，と主張する多くの専門家達がいたものである。しかし，同州の取り組みは彼らが間違っていたことを証明するものである」と述べている。

マサチューセッツ州の禁煙への取り組みは，以下の数値に示されるように明確な成功であった。
- ▶たばこの消費は，1992年から2000年の間にほぼ40％低下した。
- ▶毎日たばこを吸う成人の数は，1993年から2000年で18％低下した。
- ▶若年層の喫煙率は，1994年から2000年で26％低下した。
- ▶未成年者のたばこ購入は，39％から10％に低下した。
- ▶妊娠中の女性の喫煙者数は，1990年から1999年で58％低下した。
- ▶職場，飲食店，また家庭での受動喫煙は大幅に低下した。

マサチューセッツ州の例は，4Aの方策を，需要に影響を与えて，どのように社会的に望ましい方向に向けるために用い得るかを示している。

6. 製品ライフサイクルと4A

　4Aの枠組みは，導入期から成熟期・衰退期まで製品ライフサイクルの全ての段階に適用することができる。製品，技術，また流通チャネルは，一連のライフサイクルをたどる。生産コストは，生産量が増え，生産企業が経験及び規模の効果を得ることで減少する。顧客の製品に対する期待と認識もまた，変化していく。例えば，顧客は，製品カテゴリーが成熟してくると，その支払いの意思を強める傾向がある。今日では，人々は当たり前のように，携帯電話に対して支払いの意思を持ち，購入もしているが，携帯電話が普及する初期の頃はそうではなかったことを思い起こしてもらいたい。

　製品ライフサイクルを開始するに当たって，製品に関わる諸構想をターゲット市場，流通チャネル，製品仕様，価格設定などの点で具体的に詰めていかねばならない。4Aの枠組みは，そのための有益な立脚点となり得る。同じく，4Aの枠組みは，市場導入後のフォローにも適用され得る。例えば，導入後に成功裏に推移している理由は何か，或いは不首尾に終わった理由は何かを4Aの枠組みを通して把握することができる。成長期，成熟期にある既存製品についても，4Aの枠組みで市場においてどのような地位（ポジション）を占めているかを理解することができ，例えば，ターゲットとする市場セグメントを変更するか否か，製品仕様や価格設定，或いは顧客への流通のさせ方を変更するか否か，といった決定を下すことができるようになる。製品ライフサイクルの終わりには，4Aの枠組みで評価することで，次代の製品をどのようにして開発するかの教訓を得ることができる。

　成熟市場における既存製品であれば，高い水準のアクセプタビリティとアウェアネスとを既に得ているかもしれない。こうした製品の場合は，更にマーケット・シェアを得るためには，アフォーダビリティとアクセシビリティに重点を置くことが良い戦略となるだろう。マクドナルドのアメリカにおける取り組みはこの好例である。マクドナルドは，アメリカの一般大衆の間に非常に高い

水準のアウェアネスを既に得ており，また，アメリカの消費者の大多数が，マクドナルドをアクセプタブルなものと既に見做している。そこで，同社は，近年はアベイラビリティの点でマーケット・シェアを得ようと，ウォルマートの店内など，これまでにない立地に出店するようになっている。同社はまた，さまざまなセットメニューの導入にも力を入れてきた。セットメニューは，マクドナルドでの食事がよりアフォーダブルであると顧客がより感じるように工夫がなされていた。しかしながら，同社のアクセプタビリティを向上させようとする取り組み（McLean Deluxe と Arch Deluxe の市場導入）[*7]は，アベイラビリティやアフォーダビリティのようには成功しなかった。

7. 4Aによる全体市場の成長

マーケティング資源は，マーケット・シェアの奪取と全体市場の成長，2つの目標のいずれかに向けて投入され得る。しかしながら，企業とマネジャーの関心は，全体市場の成長よりもマーケット・シェアの奪取に向けられることが余りにも多い。マーケット・シェアの奪取はもちろん，しかるべき目標であり否定されるものではないが，相応の危険性があり（すなわち，競合企業からの直接的な反撃を受ける可能性がある），市場全体を成長させる戦略に比べれば価値面で劣るものである。

企業は，高い水準のアフォーダビリティを生み出すことで全体市場を大きく成長させることができる。この戦略は，エレクトロニクスやソフトウェア，航空といった変動費の相対的に低い製品カテゴリーで劇的な効果をもたらす。例えば，ヘンリー・フォードがT型フォードによって自動車で行ったのと同様に，日本の製造技術は，低コスト生産によるアフォーダビリティ向上を可能にし，多くのエレクトロニクス製品の市場を劇的に拡大した。

[*7]訳注：McLean Deluxe と Arch Deluxe は共に，マクドナルドが1990年代に McDonald's Deluxe line の一環として，大人向けメニューとして売り出した健康志向ハンバーガー（McLean Deluxe は1991年，Arch Deluxe は1996年に発売された）。莫大な資金をかけ，大々的な広告キャンペーンと共に登場したが，共に不振のまま早々と退場した。それぞれ同社の大失敗に終わったキャンペーン及び新商品とされる。

サウスウエスト航空は，遥かに強大な競合航空会社からの脅威に晒されながらも，今日まで生き残り，更に言うならば繁栄を続けている。これを可能にしているのは，同航空が，マーケット・シェアの奪取ではなく，全体市場の成長に徹底して戦略の焦点を置いてきたことである。初期の頃には，同航空は，就航した路線で乗客総数を劇的に増加させていたし，同社就航後に2都市間の年間乗客数がいきなり300%増加するのも良くあることであった。サウスウエスト航空のやり方は，アフォーダビリティを欠くためにそれまで航空機を利用したことがなかったという顧客層をターゲットにするものであった。

ターゲット市場が，高い水準のMVCを得ている企業によって開拓されてしまっている場合，ターゲット市場のこれ以上の成長は，言わば「制限」されている。すなわち，もしも，ある企業が100%のMVCを達成しているのであれば，ターゲット市場の成長余力はもはや残されていない可能性が高い。ターゲット市場で競合する全企業の中で，達成されている最も高いMVCが60%であるのであれば，図式的には40%分が満たされないまま残されていることになる。この場合は，ターゲット市場は40%分，更に成長する余力があると言えるだろう。

もしも，企業が，MVCを既に十分に高い水準で得ているのであれば，ターゲット市場内でのマーケット・シェアの更なる奪取を試みるのは得策ではないだろう。MVCを今以上に高水準にしても，シェア奪取の余地は小さく，得られるリターンは逓減する（図7-5を参照）。こうした場合，企業は，現行のターゲット市場を越えて，マーケティングの対象市場そのものの拡大を図るべきである――従って，MVCは，この種の拡大を行うべきか否かの重要な指標となる。[*8] 例えば，キャンベルスープの「Soup is Good Food」キャンペーンは，スープ好きな人だけを対象とするものではなく，全消費者をターゲットとして行われていた（同社は，スープを良く飲む顧客層の60%以上のマーケット・シェアを既に得ていた）。このキャンペーンは目覚ましい成功を収めたが，それは，限られたターゲット市場の中で更にマーケット・シェアを奪うのではなく，対象とする市場を拡大し，スープ消費の全体需要を成長させることを目的としたところにあった。も

[*8]訳注：企業が，MVCを既に十分に高い水準で得ているのであれば，対象市場そのものの拡大を図るべきである。MVCが，未だ低い水準ならば，MVCを向上させて，マーケット・シェアの拡大（奪取）を図るべきである。

図7-5　逓減するリターン

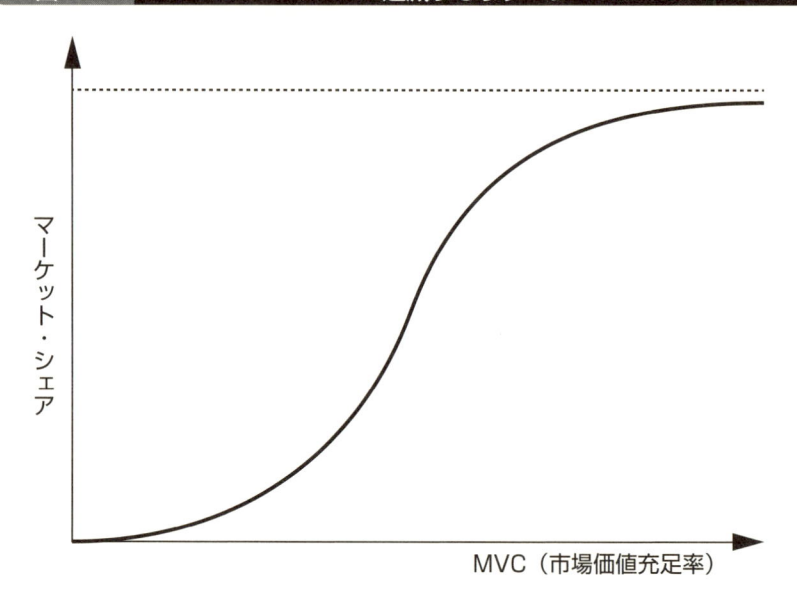

縦軸：マーケット・シェア
横軸：MVC（市場価値充足率）

う1つの例として，コカコーラ社の大きな成功を収めたダイエット・コーク（Diet Coke）の市場導入について考えてみよう。ダイエット・コークは，その旧製品タブ（TaB）がダイエットを気にする女性をターゲットとしていたのとは異なり，ソフトドリンクを飲む全ての人々に向けられていた。ダイエット・コークの広告キャンペーンでは，カロリーについての言及は一切なく，表現上も女性と男性の両方を登場させていた。ダイエット・コークは，発売後すぐに，コカコーラ，ペプシコーラに次ぐ，売上第3位のソフトドリンクに躍進した。コカコーラ，ペプシコーラの2大製品の登場以来の最も成功を収めた新炭酸飲料の市場導入となったものである。

　マーケティングを正しく行えば，全体市場を劇的に成長させることができる。このことを考えるために，ラジオ，腕時計，メガネの3つの製品でどのような大きな変化があったかを考えてみよう。―さほど古いことではないが，かつては，人々は，これら3つの製品を専ら機能面の効用のみで捉えていた。しかしながら，今日ではそうではなく，人々は，機能面に加えて，審美的価値や社会

的価値の側面でもこれらの製品を評価するようになっている。

　昔は，アメリカの各家庭に大きなラジオが1台だけあって，家の中心となる場所に大切に置かれていたものである。今日ではもちろん，平均的なアメリカの家庭には，何台ものラジオがある—各寝室や台所，ガレージにそれぞれ置かれており，そしてもちろん，車にもラジオが付いている。なぜ，このようにラジオの市場が大きく拡大したのだろうか。それは，人々が以前にも増して，ラジオ番組を聴くようになったためではない（実際のところ，人々のラジオ聴取時間は大幅に減っているだろう）。ラジオがより安価（よりアフォーダブル）になり，小型化したためである。それ故，ラジオの購入台数は爆発的に増えたのである。

　腕時計も同様の成長をたどっている。以前は，人々は，腕時計を（持っているとすれば）ただ1個だけを持ち，壊れた時は修理に出し，修理がもはやできなくなった時に初めて買い替えていた。ところが，今日では，5個，10個の腕時計を持っている人も特に珍しいというわけでもない。腕時計は，時間を知るための道具としての側面だけでなく，ファッションのためのアクセサリーという側面を大きく持つようになった。また，腕時計は，既に一種の「コレクション対象」ともなっているが，これにはスイス企業Swatchによるマーケティング努力が大きく関与しているだろう。同社は，そのベーシックレンジの時計ブランド「Swatch」によって，買い易い価格（アフォーダブル）のファッション腕時計という概念を時計市場に持ち込み，新デザインの「Swatch」腕時計を次々と発売してきた。

　同様に，メガネも機能面に加えてファッション・アクセサリーとして購入されるようになっている。気分や場面によって使い分けるために幾つもメガネを持っている人も珍しくなくなっている。

　上記3つの製品市場の成長は，消費者の需要の自律的拡大によるものではなく，企業のマーケティング活動によってもたらされたものである。ピーター・ドラッカーは，マーケターは，製品を購入しない消費者にこそ注目すべき，と述べている。業界を主導するような企業ですら，潜在的買い手の70％かそれ以上が，その顧客となっていない。マーケターが，マーケット・シェアの奪取よりも全体市場の成長により注力するならば，より多くの見込み顧客を実際の顧客へと変えることができるだろう。

8. 4Aと収益性

　企業のマーケティング計画を管理する基礎として4Aの枠組みを活用する上で，「過剰(オーバーキル)」の可能性を考慮せねばならない。企業或いは製品マネジャーが，個々のAについてでき得る限り高い水準を達成しようとするのは自然なことである。しかし，4Aの無制限な追求は，広告に過剰に資金を投入するとか，流通を野放図に広げすぎるといった事態を招く可能性がある。このことは，4Aの枠組みの適用においては，マネジャーは収益性志向に常に立脚せねばならないことを示している。すなわち，4A各要素の向上のための投資は，投入するコストを上回る効果がある場合にのみなされるべきである。

　ここでMVCが100%であるからと言って，自動的に収益性の最適化につながるわけでないことを理解するのが重要である（以下，表7-1を参照）。MVCが100%であれば，確かに「売上数量（売上個数・台数）」は最大化されるだろう。これは，市場の全ての顧客が当該製品について良く良く知っており，十分にアクセプタブルでアフォーダブル，アクセシブルであると判断しているためである。しかしながら，こうした場合，MVCを100%にするために，製品の価格を非常に低く設定していたり，製品をどこでもアクセシブルにするために非常に大きな流通コストが投じられていたりするかもしれない。そうであれば，この状況は，財務的には受け入れ難いものとなるだろう。実際のところ，「売上高」は，MVCが100%に幾分満たない時に最大化されるものである。この場合，ターゲット市場の最も価格に敏感な顧客層——価格の引き下げや低価格にのみ反応するような顧客層——はマーケティングの対象から言わば除外されていることになる。

　事業の目標を単に売上高の最大化ではなく，利益の最大化に置くとすれば，一般に，利益は，MVCが100%に届かないように抑制されている時にこそ最大化されるだろう。その理由は，すなわち，それぞれのAに飽和点があるためである。飽和点とは，それを超えて，追加的に資金を投入しても，利益の観点

表7-1　　　　　　売上個数，売上高，利益とMVC

最大化目標	あるべきMVC
売上数量	100%
売上高	＜100%
利　益	＜＜100%

では，最早プラスの効果を生まない点を指している。あるAについて，現在の水準を更に上げるのに必要な追加的な資金が，そうすることで得られる利得によっては回収し切れないのであれば，当該のAの水準は利益の観点から見れば，既に飽和点にあるものと判断されるだろう。

（1）MVCとマーケット・シェア，競争強度

　マーケット・シェアはMVCと相互に関係しているが，同じものではない。マーケット・シェアは，市場の競争状態によって，MVCよりも大きくもなり，小さくもなる。もしも，ある市場に1社だけが参入しているのであれば，たとえ低いMVCであっても計算上は，当該企業の提供する製品のマーケット・シェアは100%になるだろう。製品のMVCと当該製品が実際に得ているマーケット・シェアとを比較することで，市場における「競争強度（competitive intensity：CI）」の高低が把握されることになる。例えば，ある製品のMVCが40%であるのに，得ているマーケット・シェアが50%である場合は，CIは幾分，低いことが示される――これは競合他社の数・規模が小さいか，或いは，競合他社が市場要件に合ったマーケティング活動を上手く遂行できていないことを意味する。MVCが80%であるのに，得ているマーケット・シェアが20%しかないのであれば，CIは非常に高いと判断される。

　ここで，アップルのiPadについて考えてみよう。iPadは，しばらくの間，市場における唯一のタッチ・スクリーン式タブレットPCであった。iPadはもちろん，魅力的な製品であるが，価格は高く，他のノートPCが備えていたカメラなどの幾つかの機能を欠いていた。そのため，iPadは市場において100%アクセプタブルでアフォーダブルな製品とは言い難く，おそらくそのMVCは

60%程度であったものと考えられる。しかしながら，iPadはタブレットPCという比較的ニッチな，直接の競合製品を欠いた市場で事実上100%のマーケット・シェアを得ていた。その後，多くの企業が競合製品を市場に投入するようになり，iPadのマーケット・シェアは低下していった。iPadの第2世代（iPad2）が発売され，そのMVCは向上したが，そのマーケット・シェアはかつて得ていた100%を大きく割り込んだままである。

9. 幾つかの警告

　本章を締め括る前に，4Aの枠組みについてのありがちな幾つかの誤解について注意を喚起しておくべきであろう。

- ▶何よりも先ず，4Aは4Pとは異なることを理解することが肝要である。我々が既に示したように，それぞれのPのために行われるマーケティング上の諸活動はいずれも，4Aの全てに影響を及ぼし得る。我々はまた，4Pの範囲を越えたさまざまな領域で行われた多数の活動がやはり4Aに影響を及ぼし得ることも議論した。
- ▶第2に，アクセプタビリティの最大化は，ごてごてと機能を追加することではない。それは，顧客から求められていない過剰機能である。最もアクセプタブルな製品とは，顧客のニーズに最も良く合致するものを言う。単に最高水準の機能なり品質を備えているからと言って，最もアクセプタブルな製品になるとは限らない。多くの企業─とりわけ，技術開発や生産に自信のある企業─は，他のさまざまな要素に十分な注意を払うことなく，製品に過剰な機能を詰め込むことに陥りがちである。製品に機能をあれこれと追加することは，たとえ顧客がそれを肯定的に評価する可能性があるとしても，不可避的にコストを上昇させ，製品のアフォーダビリティを大きく損なう結果となるかもしれない。
- ▶第3に，アフォーダビリティの最大化は，最も低い価格で製品を提供することではない。重要なのは，適切な価値交換の提案をすることである。低

価格であっても，それに見合った低い価値しか顧客に提供できないのであれば，この製品よりも高価格の製品でも，アフォーダビリティに優れると評価されることは大いにあり得ることである。
▶第4に，高水準のアクセシビリティを達成することは，製品をどこででも入手できるようにすることを必ずしも意味しない。製品を余りにも幅広く流通させると，高コストとより激しいチャネル間コンフリクトを招き，顧客に本当の価値を提供することを阻害してしまう可能性がある。
▶最後に，高水準のアウェアネスを達成することは，製品が即座に「トップ・オブ・マインド」として想起されるようになることを意味しない。顧客が当該製品について知っており，購買選択の際に候補に上がるようになっていれば良い。

（1）相乗効果のあるマーケティング諸活動の追求

　マーケティング活動の全ては，必要なコストと4Aの各要素に与える効果の観点から評価されるべきである。図7-6は，3つのタイプのマーケティング活動を示している。

　第1のタイプは，4Aの1つの要素にのみ直接の影響を与え，他の要素には特段の影響を与えないものである。例えば，ソフトウェアについて何か1つのバグがあり，顧客からの指摘を受けて，バグを修正する場合，このソフトウェアのアクセプタビリティはその分，向上するが，他は何も変らない。第1のタイプにおいては，マーケティング活動は，要するコスト，及び直接に効果を持つ特定の4A要素にどの程度の向上効果があり，その向上効果はMVCにどの程度の効果があるか，の観点で評価されるべきである。

　第2のタイプのマーケティング活動は，「相殺」の効果を持つものである。つまり，4Aのある要素を向上させるが，別の要素を低下させる活動である。最も一般的な例としては，製品の機能を大きく上げるが，価格もやはり大きく上昇する場合が挙げられる。この場合，おそらくアクセプタビリティは向上するが，アフォーダビリティは低下するだろう。

　最も強力で最も望ましいのが，第3のタイプのマーケティング活動である。

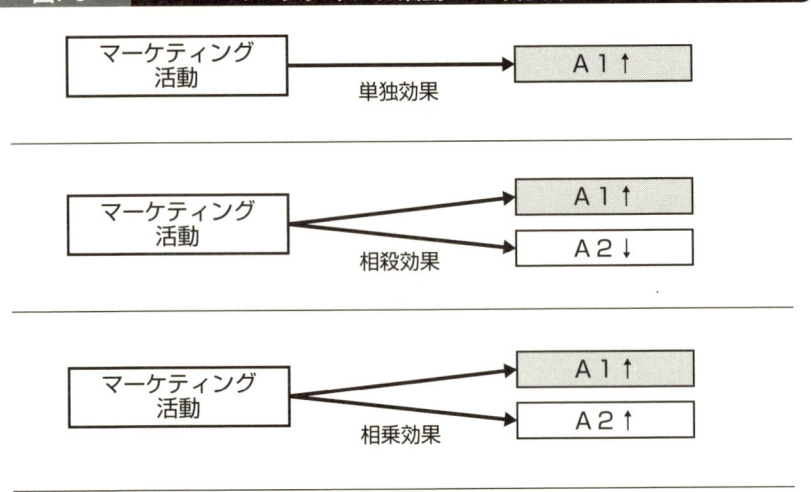

図7-6　マーケティング活動が4A各要素に与える影響

```
マーケティング活動 ──単独効果──→ A1↑

マーケティング活動 ──相殺効果──→ A1↑
                              A2↓

マーケティング活動 ──相乗効果──→ A1↑
                              A2↑
```

　これは，4Aの要素の内，2つ或いはそれ以上の要素を同時に向上させるものである。この種の活動は，MVCに相乗的な効果をもたらし，それ故にコスト効率が非常に高い。例えば，製品を再設計して機能を高め，同時に製品の信頼性を上げ，故障も少なくして，更に生産コストも低減できるとしよう。この一連の活動が十分に目立つものであれば，メディアによるパブリシティも得られるだろう。この場合，アクセプタビリティとアフォーダビリティ，加えてアウェアネスをも同時に向上させることができる。また，こうした製品であれば，より多くの小売業者が取り扱いを望むようになるため，アクセシビリティも向上してくる可能性がある。

10. 4Aの各要素は，互いにどのように影響を与え合うか

　長期的な観点に立てば，4Aの各要素は相互に強化し合うことが可能である。つまり，1つの要素で高い水準を達成すれば，長期的には，他の要素についてもそのパフォーマンスを改善するのに役立つ可能性がある。例えば，高度にア

クセプタブルな製品は，たとえ他の4A要素で十分とは言えない水準であったとしても，一定の数は売り上げることができるだろう。一定数売れれば，この製品のアクセプタビリティの高さは，徐々にでも肯定的な口コミを導くので，これによりアウェアネスも少しずつ高まるはずである。製品のアウェアネスが高まり，更に多く売れていけば，単位当たりのコストもやがては低下していくので，それにつれてこの製品は，よりアフォーダブルなものとなっていくだろう。このようにして，アウェアネスとアフォーダビリティがより大きくなれば，やがては，アクセシビリティも向上していくものと思われる。より多くの顧客が小売店に対して当該製品の取り扱いを求めるようになるので，より多くの小売業者が扱いを始めるようになるためである。

　こうした「連鎖的な効果(ドミノ・エフェクト)」は，製品が高度にアクセプタブルであるが，アウェアネスとアクセシビリティの点ではさほどでもない場合に最も顕著となる。また，製品が基本的には強い価値提案（これはアクセプタビリティとアフォーダビリティの高さに基づく）を有している場合やアウェアネスかアクセシビリティのいずれかが十分な水準にある場合においても，他の4A要素は徐々にではあるが自ずと上昇していくだろう。例えば，強力な価値提案を持った製品であれば，メディアがパブリシティで肯定的に取り上げてくれるので，当該製品のアウェアネスの向上は促進されることになるだろう。高い水準のアウェアネスが先に達成されている場合は，アクセシビリティの創造はそれほど困難ではないはずである。これは，小売業者がそのような良く知られた製品の取り扱いを求めるからである。

　高度にアフォーダブルな製品は—特に無料(フリー)で提供される場合には—，アクセプタビリティ水準が高まる大きな可能性を持っている。これは，「ネットワーク効果」が働く製品に特に当てはまる。ネットワーク効果が働いていると，より多くの人が製品を使えば使うほど，当該製品の価値は高まることになる。つまり，アフォーダブルな製品ならより多くの人が購入し易くなり—無料で提供されればなおさらである—，多くの人が購入し使用すれば，ネットワーク効果によって製品の価値が高まり，当該製品はよりアクセプタブルなものとなるだろう。

第7章　4A枠組みの適用

261

11. 実施とコントロール

　4Aの枠組みは，マーケティング計画の主要領域を全てカバーしているが，ここで我々は，考慮すべき幾つかの追加要素について議論せねばならない．

　最初に，「アライメント（調整）」の概念から始めよう．アライメントは，ここでは，企業，顧客，社会（その他の全てのステークホルダー），三者の長期的な利益を調和させることを意味している．マーケターは，提供する製品が，顧客に対してと同様に，社会に対しても有益なものとなるようにせねばならない．これが前提となって初めて，マーケターは，4Aの各要素がターゲット市場に適切に提示されるように取り組むことになる．

　しかしながら，アライメントだけでは不足である．重要な次の段階が，「アクチベーション（活性化）」である．顧客が行動に移るには，しばしば軽い一押し―小さな刺激（インセンティブ）―が必要である．製品が完全にアクセプタブルかつアフォーダブルであり，顧客もそのことを知っており，しかも身近にあり，すぐにでも購入できる．しかし，それにもかかわらず，殆どの顧客は行動を起こさない．なぜ，行動を起こさないかは，顧客が「現状維持」の状態にあること（イナーシャ）による．顧客は，あたかもニュートンの「運動の第1法則」（慣性の法則（イナーシャ）としても知られている）に従っているようである．運動の第1法則とは，「外部から力を加えない限り，静止している物体は静止し続け，運動している物体は，等速直線運動を続ける」というものである．

　軽い一押しをイメージするために，例えば，テーブルの上に置かれている物体を考えてみよう．テーブルをどちらか一方に傾けても，物体は，静止摩擦（物体が静止している時に働く運動への抵抗）により簡単には動かない．しかし，軽く一押しすれば，物体は動き出すだろう（結局，倒れるか，落ちるかする）．

　マーケターの行うべき重要な仕事は，顧客を「動き出させる」ことである．見込み顧客が実際の顧客になり，顧客がロイヤル顧客（得意客）になり，やがて推奨顧客，パートナー顧客へと変化していく．マーケターは，最初の小さな，

しかし的確な刺激を与えることで，この一連の変化を開始させることができる。

　問題は，企業が，我々が「時期尚早のアクチベーション（プレマチュア）」と呼ぶ状態にしばしば陥ることである。つまり，企業は，4A要素が未だ不十分であるのに，顧客を刺激することばかりに注力していることがある。例えば，企業は，しばしば，価値提案がそもそも顧客の期待にそぐわないのに，顧客にクーポンや値引き，その他の誘引策を盛んに提示する。こうした誘引策によって，顧客に購入させることも或いは可能であるかもしれない。しかし，購入自体は，顧客にとって良い結果にはならない。顧客は確かに購入したが，この行為を後悔し，不満に思うようになる。結果，こうした不満足顧客が，再購入する可能性は極めて低く，周囲にも悪い口コミを広めたりするだろう。時期尚早のアクチベーションは，顧客の抵抗を生み出し，マーケターを悪循環に陥らせることになる。すなわち，マーケターは，製品を購入してもらうために，顧客にますます極端な誘引策を提供し続けねばならなくなる。

　マーケターは，アライメントを前提として，強力な価値提案を創り出し，また，顧客を適切に刺激するが，更に，結果についても「アカウンタビリティ（説明責任）」を果たすようにせねばならない。我々が本書の最初に示したように，マーケターはこれまで，莫大な資金を費やしながら乏しい成果しか得られないことについて，説明（弁明）をしなくとも良いことが多かった。結果，マーケティング活動は浪費の度合いを高めることになり，得られる成果は低く，顧客も企業からのさまざまな働きかけにますます反応を示さなくなった。

　マーケティングの全体目標は常に，企業，顧客，社会の三者にとっての価値を創造することでなければならない。何らかのマーケティング活動について評価する場合，単にマーケット・シェアや売上高に対する効果だけでなく，それが企業，顧客，社会の全てに対してどのような影響を及ぼすかを見極める必要がある。

　アクチベーションは，顧客の現状維持の打破に関わるものであったが，最後の追加要素「アジャストメント（適応）」は，マーケティングの現状維持の打破に関わるものである。

　ビジネスに関わる他の人々と同様に，マーケターも過去の成功に囚われてい

ることが余りにも多い。マーケターは，過去の成功図式がいつまでも通用すると考えがちである。こうした近視眼(マイオピア)は，マーケターが，ビジネス世界の変化に適応することに失敗する原因となる。こうした事態を防ぐためには，マーケターは，自身のマーケティング活動の手直しを怠らず，ターゲットとする顧客にラディカルな革新を提供する機会を探索し続けなければならない。技術や市場構造，或いは顧客の行動が，急激に変化する時は，マーケターは，それまでの対処枠組みを積極的に見直して，変化に対応する必要がある。

　上記の4つの追加要素は，図7-7に示されるが，図の左上側の2つは，あるべき「マーケティング・マインドセット」に，右下側の2つは，顧客とマーケティングの現状維持を打破する「マーケティング・ダイナミクス」に集約することができる。マーケティング・マインドセットは，マーケティングについてのあるべき思考枠組みを指しており，アライメントとアカウンタビリティとを

図7-7　実施とコントロールの4A

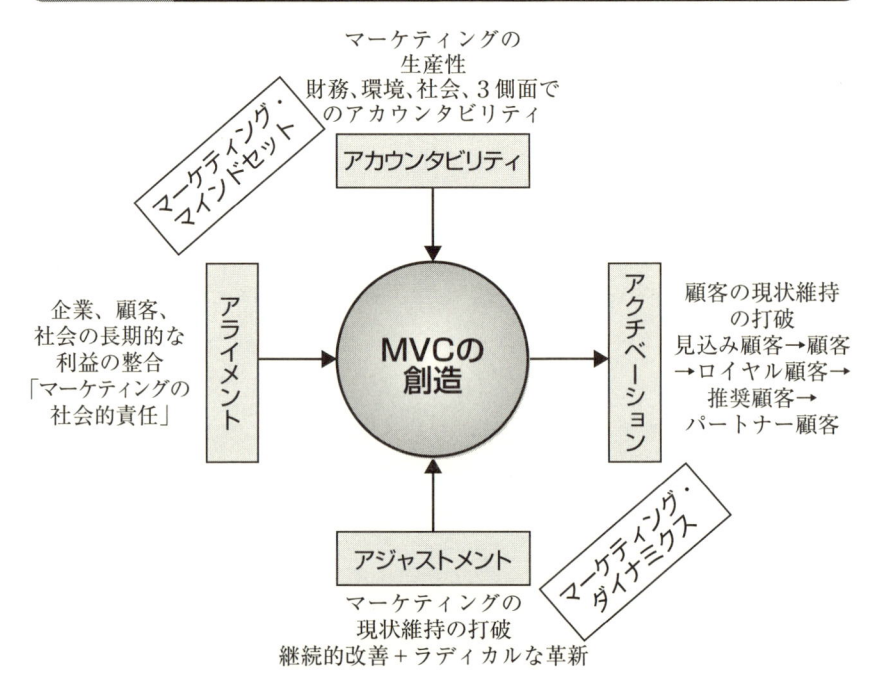

- マーケティング・マインドセット
  - アカウンタビリティ
    - マーケティングの生産性
    - 財務、環境、社会、3側面でのアカウンタビリティ
  - アライメント
    - 企業、顧客、社会の長期的な利益の整合
    - 「マーケティングの社会的責任」
- MVCの創造
- マーケティング・ダイナミクス
  - アクチベーション
    - 顧客の現状維持の打破
    - 見込み顧客→顧客→ロイヤル顧客→推奨顧客→パートナー顧客
  - アジャストメント
    - マーケティングの現状維持の打破
    - 継続的改善＋ラディカルな革新

集約したものである。マーケティング・ダイナミクスは，顧客及びマーケティングの現状維持の打破，すなわちアクチベーションとアジャストメントとを集約したものである。

　追加の４つの要素も，それぞれＡで始まる単語で表される。以下のようにまとめられるだろう。

- ▶アライメント（Alignment）：企業，顧客，社会，三者の長期的な利益を調和させることをいう。この要素は，マーケティングの社会的責任を示すものである。
- ▶アクチベーション（Activation）：現状維持から脱し，顧客が購買行動へと進む手助けをすることをいう。更に，我々は，アクチベーションを，見込み顧客→顧客→ロイヤル顧客→推奨顧客→パートナー顧客という一連の流れにおいて捉えることができる。
- ▶アカウンタビリティ（Accountability）：この要素は，生産性の次元を表している。マーケティングの社会的責任も再び強調される。アカウンタビリティは，３つの観点で捉えられる。すなわち，財務，環境，社会の３側面でのアカウンタビリティである。
- ▶アジャストメント（Adjustment）：顧客も市場も動態的であり，過去の成功図式はいつまでも通用しないことを理解すべきである。マーケターは，マーケティングの現状維持を打破し，提供する価値提案を継続的に手直ししていく必要がある。また，継続的改善と共に，顧客にラディカルな革新を提供するタイミングについても理解する必要がある。

　これら追加の4A要素は，マーケティングと事業の長期的な成功に欠かせない領域を指し示す包括的な枠組みとなっている。

　我々は，元々の4A要素と上記の追加的な4A要素とを，以下の４つのグループに集約することできる。グループのそれぞれは，２つのＡからなっている。

　1）　価値提案：アクセプタビリティとアフォーダビリティ

　アクセプタビリティとアフォーダビリティは，相前後して機能し得るし，しばしば実際にもそうである。提供される製品が高い水準のアクセプタビリティ

を備えていると感じると，顧客の心理的アフォーダビリティ（支払いの意思）は高まることになる。

2）　促進要因：アクセシビリティとアウェアネス

アクセシビリティとアウェアネスもまた，相前後して機能し得るし，しばしば実際にもそうである。アクセシビリティはアウェアネスの創造に一定の役割を果たす。製品が目立つように陳列されれば，当該製品についてのアウェアネスは高まるのは明らかである。もちろん，アウェアネスが高まれば，企業は，当該製品について良い陳列場所を確保し易くなる。

3）　マーケティング・マインドセット：アライメントとアカウンタビリティ

マーケティングが，企業，顧客，社会にとっての価値―かけたコストを上回る価値―を生み出すようにする。また，ステークホルダーの利益が継続的に実現されるようにする。アライメントとアカウンタビリティは，これらを確保する上で重要な要素である。

4）　マーケティング・ダイナミクス：アクチベーションとアジャストメント

アクチベーションとアジャストメントは，顧客及びマーケティングの現状維持の打破に関わる。アクチベーションは，顧客をして購買行動へと進ませる。但し，これは，マーケターが，顧客に最善の利益をもたらすと目される価値提案を創り上げていることが前提である。アジャストメントは，マーケティングの成功が自己満足と油断とを招かないようにする。

上記の「価値提案，促進要因，マーケティング・マインドセット，マーケティング・ダイナミクス」枠組みにおいて，元々の4A要素は，その中核部分をなしており，また，量的な基準で捉え得るだろう。一方，追加的な4A要素は，基本的に質的なものである。

12. 組織上の諸問題

企業が4Aの枠組みの実施を追求する場合，組織上の諸問題がおそらく生ず

ることだろう。本質的に4Aは，全般的なマーケティング目標を示すものである。このことは次の問題を提起することになる。すなわち，4Aの各要素それぞれのパフォーマンスについて，誰が測定や管理の責任を負うのか，という問題である。この問題に対する答えは，必ずしも明確ではない。マーケティング活動のある部分は，個別の製品に専ら関わるものであり（アクセプタビリティとアフォーダビリティの向上に資する），別の部分は企業の他の資源の利用に関わる（アベイラビリティとアウェアネスを左右する）。おそらく，製品マネジャーは前者に主として責任を持ち，より上級のマネジャーやCMOが後者を専ら担当するはずである。[*9]

4Aの枠組みの利用について，誰が最終的に責任を持つかにかかわらず，企業は，全ての機能別マネジャーに「自身の意思決定と活動が，（その機能範囲に最も密接に関わる4A要素だけに留まらず）全ての4A要素に対してどのような影響を与えるかを評価する」ことを求めるべきである。それ故，製品マネジャーも，自身の活動が，アクセプタビリティに加えて，アフォーダビリティ，アクセシビリティ，アウェアネスにどのような影響を与えるかを評価するように求められることになる。

理想的には，企業は，4Aの水準を監視し，個々の4A要素に影響を与えるさまざまな機能分野間の一貫性を確保し調整を行うことを職務とする者を任命するべきである。

13. 結　論

マーケティングは，継続的に生じる複合的な変化に対処する役割を担うため，あらゆるビジネス機能の中で，最も動態的(ダイナミック)であることを求められている。マーケティングは，人口構造の変化，文化面の変化，新しい経済状況，新技術のもたらすさまざまな影響について常に遅滞なく対応せねばならない。

---

*9 訳注：CMO（Chief Marketing Officer）。最高マーケティング責任者。

しかしながら，不幸なことに，マーケティングは，長年にわたり，静態的《スタティック》でありすぎた。そのため，企業の多くが，ビジネスの成功要件，顧客のロイヤルティ確保要件の諸変化に上手く適応してこなかった。また，企業の多くが，顧客を獲得するのに本当に必要なことがらではなく，内部的な目標と制約に過剰に焦点を当て続けてきた。

　同じく問題なのは，マーケティングが，顧客，企業自身，社会に対して，十分な利益を生み出すことのないままに，社会の資源を大量に消費してきたことである。より効率的な方法でマーケティング資源を使うことができるようになるためには，「レス・イズ・モア」の古典的な好例を忘れてはならない。「より多く」「もっと多く」ではなく，「より少ない資源で，全体的により良い結果を得られる可能性がある」と発想することが肝要である。

　我々が示そうとしたように，4Aの枠組みは，見掛けは単純《シンプル》に見えるが，マーケティングについて考える強力な方法となる。それは，企業が，顧客の視点から世界を継続的に見ることできるようになる枠組みである。4Aの枠組みによって，企業は，顧客のニーズを予測し，より良く満足させることができるようになるはずである。

付録　4A及びMVCの測定

　4Aの枠組みは，マーケティング活動を顧客の観点から捉えたものである。4Aの枠組みにおいては，マーケター（マーケティング・マネジャー）が行う活動そのものがどうかではなく，これらの活動が顧客にどのような影響を与えているかが関心の対象となる。それ故に，4A及びMVC（市場価値充足率）の測定においては，個々のマーケティング活動について尋ねるのではなく，4Aの各要素について顧客が総体としてどのように感じ，受け止めているかを測ることが重要である。例えば，顧客にある製品の広告をこれまで何回，目にしたかを尋ねるのではなく，顧客が当該製品にどの程度の水準のアウェアネスを─そのアウェアネスが製品の広告，口コミ，或いは小売店で製品を目にしたなど，どのようにして達成されたかに関わりなく─持っているかが測定される。測定の結果，製品のアウェアネスが総体として低いのであれば，マーケターはアウェアネス向上のための何らかの方策を講じるべきと判断することになるだろう。

　マーケターは，顧客が4Aの各要素をどのように感じ，受け止めるについて，予め決め付けるべきではない。確かに4Aの各要素の全てが，顧客が製品を購入したり，取引関係を継続したりする際に不可欠である。しかし，4Aの各要素を構成する次元は，顧客によってさまざまに受け止められ，評価される。例えば，ある顧客は，機能面での特徴など製品の機能的アクセプタビリティを重視するが，別の顧客はこの次元には余り関心はなく，製品の持つ情緒的な価値など心理的アクセプタビリティに重きを置くかもしれない。4Aの各要素についての包括的な質問に続き，各要素の次元に関わるより細かな質問をすることで，我々は，顧客が4A要素のそれぞれの次元をどの程度重視しているかについて測定することができるはずである。

269

付録　表1　4Aの各要素の測定

要素	測定尺度
アクセプタビリティ： この製品は，全般的な品質と機能の点で，私がこのカテゴリーの製品に求めている期待の水準を超えている。この製品に付けられているブランドは，私にとって，この製品を魅力的なものとするイメージを有している。私はまた，この製品を喜んで購入し，使いたいと思う。	非常にそう思う（強い肯定） ← 1　2　3　4　5　6　7 → 全くそう思わない（強い否定）
アフォーダビリティ： 私の収入と資産から見て，私はこの製品を十分に購入することができる。この製品の価格は，私が想定する予算内に十分に収まっている。私はまた，この製品の価格は公正なものであり，製品の価値を良く表していると感じる。この製品の価格は，私が，製品の特徴に照らして，製品に期待するものと合致している。	非常にそう思う（強い肯定） ← 1　2　3　4　5　6　7 → 全くそう思わない（強い否定）
アクセシビリティ： 私は，この製品を妥当な時間・労力の範囲内で入手することができる。私は，この製品を購入し，使用するのに不必要に遠くまで出かけたり，長時間（長期間）待たされたりすることはない。この製品には十分な在庫があり，私は，この製品が販売されているのを良く目にする。そのため，私は製品を売っている店をあちこち探して回ったり，入荷を待って後日，改めて来店したりする必要はない。	非常にそう思う（強い肯定） ← 1　2　3　4　5　6　7 → 全くそう思わない（強い否定）
アウェアネス： 私はこの製品のブランドについて―例えば，ブランドの特徴や優れた点，劣った点などについて―良く知っている。私はまた，この製品が含まれる製品カテゴリーについても良く知っている。同じ製品カテゴリーの他の幾つかの製品についても馴染みがあり，良く知っている。この製品カテゴリーは私にとって，個人的な関心・関わりの高い分野である。	非常にそう思う（強い肯定） ← 1　2　3　4　5　6　7 → 全くそう思わない（強い否定）

	アクセプタビリティ		
機能的アクセプタビリティ	この製品は，私が求める機能や仕様を全て備えている。	そう思う ◀▶ そう思わない	
	私は，この製品は品質が良くて，信頼できると思う。	そう思う ◀▶ そう思わない	
	この製品は，センスが良く，魅力的である。	そう思う ◀▶ そう思わない	
	この製品は，私の持つニーズを満たしてくれる。	そう思う ◀▶ そう思わない	
	この製品のパッケージは，魅力的かつ機能的なものである。	そう思う ◀▶ そう思わない	
心理的アクセプタビリティ	この製品に付けられているブランドは，私にとって，この製品を魅力的なものとするイメージを有している。	そう思う ◀▶ そう思わない	
	私は，この製品を喜んで使いたいと思う。	そう思う ◀▶ そう思わない	
	私は，この製品について優れた顧客サービスを提供してもらえる。	そう思う ◀▶ そう思わない	
	私は，この製品が好きだ―使い勝手が良く，快適である。	そう思う ◀▶ そう思わない	
	私は，この製品を使うことに何も現実的なリスクを感じていない。	そう思う ◀▶ そう思わない	

	アフォーダビリティ		
経済的アフォーダビリティ：支払いの能力	私の収入と資産から見て，私はこの製品を十分に購入することができる。	そう思う ◀▶ そう思わない	
	この製品の価格は，私が想定する予算内に十分に収まっている。	そう思う ◀▶ そう思わない	
	私は，この製品の購入に際して，適切なローンや融資を受けることができる。	そう思う ◀▶ そう思わない	
	私が自由に使えるお金は，この製品を購入するのに十分である。	そう思う ◀▶ そう思わない	
	私の収入は今後，多くなるので，この製品を今購入しても大丈夫である。	そう思う ◀▶ そう思わない	
心理的アフォーダビリティ：支払いの意志	この製品の価格は，私が，製品に期待するものと合致している。	そう思う ◀▶ そう思わない	
	この製品の価格は，公正なものである。	そう思う ◀▶ そう思わない	

心理的アフォーダビリティ：支払いの意志	この製品の価格は，製品の価値を良く表している（この製品には，支払う価格に見合う価値がある）。	そう思う ⟷ そう思わない	
	もしも，この製品の価格がより安くなれば，私はこの製品をより買いたいと思うだろう。	そう思う ⟷ そう思わない	
	現時点での自分のお金のより良い使い道だと思う。	そう思う ⟷ そう思わない	

	アクセシビリティ	
アベイラビリティ	この製品は，私の良く行く店で普通に売られている。	そう思う ⟷ そう思わない
	この製品には，機能や仕様の異なるさまざまなグレードや種類があり，私はそこから自由に選ぶことができる。	そう思う ⟷ そう思わない
	私は，この製品が販売されているのと同じ場所で，この製品に関連する製品やサービスを見つけることができる。	そう思う ⟷ そう思わない
	私は，この製品を使おうと思う時に使うことができる。	そう思う ⟷ そう思わない
	この製品が欠品や売り切れになっていることはない。	そう思う ⟷ そう思わない
コンビニエンス	私は，この製品を妥当な時間・労力の範囲内で入手することができる。	そう思う ⟷ そう思わない
	私は，この製品を購入し，使用するのに不必要に遠くまで出かけたり，長時間（長期間）待たされたりすることはない。	そう思う ⟷ そう思わない
	私は，（例えば，自宅への配送，据え付け，使い方のインストラクションや訓練など）必要な手助けを全て得ることができる。	そう思う ⟷ そう思わない
	この製品は，小売店内で容易に見つけることができる。	そう思う ⟷ そう思わない
	小売店の従業員は，この製品について詳しく知っている。	そう思う ⟷ そう思わない

		アウェアネス	
ブランド認知	私は，この製品のブランドについて良く知っている。	そう思う ⟷ そう思わない
	私は，この製品のブランドと製品を提供する企業がどのようなものかを良く知っている。	そう思う ⟷ そう思わない
	私は，この製品のブランドの特徴についてさまざまなことを説明することができる。	そう思う ⟷ そう思わない
	私は，この製品のブランドで用いられている「キャッチフレーズ」や「決まり文句」を良く知っている。	そう思う ⟷ そう思わない
	私は，この製品のブランドを話題にして，友人と色々と話したことがある。	そう思う ⟷ そう思わない
製品知識	私は，この製品が含まれる製品カテゴリーに対して，強い関心がある。	そう思う ⟷ そう思わない
	私は，同じ製品カテゴリーの他の幾つかの製品，ブランドについても馴染みがあり，良く知っている。	そう思う ⟷ そう思わない
	この製品が含まれる製品カテゴリーは私にとって，個人的な関心・関わりの高い分野である。	そう思う ⟷ そう思わない
	私は，この製品が含まれる製品カテゴリーについてさまざまなことを良く知っていて，理解している。	そう思う ⟷ そう思わない
	私は，このカテゴリーの製品についての助言を私の友人達から求められることが多い。	そう思う ⟷ そう思わない

付録 4A及びMVCの測定

【注釈（原注）】

(はじめに)

1) Kevin J. Clancy and Randy L. Stone〔2005〕, "Don't Blame the Metrics," *Harvard Business Review*, June. p.26,p.28.
2) Frederick E. Webster, Jr., Alan J. Malter, and Shankar Ganesan〔2003〕, "Can Marketing Regain a Seat at the Table?," *MSI Report* No.03-003, Cambridge, MA: Marketing Science Institute, pp.29-49.
3) 顧客の5つ目の役割としては，エバンゲライザー（evangelizer：伝道者）が挙げられる。企業は顧客に製品を単に使ってもらうだけでなく，他顧客にも推奨してくれることを期待している。本書では，エバンゲライザーの役割は，アウェアネスの伝播を助けるものであるので，シーカー（探索者）の役割に含めて考えている。

(第1章)

1) Research paper by Elizabeth Papp〔2010〕, Bentley University, October 18.
2) Research paper by Elizabeth Naughton〔2010〕, Bentley University, October 18.
3) Jagdish N. Sheth and Rajendra S. Sisodia〔1995〕, "Feeling the Heart," *Marketing Management*.
4) J. C. Larreche〔2008〕, *The Momentum Effect: How to Ignite Exceptional Growth*, Wharton School Publishing.
5) PRコンサルティングのゴリンハリス（GolinHarris）の調査（2002年2月）によれば，アメリカ人の70％近い人が「私は，どの企業が信頼に値するのかわからない」という文章に対して，「そう思う」と回答している。
6) John Philip Jones〔2000〕, "The Mismanagement of Advertising," *Harvard Business Review*, January-February.
7) www.copernicusmarketing.com/about/six_sigma_branding.shtml
8) 例えば，以下を参照。Magrid M. Abraham and Leonard M. Lodish〔1990〕, "Getting the Most Out of Advertising and Promotion," *Harvard Business Review*, May-June, Vol.68, No.3, pp.50-51, p.53, p.56, p.58, p.60.
9) Frederick E. Webster, Jr.〔1992〕, "The Changing Role of Marketing in the Corporation," *Journal of Marketing*, Vol.56, No.4 (Oct), pp.1-17.
10) この点についての詳細なレビューは以下を参照。Bernard J. Jaworski and Ajay K. Kohli〔1993〕, "Market Orientation: Antecedents and Consequences," *Journal of Marketing*, Summer, Vol.57, No.3, pp.53-70.
11) Based on papers by Nikki Parness, Hua Ye, and Jens Kullmann〔2005〕, Bentley University. 他に以下を参照されたい。Tom Harris, "How Segways Work," www.howstuff-

works.com; "Milestones In Our Histotry," www.segway.com; Dawn Kawamoto,"Human Transporter Sales Move Slowly," CNET News, March 31, 2003, www.CNET.com; "Creating Empowered Pedestrians with ANSYS Multiphysics," February 2004,www.ansys.com; Edward B. Driscoll, "Defying Gravity: The Segway in Action," *Lite Wheels Magazine*, April 2002.
12) www.itu.int/ITU-D/ict/material/FactsFigure2010.pdf

(第2章)

1) brandcoolmarketing.com/brand-misc.html#a
2) Nicole L. Mead, Roy F. Baumeister, Tyler F. Stillman, Catharine D. Rawn, and Kathleen D. Vohs〔2011〕,"Social Exclusion Causes People to Spend and Consume in the Service of Affiliation," *Journal of Consumer Research*, April（officially published online September 9, 2010).
3) 住宅バブルの顛末でも示されたように，不幸なことに人は「経済的に支払い」できない製品・サービスであっても購入してしまうことがある。企業が，人々に責任ある経済生活を送るように強制することはできないが，少なくとも，明確に支払い不能となるような人々に製品・サービスを意図的に販売することはあってはならない。製品・サービスの販売対象は，当該製品・サービスを債務超過に陥ることなく購入できる人々でなければならず，このやり方を守ることで長期的には，企業のレピュテーション価値を向上させることができる。
4) saramanamitra.com/articles/159/
5) www.jamieandersononline.com/uploads/ANDERSON_MARKIDES_SI_at_Base_of_Economic_Pyramid_FINAL.pdf ; in.redhat.com/casestudies/Eveready.php3
6) Mohan Sawhney talk at Bentley College Symposium on "Does Marketing Need Reform?,"Augest 9, 2004.
7) Mohan Sawhney, op.cit.
8) Al Ries and Laura Ries〔2002〕, *The Fall of Advertising and the Rise of PR*, HarperCollins.

(第3章)

1) www.automobilemag.com/reviews/convertibles/0503_ikigai_man/index.html
2) *Business Week*, August〔1957〕.
3) Eugene Jaderquist〔1958〕,"Why the Edsel Will Succeed: The brains behind America's newest car are not only sure they'll sell 200,000 automobiles this year—they even know who is going to buy them," *True's Automobile Yearbook*, Issue 6.
4) Based on paper by Emory MBA Students Scott M Huff, Rhert Marlow, and Keith Walker〔2000〕, April.
5) Based on paper by Emory MBA students Claudia Blake〔2000〕, April.
6) Gerard J. Tellis and Peter N. Golder〔2001〕, *Will & Vision: How Latecomers Grow to Dominate Markets*, McGraw-Hill.
7) Gary Hamel and C. K. Prahalad〔1991〕,"Corporate Imagination and Expeditionary Marketing," *Harvard Business Review*, July.

8 ）Based on paper by Emory MBA students Odilia Cohen〔2000〕, April, and www.palm.com.
9 ）Bruce Brown and Margo Brown〔2001〕,"Internet Appliances Reconsdered," *PC Magazine*, February, 20, p.61.
10）Stephen Manes〔2001〕,"Web Appliances: Smarter, Still Dump," *Forbes*, January 22, p.136.
11）www.idsa.org/whatsnew/decadegallery/winners/g-sensor.html
12）Based on a paper by Emory MBA student Stephen Autera〔1996〕, April.
13）Cherl Lu-Lien Tan〔2005〕,"Reducing the Cringe Factor in Sofabeds," *Wall Street Journal*, March 31, p.D1.
14）Monte Burke〔2002〕,"Revenge of the Nerds: MIT's Brainy Jocks Try to Build a Better Ski Boot," *Forbes*, September 16, p.88.
15）David Pringle〔2005〕,"Softer Cell: In Mobile Phones, Older Users Say More is Less," *Wall Street Journal*, August 15, p.A1.
16）Rajendra S. Sisodia〔1992〕,"Competitive Advantage Through Design," *Journal of Business Strategy*, Vol.13, No.6, pp.33-40.
17）www.networld.com/community/node/40012
18）www.dfma.com/
19）www.ncbi.nlm.nih.gov/books/NBK45345/
20）www.suite101.com/blog/mitchkaplan1
21）seekingalpha.com/article/172981-tech-sector-does-r-d-spending-matter

（第4章）
1 ）wikicars.org/en/Volkswagen_Pheaeton
2 ）www.motorauthority.com/blog/1025163_vw-analyses-phaeton-failure-reveals ?new-details- about-next-gen-model
3 ）en.wikipedia.org/wiki/Ford_Model_T#cite_note-3
4 ）www.reputationinstitute.com/website/2010_Global_Reputation_Pulse_Webinar_23 jun2010.pdf
5 ）顧客との関係性における信頼感の価値と影響力，及びそれらの活用については，以下を参照されたい。Glen Urban〔2005〕, *Don't Just Relate-Advocate! : A Blueprint for Profit in the Era of Consumer Power*, Pearson Prentice Hall.
6 ）Hamann Simon and Robert J. Dolan〔1998〕, "Price Customaization," *Marketing Management*, Vol.7, No.3, Fall, pp.10-17.
7 ）Shobhana Subramaniam〔2009〕, "The Making of Brand Nano," *The Business Standard*, March 31.
8 ）www.nytimes.com/2010/12/10/business/global/10tata.html
9 ）www/netjets.com, accessed September 29, 2006.
10）Ron Lieber〔2000〕, "All of 1/8 of This Could Be Yours-Fractional Ownership Moves Beyond Jets to Include Yachts, Bentleys, Even Deluxe RVs," *Wall Street Journal*, January 19, p.D1.
11）Kate Kelly, Ethan Smith, and Peter Wonacott〔2005〕, "Movie, Music Giants Try New

Weapon Agaist Pirates: Price," *Wall Street Journal*, March 7, p.B1.
12) Lendol Calder〔1999〕, *Financing the American Dream: A Cultural History of Consumer Credit*, Princeton University Press.
13) Based in part on "Culture of Debt Was Driven by GM," aired on December 25, 2009 on Marketplace redio, marketplace. publicradio. org/display/web/2009/12/25/pm-gmac/
14) Michael Arndt〔2006〕, "Giving Fast Food a Run for its Money," *Business Week*, April 17, pp.62-64.
15) Melanie Trottman〔2005〕, "Nuts-and-Bolts Savings ? To Cut Costs, Airlines Make More of Their Own Parts," *Wall Street Journal*, May 3, p.B1.
16) Pui-Wing Tam〔2004〕, "Fill'er Up, With Coler ? Ink-Jet Cartridge Refillers Spread to Malls, Main Street; Going After H-P's Lifeblood," *Wall Street Journal*, Augest 3, p.B1.
17) Charles Forelle〔2002〕, "Do You Really Need a Turbo Toothbrush?," *Wall Street Journal*, October 1, p.D1.
18) この後にP&Gは，ジレットを買収している（買収総額約570億ドルという巨額M&Aであった）。
19) The Economist,"The Price is Wrong," May 23, 2002.
20) en.wikipedia.org/wiki/KIng_Camp_Gillette
21) Chris Anderson〔2009〕, *Free: The Future of a Radical Price*, Hyperion.
22) Anderson, op.cit.
23) Anderson, op.cit.
24) Banwari Mittal and Jagdish N. Sheth〔2001〕, *Value Space: Winning the Battle for Market Leadership*, McGraw Hill.
25) Bruce Einhorn and Nadini Lakshman〔2006〕, "Nokia Connects," *Business Week*, March 27, pp.44-45.
26) Peter Engardio〔2006〕, "Business Prophet: How C. K. Prahalad is Changing the Way CEO's Thimk," *Business Week*, January 23, pp.68-73.
27) Nadini Lakshman〔2006〕, "Linux Spreads Its Wings in India," *Business Week*, October 2, pp.40-41.

(第5章)

1) hbswk.hbs.edu/item/5459.html
2) www.toyota.co.jp/en/environmental_rep/03/torihiki.html
3) Stanford Business School Case GS65, "Zappos.com: Developing a Supply Chain to Deliver WOW！" by Michael E. Marks, Hau L. Lee, and David Hoyt, 2009.
4) Based in part on L'eggs Products, Inc., Harvard Business School Case 575-590, by Harvey Singer and F. Stewart DeBruicker.
5) Michael V. Copeland, "Reed Hastings: Leader of the Pack," *Fortune*, December 6, 2010, pp.121-130.
6) Based in part on Netflix, Harvard Business School Case No. 9-607-138, by Willy Shih, Stephen Kaufman, and David Spinola.
7) www.businessweek.com/magazine/content/05_4l/b3954102.htm
8) Marketing to Rural India: Making the Ends Meet,knowledge.wharton.upenn.edu/india/

article.cfm?articleid=4172
9) Chris Anderson〔2006〕, *The Long Tail: Why the Future of Business is Selling Less of More*, Hyperion.

(第 6 章)

1) Based on Mark W. Cunningham and Chekitan S. Dev〔1992〕, "Strategic Marketing: A Lodging 'End Run'," *Cornell Hotel and Restaurant Administration Quarterly*, August, Vol.33, No.4, pp.36-43; Michael Totty〔1988〕, "Motel 6 Radio Ads Credited for Rise in Occupancy Rate," *Wall Street Journal*, May 12, p.1, www.motel6.com
2) Based on Patricia R. Olsen〔2006〕, "The Secret Word Was Duck-Interview with Daniel P. Amos,"The New York Times, June 4, p.9 ; Mary Daniels〔2006〕, "All He's Quacked up to Be: How a Web-Footed Insurance Mascot Became One of the Most Vocal Animals in Advertising," *Knight Ridder Tribune Business News*, Feb. 21, p.1; Laura Rich〔2005〕, "Big in Japan, But Mostly a Duck Here," *The New York Times*, Oct. 22, p.C3 ;Eleanor Trickett〔2005〕, "Inside the Mix,"PRweek, Feb. 14, Vol.8, No.7, p.12.
3) Chris Penttila〔2001〕, "Wake Up! Your Brand Isn't Your Savior, and All the Goofy Ads in the World Won't Save Your Company. What Can? Well...Have You Given Good Business a Try?," *Entrepreneur Magazine*, September, www.Entrepreneur.com/article/0, 4621, 291888, 00.html
4) Michael Philips, Salli Rasberry and Diana Fitzpatrick〔2005〕, *Marketing Without Advertising: Inspire Customers to Rave About Your Business and Create Lasting Success*, NOLO.
5) adage.com/century/people006.html
6) John Philip Jones〔2000〕,"The Mismanagement of Advertising,"*Harvard Business Review*, January-February, pp.2-3.
7) Demetrios Vakratsas and Tim Ambler〔1999〕,"How Advertising Works: What do We Really Know?", *Journal of marketing*, Vol.63, No.1, pp.26-43
8) Gerard J. Tellis〔2009〕,"Generalizations about Advertising Effectiveness in Markets" *Journal of advertising Research*, June 2009, pp.240-245.
9) Jenni Romaniuk, Byron Sharp, Samantha Paech, and Carl Driesener〔2004〕,"Brand and Advertising Awareness: A Replication and Extension of a Known Empirical Generalization,"*Australasian Marketing Journal*, Vol.12, Issue 3 , pp.70-80.
10) Romaniuk, et al., op. cit.

(第 7 章)

1) Rajendra K. Srivastava, Tasadduq A. Shervani, and Liam Fahey〔1998〕, "Market-Based Assets and Shareholder Value: A Framework for Analysis," *Journal of Marketing*, Vol.62, No.1（Jan.）, pp.2-18.
2) Barry M. Staw〔1976〕, "Knee Deep in the Big Muddy: A Study of Escalating Commitment to a Chosen Course of Action," *Organizational Behavior and Human Performance*, Vol.16, No.1（June）, pp.27-44.
3) "Levi Strauss - Not by Jeans Alone," Enterprise series video, 1985.

4）フィリップ・コトラーは，需要マネジメントについて詳細に述べている。最近の著作では，以下を参照されたい。Philip Kotler〔1999〕, *Kotler on Marketing: How to Create, Win and Dominate Markets*, The Free Press, 1999.

和文索引

【あ 行】

アイロボット……………………………19
アウェアネス………………………22,48,209
アウケン（Brad Van Auken）………………38
アカウンタビリティ……………………263,265
アクセシビリティ………………………21,47
アクセプタビリティ……………………21,47
アクチベーション………………37,262,265
浅いアウェアネス………………………211
アジャストメント………………………263,265
アップル・ニュートン……………………86
アップルビーズ…………………………120
アフォーダビリティ……………………21,47
アフォーダビリティ基準原価計算………130
アフラック………………………………212
アプリケーション・サービス・
　プロバイダー…………………………140
アベイラビリティ………………………47,58
アベイラビリティ価値……………………43
アマゾン.com……………………………50
アメリカンレザー………………………104
アメリカン航空…………………………149
アライメント……………………………262,265
アリエリー（Dan Ariely）………………158
アンダーソン（Chris Anderson）………157

イケア……………………………………167
イー・チョウパル………………………191
イリジウム………………………………27
イングランド……………………………202
インスピレーション………………………45
インターネット・アプライアンス…………92
インターフェイス………………………194

ヴィーナス………………………………97
ウェイトウォッチャーズ…………………120
ウェブスター・ジュニア
　（Frederick Webster, Jr.）……………15
ウォルマート……………………………50
ウッドラフ（Robert W. Woodruff）………37

エアトラン航空…………………………149
エアバス…………………………………78
エアフォン………………………………23
エコマジネーション……………………121
エデュケーション………………………45
エドセル…………………………………83
エバレディ・バッテリー・カンパニー……58
エンタープライズ・レンタカー…………178

オードリー………………………………92
オービッツ………………………………67

【か 行】

ガイコ……………………………………228
外部の非マーケティング資源……………67
外部のマーケティング資源………………63
カスタマー・タッチポイント……………219
カーハート………………………………111
「カミソリと替刃」ビジネスモデル………155
神谷正太郎………………………………178
カルダー（Lendol Calder）………………142

機能的アクセプタビリティ………………47,56,80
キャタピラー……………………………102,153
キャタピラー・ワールド・トレード………154
キャンベルスープ………………………253
競争強度…………………………………257
共有地の悲劇……………………………216

グーグル…………………………………45
口コミ……………………………………220
クライスラー……………………………82
クラウドソーシング………………………56
クリエイティブ・ファイナンシング………138
クリスピー・クリーム・ドーナツ…………229
グリーン（Paul Greene）…………………205
グローブ（Andy Grove）…………………17

経験消費…………………………………42
経済的アフォーダビリティ………………47
経済的価値………………………………43

索引

281

ゲーティッド・コミュニティ	152	心理的アフォーダビリティ	47
ケロッグ	9	心理的価値	43
顕著性	219		
		スターバックス	66
購入者	40		
コカコーラ社	37	製造及び組み立て容易性設計	109
顧客エデュケーション	225	製品知識	48,223
コダック	150	製品の愉悦	108
コンテナ・ストア	196	セグウェイ	18
コンビニエンス	48	セールスフォース・ドットコム	140
コンビニエンス価値	44	ソーシャル・キャピタル	160
コンフォートスリーパー	104		

【さ　行】

【た　行】

サイモン（Herbert Alexander Simon）	216	ダイエット・コーク	254
サウスウエスト航空	127,253	ダイレクト・コネクト・プログラム	247
ザッポス	183	タイレノール殺人事件	114
ザ・リチャーズ・グループ	206	ダウ・ケミカル	155
3A	37	ターゲット・コスティング	161
サンダーバード	10	タタ（Ratan Naval Tata）	57,135
3P	116	タタ・ナノ	57,135
		タタ・モーターズ	57
シアーズ	140	ダンキンドーナツ	118
ジェットブルー航空	166	探索者	40
シーカー	40		
市場価値充足率	48,240	チャールズ・シュワブ	127
シスコ	151	チョウパル・サガール	191
シスコ・システムズ	61		
シックスフラッグス	230	ディズニー	166
自動販売機	196	ディレクTV	23
支払者	40	ティンバーランド	115
支払いの能力	137	テリス（Gerard J. Tellis）	218
シボレー・ルミナ	147	デル	107
社会的価値	42		
社会的／情動的価値	42	ドイツ鉄道	135
純粋想起	218	統合型マーケティング・	
使用者	40	コミュニケーション	110
情動的価値	42	トゥルードー	
助成想起	218	（Garretson Beekman Trudeau）	88
ジョーダンズ・ファニチャー	112,165	ドゥーンズベリー	88
ジョブズ（Steven Paul Jobs）	98	トップ・オブ・マインド	218
ジョン（Pat St. John）	215	ドミノピザ	179
ジョンソン・エンド・ジョンソン	114	トムソン	26
ジレット	96	トーラス	83
ジンジャー・ホテルズ	174	ドラッカー（Peter Drucker）	16
心理的アクセプタビリティ	47,81	トレーダージョーズ	214

【な　行】

内部の非マーケティング資源……………… 64
内部のマーケティング資源………………… 62
ナラヤナ・ルダヤラヤ病院………………… 174

ニューバランス……………………………… 104
ニューマンズ・オウン……………………… 81

ネオン………………………………………… 82
ネットジェッツ……………………………… 141
ネットフリックス…………………… 167,186
ネットワーク効果…………………………… 261

【は　行】

バイエル……………………………………… 59
バイヤー……………………………………… 40
ハイヤーパーチェス………………………… 138
パタゴニア…………………………………… 116
バートン……………………………………… 115
バートン（Jake Burton）………………… 115
パネラ・ブレッド…………………………… 148
パフォーマンス価値………………………… 41
ハーマンカードン…………………………… 145
パーム社……………………………………… 89
バーモント・テディベア・カンパニー… 202
ハーレー……………………………………… 119
ハーレーダビッドソン・モーター・
　　カンパニー………………………………… 119
バング＆オルフセン………………………… 109
バーンズ・アンド・ノーブル……………… 116

ピエヒ（Ferdinand Piëch）……………… 125
ピーチツリー・ソフトウェア………… 131,132
ヒューズ・ネットワーク・システムズ…… 23
ヒューレット・パッカード………………… 68
貧困線………………………………………… 57
品質機能展開………………………………… 152
ヒンドゥスタン・ユニリーバ………… 119,190

ファニーメイ………………………………… 170
フィーチャー・クリープ…………………… 91
フィリップス………………………………… 105
フェートン…………………………………… 125
フォアマン（George Edward Foreman）… 198
フォーシーズンズ・ホテル………………… 114

フォード……………………………………… 10
フォード（Henry Ford）…………………… 128
フォルクスワーゲン………………………… 125
深いアウェアネス…………………………… 211
フート・コーン・ベルディング…………… 85
プラハラード（C.K.Prahalad）…………… 173
ブランド（Stewart Brand）……………… 157
ブランド・アンバサダー……………… 66,115
ブランド認知………………………………… 48
ブランド・プロミス………………………… 71
ブリーチ（Ernest Breech）……………… 85
ブルー・オーシャン………………………… 95
ブルークロス・ブルーシールド…………… 139
ブレックファストメイツ…………………… 9
プログレッシブ……………………………… 169
プロジェクト・シャクティ………………… 191
分別所有・共有共用方式…………………… 140

ベイス・オブ・ザ・ピラミッド…………… 36
ベイ・バンク………………………………… 113
ペイヤー……………………………………… 40
ヘインズ……………………………………… 184
ペカシック（Terry Pechacek）…………… 248
ベスト・バイ………………………………… 113
ベータマックス……………………………… 75
ベッカー（William Becker）……………… 205
ベライゾン…………………………………… 23

ボーイング…………………………………… 77
ポジショニング……………………………… 102
ボストン・ビール・カンパニー…………… 229
ボーダフォン………………………………… 105
ボデット
　（Thomas Edward "Tom" Bodett）……… 207
ホームズ・ジュニア
　（Oliver Wendell Holmes, Jr.）…………… 6
ホーム・デポ………………………………… 166
ホールフーズ・マーケット………………… 121

【ま　行】

マイクロ・パッケージング………………… 141
マイクロペイメント………………………… 159
マイバッハ…………………………………… 229
マイヤーズ（Matt Myers）………………… 250
マーケティング・ダイナミクス…………… 264
マーケティングの生産性…………………… 12

マーケティング・マインドセット ……… 264
マスタング ……………………………… 86
マズロー（Abraham H. Maslow）……… 44
マッカーシー（Joseph McCarthy）……… 206
マッキンゼー …………………………… 73
マリオット ……………………………… 140

ミアータ ………………………………… 81

矛盾のマネジメント …………………… 52
無料経済学 ……………………………… 161
無料のマーケティング ………………… 64

目標による管理 ………………………… 16
目標によるマーケティング …………… 16

モーテル6 ………………………… 112,205
モトローラ ……………………………… 27

【や 行】

ユーザー ………………………………… 40
ユニーク・セリング・プロポジション …… 59
ユニバーサル・デザイン ……………… 108

【ら 行】

ラックス石鹸 …………………………… 56
ラフィン（Pam Laffin）………………… 249
ランガン（V.Kasturi Rangan）………… 177
ラング …………………………………… 104

リーバイス・テイラード・
　クラシックス ……………………… 182,244
リーバイ・ストラウス ………………… 182
リビア（Paul Revere）………………… 249
リーン・オペレーション ……………… 162

ルンバ …………………………………… 18

レッグス ………………………………… 184
レッド・オーシャン …………………… 96
レビット（Theodore Levitt）………… 83

【わ 行】

ワーナー・ブラザーズ ………………… 142
ワナメーカー（John Wanamaker）…… 217

欧文索引

【A】

Acceptability ······ 21
Accessibility ······ 21
Accor ······ 209
Accountability ······ 265
Activation ······ 37,265
Adjustment ······ 265
Affordability ······ 21
Affordability-based Costing ······ 130
Aflac ······ 212
Airbus S.A.S. ······ 78
Airfone ······ 23
Air Tran Airways ······ 149
ALDI ······ 112
Alignment ······ 265
American Airlines, Inc. ······ 149
American Leather Inc. ······ 104
Apple Newton MessagePad ······ 86
Apple Store ······ 225
Applebee's ······ 121
Application Service Provider ······ 140
ASPモデル ······ 140
Audrey ······ 92
availability value ······ 43
Awareness ······ 22

【B】

BahnCard ······ 135
Bang & Olufsen ······ 109
Barnes & Noble, Inc. ······ 117
base of the pyramid ······ 36
Bay Bank ······ 113
Bayer AG ······ 59
BeIA ······ 94
Best Buy Co., Inc. ······ 113
Betamax ······ 75
Big Blue ······ 103
Blue Cross Blue Shild ······ 139
BOP ······ 36
brand ambassador ······ 66

brand promise ······ 71
Breakfast Mates ······ 9
Burton Snowboards Inc. ······ 115

【C】

Carhartt, Inc. ······ 111
Caterpillar Inc. ······ 102,153
Caterpillar World Trade Organization ······ 154
cell phone ······ 27
Chevrolet Lumina ······ 147
Choupal Sagar ······ 191
Chrysler ······ 82
CI ······ 257
Cisco Systems,Inc. ······ 61
CMO ······ 267
Comfort Sleeper ······ 104
competitive intensity ······ 257
convenience value ······ 44
creative financing ······ 138
crowdsourcing ······ 56

【D】

deep awareness ······ 211
Dell Inc. ······ 107
design for disassembly ······ 110
Design for Manufacturing and Assembly ······ 109
Deutsche Bahn ······ 135
DFMA ······ 109
Diet Coke ······ 254
DirecTV ······ 23
Domino's Pizza ······ 179
Doonesbury ······ 88
Dunkin'Donuts ······ 118

【E】

Eastman Kodak Company ······ 150
e-Choupal ······ 191
ecomagination ······ 121
economic value ······ 43
EDLP ······ 112
Edsel ······ 83

education	45
England, Inc.	202
Enterprise Rent-a-Car	178
Eveready Battery Company, Inc.	58
everyday low price	112
eVilla Network Entertainment Center	94

【 F 】

Fannie Mae	170
feature creep	91
Fedex	118
Foote, Cone & Belding	85
Ford Motor Company	10
Four Seasons Hotels,Inc.	114
free marketing	64
freenomics	161
FUD	103

【 G 】

gated community	152
GE	116
Geico	228
General Electric Company	116
General Motors Acceptance Corporation	143
General Motors Corporation	82
Ginger Hotels	174
Global System for Mobile Communications	28
GM	82
GMAC	143
Google Inc.	45
Got Milk ?	60
GSM 規格	28

【 H 】

Hanes Corporation	184
Harley-Davidson	119
Harley-Davidson Motor Company	119
harman/kardon	145
Hewlett-Packard Company	68
Hindustan Unilever Limited	119
hire purchase	138
Hughes Network Systems	23

【 I 】

IBM	103
IKEA International Group	167

iMac	98
IMC	110
inspiration	45
integrated marketing communication	110
Interface, Inc.	194
Iridium	27
iRobot	19
ITC	190

【 J 】

JetBlue Airways	166
Johnson & Johnson	114
Jordan's Furniture	113

【 K 】

Kellogg Company	9
KKR	206
Koninklijke Philips N.V.	105
Krispy Kreme Doughnuts, Inc.	229

【 L 】

L'eggs	184
Lange	104
Levi Strauss & Co.	182
Levi's Tailored Classics	182,244
LG Electronics Inc.	122
LGエレクトロニクス	122
line of sight	28
L.L.Bean, Inc.	120
L.L.ビーン	120
LoS	28
Lux soap	56

【 M 】

Management by Objectives	16
Market Value Coverage	48,240
Marriott International	140
Maybach	229
MBO	16
McKinsey & Company, Inc.	73
Miata	81
micropayment	159
Microsoft Bob	99
Motel 6	112
Motorola, Inc.	27
Mustang	86

MVC ·· 48,240

【 N 】

Neon ·· 82
Netflix, Inc. ······························· 167,186
NetJets ·· 141
New Balance Athletic Shoe, Inc. ········ 104
Newman's Own ································· 81

【 O 】

Orbitz ·· 67
oxymoron management ····················· 52

【 P 】

Palm Inc. ··· 89
Panera Bread ·································· 148
Patagonia, Inc. ································ 116
Peachtree Software ·························· 131
performance value ···························· 41
Pheaton ·· 125
Place ··· 62
Pollution Prevention Pays ················ 116
Price ··· 62
Product ·· 62
product lust ···································· 108
Progressive Corporation ··················· 169
Project Shakti ································· 191
Promotion ·· 62
psychological value ·························· 43

【 Q 】

QFD ·· 152
Quality Function Deployment ········· 152

【 R 】

REI ·· 170
Roomba ·· 18

【 S 】

salesforce.com, Inc. ························· 140
salience ·· 219
Sears ··· 145
Segway Human Transporter ·············· 18
Sensor for Women ····························· 96
shallow awareness ··························· 211
Six Flags Entertainment Corp. ········· 230

social capital ··································· 160
social/emotional value ······················· 42
Southwest Airlines ·························· 127
Starbucks Corporation ······················· 66
Swatch ··· 255
Sysco Corporation ···························· 151

【 T 】

Tata Motors Limited ························· 57
Taurus ··· 83
The Boeing Company ························ 77
The Boston Beer Company, Inc. ······· 229
The Charles Schwab Corporation ····· 127
The Coca-Cola Company ···················· 37
The Container Store, Inc. ················ 196
The Dow Chemical Company ··········· 155
The Gillette Company ······················· 96
The Home Depot, Inc. ····················· 166
The Richards Group ························ 206
The Timberland Company ··············· 115
The Walt Disney Company ·············· 166
Thompson Consumer Electronics ······· 26
3Com Corporation ····························· 93
3M ·· 116
Thunderbird ····································· 10
Trader Joe's ··································· 214

【 U 】

unique selling proposition ·················· 59
United Parcel Service Inc. ··············· 118
UPS ·· 118,163
USP ·· 59
U.S. Robotics Corporation ·················· 92
USロボティクス ································· 92

【 V 】

Venus ·· 97
Verizon Communications Inc. ············ 23
Vermont Teddy Bear Company ······· 202
Vodafone Group Plc ························ 105

【 W 】

Warner Bros. Entertainment, Inc. ···· 142
Weight Watchers International, Inc. · 120
Whole Foods Market ······················· 121
WOM ·· 220

287

WOMMA	221
WOMマーケティング	221
word-of-mouth	220

【 Z 】

Zappos.com	183

〈訳者紹介〉

小宮路　雅博（こみやじ・まさひろ）
現在：成城大学経済学部教授
訳書に『リレーションシップ・マネジメント―ビジネス・マーケットにおける関係性管理と戦略―』（D.フォード／IMPグループ著，白桃書房，2001年），『サービス・マーケティング原理』（監訳，C.ラブロック／L.ライト著，白桃書房，2002年），『イメージとレピュテーションの戦略管理』（イーラーン・トレーニング・カンパニー著，白桃書房，2009年）がある。

平成26年7月10日　初版発行　　　　　　　　　略称：4Aマーケ

4A・オブ・マーケティング
―顧客，企業，社会のための新価値創造―

訳　者　ⓒ小　宮　路　雅　博
発行者　中　島　治　久

発行所　同文舘出版株式会社
東京都千代田区神田神保町1-41　〒101-0051
電話　営業 (03)3294-1801　編集 (03)3294-1803
振替 00100-8-42935　http://www.dobunkan.co.jp

Printed in Japan 2014　　　　　製版：一企画
　　　　　　　　　　　　　　　印刷・製本：萩原印刷

ISBN 978-4-495-64681-3

JCOPY〈(社)出版者著作権管理機構　委託出版物〉
本書の無断複写は著作権法上での例外を除き禁じられています。複写される場合は，そのつど事前に，(社)出版者著作権管理機構（電話 03-3513-6969，FAX 03-3513-6979，e-mail: info@jcopy.or.jp）の許諾を得てください。